景德镇学院自编本科教材

景德镇文化概论

魏望来 主编

武汉大学出版社

图书在版编目(CIP)数据

景德镇文化概论/魏望来主编.—武汉:武汉大学出版社,2019.12
景德镇学院自编本科教材
ISBN 978-7-307-21357-9

Ⅰ.景… Ⅱ.魏… Ⅲ.地方文化—景德镇—高等学校—教材
Ⅳ.G127.563

中国版本图书馆 CIP 数据核字(2019)第 286967 号

责任编辑:王　荣　　　责任校对:汪欣怡　　　整体设计:韩闻锦

出版发行:**武汉大学出版社**　　(430072　武昌　珞珈山)
　　　　　(电子邮箱:cbs22@whu.edu.cn　网址:www.wdp.com.cn)
印刷:湖北恒泰印务有限公司
开本:787×1092　1/16　印张:14.25　字数:251 千字　插页:1
版次:2019 年 12 月第 1 版　　2019 年 12 月第 1 次印刷
ISBN 978-7-307-21357-9　　定价:29.00 元

版权所有,不得翻印;凡购买我社的图书,如有质量问题,请与当地图书销售部门联系调换。

前 言

习近平总书记在党的十九大报告中明确指出,文化是一个国家、一个民族的灵魂。文化兴国运兴,文化强民族强。没有高度的文化自信,没有文化的繁荣兴盛,就没有中华民族伟大复兴。

文化自信是更基础、更广泛、更深厚的自信,是更基本、更深沉、更持久的力量。文化最根本的作用就是以文化人,对人进行塑造。文化的主体是人,人是推动文化进步的主体,也是享用文化成果的主体。人创造了文化,也生活于文化中,被文化塑造。中华文化独一无二的理念、智慧、气度、神韵,增添了中国人民和中华民族内心深处的自豪与自信。

国家正在实施的中华优秀传统文化传承发展工程,是建设社会主义文化强国的重大战略任务,对于传承中华文脉、全面提升人民群众文化素养、维护国家文化安全、增强国家文化软实力、推进国家治理体系和治理能力现代化,具有重要意义。

同样的,文化也是城市之魂、市民之魄。文化兴,城市旺。

中国是瓷器的故乡,中国——China,瓷器——china,瓷器与中国同名,从某种意义上可以说世界认知中国从瓷器开始,中国借助瓷器走向世界。景德镇更是因瓷而生、因瓷而名、因瓷而兴。景德镇有两千年的治陶史、一千年的官窑史、六百年的御窑史,创造了"工匠来八方,器成天下走"的繁荣景象,被世人称作"千年古镇、世界瓷都",无疑在中华优秀文化构成中占据着重要的地位。

陶瓷文化是景德镇的最大特色、最大财富。

景德镇地面和地下保存着的大量瓷器及其完整的瓷器生产工艺体系、原料、燃料供应体系和瓷器销售体系，以及与此相应的古窑址、古作坊、古街巷、古建筑、古店铺、古民居、古衙门、古码头等大量遗存，在全世界独一无二。景德镇蕴藏着非常独特的文化价值，是江西文化乃至中华文化不可或缺的组成部分与重要标识。学界称景德镇的发展进程中有"中国实践与中国历程、中国性格与中国命运、中国成功与中国奇迹"，关于景德镇的讲述是对陶瓷文化、江西文化、中华文化进行审视和开掘的大书，是一种厚重的文化建构。

景德镇是世界上仅见的以单一陶瓷产业支撑了千余年生存发展的首批中国历史文化名城，其独特的生产组织方式和管理模式孕育过中国资本主义的萌芽，被外国学者称为"世界上最早的工业城市"。有中国学者预言：随着大规模工业化生产正在成为过去、人类社会正向生态文明转型，未来将出现手工业的全面复兴。以单一陶瓷手工业生产为特征的瓷都景德镇，也迎来了一次伟大的文化复兴机遇。

2019年5月，习近平总书记在再次亲临江西视察指导时，强调要建好景德镇国家陶瓷文化传承创新试验区，打造对外文化交流新平台。江西省委提出，要把景德镇打造成冠领中国、代表江西走向世界，世界感知中国、认识江西的国际瓷都。具体来说，就是要把创建景德镇陶瓷文化传承创新试验区作为建设文化强省、弘扬江西地域特色文化的重大载体，切实加强陶瓷文化的保护、传承、创新。充分利用景德镇陶瓷这个千年品牌，以文化交流合作为纽带，深度融入"一带一路"建设，促进中外文化交融，讲好新时代"中国故事"。

进入新时代，景德镇市委提出了"复兴千年古镇、重塑世界瓷都、保护生态家园、建设旅游名城，打造一座与世界对话的城市"的发展定位和奋斗目标。打造一座与世界对话的城市，就必须充分利用好景德镇的历史价值、文化价值和品牌价值，向世界展示景德镇的独特魅力，使景德镇的文化与世界相融、理念与世界接轨、经济与世界对接，成为展示中国文化的名片、讲述中国故事的平台、传递中国声音的窗口，打造成为与世界对话的国际瓷都。

将景德镇置于历史与现实、中国与世界以及政治、经济、文化、工艺等多视野、多维度中考察，可以打开世人走进景德镇、了解陶瓷文化、了解中国的一扇窗。通过景德镇故事的讲述，能够更好地梳理中国经验，以高度的文化自觉和文化自信讲好中国的故事，为加深世界对中华文化的理解和认同、推动中华文化走出去贡献"景德镇力量"。

历年来,对景德镇各方面的研究可谓浩如烟海,但是也存在明显的不足:一方面,与景德镇相关的研究大多集中于陶瓷及其器物、工艺、纹饰,以及收藏、考古等领域,此类理论文章和学术成果也较为丰硕,但大多停留于"景德镇陶瓷研究"的"形而下"层面,甚至以"景德镇陶瓷"等同于"景德镇",等同于"景德镇陶瓷文化"和"景德镇文化",忽略了文化范畴自身研究的独特性和规律性,特别是"原真性、原生态、原文化"的研究成果还不多;另一方面,非常缺乏从文化视角与精神层面对作为历史文化名城的景德镇进行系统而全面的解读,更缺乏"形而上"层面的学术提炼和理论概括,以及宏大宽广的叙事格局与传播体系。同样的,在高校的教学实践中也存在着类似的现象。

《景德镇文化概论》即致力于弥补这方面的不足而为之。

《景德镇文化概论》的编写,主要依托编者作为主要成员参与编撰出版的《景德镇文化》丛刊第1~5期(景德镇市文化广电新闻出版局编)、《景德镇文化研究》丛书第1~3辑(政协景德镇市委员会编)的文稿资料,以及编者在景德镇学院人文学院和外国语学院讲授的"景德镇文化概论""文学与陶瓷艺术——景德镇文化漫谈""景德镇陶瓷历史文化——景德镇文化十二讲"等课程讲义,并参考其他相关的文献书籍,试图从时间与空间两个维度,从中国与世界两个坐标,梳理和整合景德镇瓷器及其生产体系、古窑址、古作坊、古街巷、古建筑、古码头等遗存,以及典籍、诗词、习俗、宗祠、谱牒等研究成果。并尝试采用多学科的研究方法进行融通、解码、提升,消除误读和讹传,充分挖掘和提炼其中的文化脉络与发展规律,特别是挖掘瓷器背后复杂的人文情怀和社会因素。

作为地方高校,景德镇学院坚持"知行合一、守正创新"的办学理念,"地方性、应用型"的办学定位,"地方性、应用型"的办学定位,"以教师教育为基础、以陶瓷艺术为特色、构筑服务地方经济社会发展的多学科协调发展的学科专业体系"的学科专业定位,"培养适应地方经济社会发展需要的德智体美劳全面发展的高素质应用型人才"的培养目标定位,致力于实现"建设特色鲜明的应用型地方本科院校"的发展目标。特别值得一说的是,2018年11月,在教育部公布的高校首批55个"中华优秀传统文化传承基地"中,景德镇学院"陶瓷文化"基地入选,这是江西省唯一入选的高校;2017年5月,联合国教科文组织与景德镇学院举行"陶瓷文化:保护与创新"教席签约仪式,标志着世界陶瓷领域唯一的教席诞生,为中国赢得了世界陶瓷文化保护与创新领域的话语权。景德镇学院依托千年瓷都景德镇的金字招牌，弘扬"自强不息、泽土惠民"的校训精神，坚持文化传承与创新，增强服务社会的能力，努力建设成为地方重要的应用型人才培养基地、产学研结合的示范基地、社会文化传承和创新基地，以创建一所能与世界对话的大学。

《景德镇文化概论》正是基于这样的敬畏历史与服务现实的考量之举。

此举的主要目的是贯彻落实中共中央办公厅、国务院办公厅印发的《关于实施中华优秀传统文化传承发展工程的意见》所提出"把中华优秀传统文化全方位融入思想道德教育、文化知识教育、艺术体育教育、社会实践教育各环节，贯穿于启蒙教育、基础教育、职业教育、高等教育、继续教育各领域"，"推动高校开设中华优秀传统文化必修课……开设中华文化公开课"的要求，激励大学生了解景德镇，了解中国陶瓷，了解中华优秀文化，进而激发他们热爱民族、热爱国家、热爱家乡的真挚情感。

作为景德镇学院专设科研机构的陶瓷文化艺术研究中心，为推动景德镇优秀传统文化的创造性转化与创新性发展，我们期待有所作为。编撰《景德镇文化概论》教材只是第一步，之后我们还将在此基础上，编撰《景德镇文化形态及其特征研究》专著及其系列书籍，采用文化社会学、哲学、文化学、文化人类学、美学、艺术学、文学、陶瓷创意学等多学科的研究方法，进一步厘清景德镇文化的起源、积累、突变过程，其产生、发展、分布与自然生态环境的关系及在时间、空间发展上不同层面的状况，景德镇文化传播、增殖、控制的方式和手段，以及其冲突、分化、调适、整合的过程，景德镇文化变迁的动因、规律和周期，文化与文明、文化与生活方式的关系，文化在现代化中的地位和作用，等等，以达到厘清文化真实、梳理文化脉络、提炼文化特征、提振文化自信、增强文化自觉之目的。

文化自信是一个国家、一个民族、一座城市发展中更基本、更深沉、更持久的力量，而深入挖掘中华优秀陶瓷文化蕴含的思想观念、人文精神、道德规范，结合时代要求继承创新，让其展现出永久魅力和时代风采，就是为了增强我们的文化自信。景德镇在为城市"塑形"的同时，正信心满满地铸造着景德镇的"文化之魂"，期望通过保护文化遗产、建好文化项目、加强文化交流等实质性的路径来实现这一目标。

我们也当为之而努力。

景德镇学院陶瓷文化艺术研究中心　　魏望来

2019 年 10 月 1 日

目 录

第一章 绪论 /1

第一节 景德镇文化脉络 /2
一、景德·景德镇·景德镇市 /2
二、文化·景德镇文化·景德镇陶瓷文化 /5
三、"景德镇文化"简述 /10
四、"景德镇市文化"简述 /14
五、China·china·景德镇 /16

第二节 景德镇文化特征 /17
一、独一无二的文化价值 /18
二、因瓷而生而成的景德镇 /20
三、极度反差又和谐并荣的景德镇 /22
四、景德镇瓷器包含中国哲学的意蕴 /25

第三节 景德镇文史考释 /29
一、关于"新平冶陶"与"新平治陶" /29
二、关于宋代瓷器"景德年制"和"皇帝赐名" /30
三、关于"China""china"与"昌南" /32
四、关于"昌南镇"与"昌江之南" /34
五、关于景德镇与"黄山和怀玉山余脉" /35

第二章　千年古镇　/39

第一节　自然风光　/40
一、含苞待放的百合花之形状　/40
二、三水环城的水土宜陶之势　/41
三、诗词歌赋中景德镇的韵味　/43

第二节　城市沿革　/46
一、从"浮梁县景德镇"到"景德镇市浮梁县"　/46
二、景德镇老城形成的四个历史阶段　/49
三、景德镇老城的街巷里弄格局　/52

第三节　历史风貌　/56
一、没有城墙的古代都市　/56
二、大繁荣形成的瓷业遗韵　/58
三、街巷里弄蕴含的文化特征　/61

第四节　风情民俗　/65
一、景德镇的瓷业生产习俗　/65
二、景德镇的瓷业神祇信仰　/69
三、景德镇的瓷味民俗风情　/71

第三章　瓷业绵延　/74

第一节　瓷业脉络　/75
一、始于汉、起于唐　/75
二、兴于宋元　/77
三、明清达巅峰　/79

第二节　窑业变迁　/80
一、南窑唐代遗址　/81
二、五代至清中期窑址　/83
三、高岭与Kaolin　/86

第三节　御窑春秋　/89
一、景德镇御窑的文化价值　/90
二、明代官窑的设置和停烧时间　/92

三、清代官窑的继承和发展　　/93
　　四、规制完备的窑场和特殊的工匠　　/95
　　五、景德镇明清时期官民窑并盛　　/96

第四章　匠来八方　　/100
第一节　极品工匠　　/101
　　一、产瓷不产手　　/101
　　二、城镇居民的来源　　/103
　　三、著名工匠选介　　/106
第二节　商帮人群　　/108
　　一、景德镇商帮的缘起　　/108
　　二、商帮文化对景德镇的影响　　/111
　　三、业缘与志缘下的瓷业发展　　/112
第三节　官宦名士　　/115
　　一、景德镇监镇官选介　　/115
　　二、御窑厂督陶官选介　　/118
　　三、瓷界名人雅士选介　　/122
第四节　陶人心语　　/126
　　一、蒋祈与《陶记》　　/126
　　二、宋应星与《天工开物·陶埏》　　/127
　　三、唐英与《陶成纪事碑记》《陶冶图说》　　/128
　　四、朱琰与《陶说》　　/130
　　五、张九钺与《南窑笔记》　　/130
　　六、蓝浦与《景德镇陶录》　　/132
　　七、龚鉽与《陶歌》　　/133

第五章　器走天下　　/135
第一节　行于九域　　/136
　　一、景德镇青白瓷　　/136
　　二、景德镇青花瓷　　/138

目 录

　　三、景德镇明清御瓷　　　　　　　　　　　　　　/142

　　四、景德镇"厂瓷"　　　　　　　　　　　　　　/146

第二节　施及外洋　　　　　　　　　　　　　　　　/147

　　一、景德镇瓷器在中外文化交流中的地位　　　　/148

　　二、景德镇瓷器呈现中外文化的互动　　　　　　/150

　　三、景德镇瓷器改变世界生活方式　　　　　　　/152

第三节　丝路瓷韵　　　　　　　　　　　　　　　　/154

　　一、景德镇瓷器的出海商路　　　　　　　　　　/154

　　二、景德镇是海上陶瓷之路的不变起点　　　　　/156

　　三、中国外销瓷中的景德镇瓷器　　　　　　　　/158

第六章　区域文化　　　　　　　　　　　　　　　　/162

第一节　景德镇区域历代书院　　　　　　　　　　　/163

　　一、珠山区境内的书院　　　　　　　　　　　　/163

　　二、昌江区境内的书院　　　　　　　　　　　　/165

　　三、浮梁县境内的书院　　　　　　　　　　　　/166

　　四、乐平市境内的书院　　　　　　　　　　　　/169

第二节　乐平区域文化　　　　　　　　　　　　　　/170

　　一、"洪公气节"之洪皓　　　　　　　　　　　　/170

　　二、"马氏文章"之马廷鸾和马端临　　　　　　　/171

　　三、古戏台及其营造技艺　　　　　　　　　　　/174

第三节　浮梁区域文化　　　　　　　　　　　　　　/177

　　一、浮梁瓷茶文化　　　　　　　　　　　　　　/177

　　二、佛印与苏轼的友谊　　　　　　　　　　　　/180

　　三、创行经界法之李椿年　　　　　　　　　　　/182

第四节　昌江区域文化　　　　　　　　　　　　　　/184

　　一、丽阳古镇与古瓷窑　　　　　　　　　　　　/184

　　二、北宋状元彭汝砺　　　　　　　　　　　　　/186

　　三、非物质文化遗产　　　　　　　　　　　　　/188

第七章 手工复兴 /191

第一节 手工艺复兴的曙光 /192
一、通过"文化"重构文化 /192
二、传统手工技艺的回归与复兴 /194
三、陶瓷历史文化资源产业化 /196

第二节 保护老窑址、老工厂、老街区 /197
一、陶瓷历史文化是景德镇的传家宝 /198
二、打造"景德镇御窑"文化体系 /200
三、陶瓷工业遗存留住城市记忆 /201

第三节 推进陶瓷文化创新发展 /203
一、建好景德镇国家陶瓷文化传承创新试验区 /203
二、打造陶瓷文化软实力 /206
三、促进陶瓷文化汇入"世界语言" /209
四、推动陶瓷文化产业转型升级 /211

参考文献 /214

第一章
绪　论

　　既然本书定名为《景德镇文化概论》，那么我们首要应当把其中几个关键词"景德镇""文化""概论"的概念及其内涵与外延说清楚。所以，第一章即设定为"绪论"，以完成这一并不轻松的"总纲"任务。

　　事实上，由"景德镇""文化"这两个关键词衍生的还有'景德'"景德镇市""景德镇陶瓷文化""景德镇文化""景德镇市文化"等诸多词语。这些词语既有密切的关联度，又有实质上的差异性，是首先应当弄明白的。更为重要的是，人们对这些词语存在着不少的误读，应当给予必要的澄清。此外，本章节还试图对一些似是而非、实则多有讹传的历史文化知识作一些校读，如"景德镇由皇帝赐名""景德镇是唯一采用皇帝年号命名的城市"等。因不了解自己文化而产生的"文化自卑"固然不可取，但如果是通过传播假文化或伪文化而建立起所谓"文化自尊"，则更不可取。真正的文化自信一定应建立在真实文化基础之上。

　　本书采用"概论"一词亦即锁定了定位，一定是从文化的宽广视角解读和提炼景德镇以陶瓷为核心元素的方方面面，而非局限于某些具体器物及其技艺特征的描述。本书在解读方式上尝试有所创新，努力形成一定的特色。

　　一是尝试从景德镇独特的"悖论"现象入题，努力用哲学及其他学科的观点和方法进行解析。如：景德镇偏于一隅的地缘状态与极为辽阔的文化辐射能力的对立统一；景德镇瓷业帮派林立、规矩森严与极为开放包容、集天下之大成而登顶技艺高峰的对立统一；以周边农村移民为主体的景德镇瓷工与其精美瓷器"行于九域、施及外洋"的对立统一；等等。二是尝试从新的认识论和方法论视野，对景德镇文化进行整体性和综合性提炼，努力把景德镇独特的面貌、气质、命运、道路、历程、奇迹和成功展现出来。三是尝试"跳出景德镇研究景德镇"，从景德镇在中国陶瓷中的地位及其对世界文化影响的视野进行研读。如：景德镇作为陆上和海上丝绸之路重要货源地，其所承载的中华文化的国际影响力；作为中国外销瓷主体的景德镇瓷器对东西方文化交流所起到的深刻作用；景德镇瓷器在发展过程中所吸纳的外来文化元素的积淀；等等。

由此，本章就首先从概述景德镇文化脉络和文化特征，以及学界对一些可能引发误读的景德镇文史考释入手，并加以融合提炼，提出若干概念性词语，期望可以展现出景德镇文化的整体构架和基本面貌，以完成"总纲"之责。

第一节 景德镇文化脉络

有意无意间，我们在描述景德镇和讲述景德镇故事的时候，其实讲的都是那个特定意义上的文化名城与千年古镇之"景德镇"，亦即所谓狭义的景德镇。人们更津津乐道于这个景德镇，而客观上让广义的景德镇——行政区划的景德镇市内的其他人群感到某种缺少归属感的失落。事实上，我们应该了解的是，"景德镇"这个所谓"金字招牌"是由诸多基因和元素经过长期磨合积淀而成的。所以，本节我们就从"景德""景德镇""景德镇市"入题展开描述，然后分析"文化""景德镇文化""景德镇陶瓷文化"的异同之处，进而简要梳理一下"景德镇文化""景德镇市文化"的发展轨迹，以期对"景德镇文化脉络"有一个整体的印象和清晰的认知。

一、景德·景德镇·景德镇市

我们先从"景德""景德镇""景德镇市"入题。

"景德""景德镇""景德镇市"，这三个看似饶口令式的词语其实包含着厘清历史真情的寓意。有学者通过巧妙地对"景德""景德镇""景德镇市"三个关键词的分隔与解读，抓住了景德镇这座奇特的文化城市的文化独到之处，我们也可以借此梳理出景德镇独特的文化脉络。①

先说"景德"。

"景德"只是一个年号，是北宋真宗皇帝赵恒的年号。在宋朝 320 年时间内的 18 位皇帝的 57 个年号中，这个年号只有短短几年（1004—1007 年），是宋真宗所用 5 个年号的第 2 个。年号本身并无太多意义，只是代表谁在执政的一个符号，对执政者来说，是希望通过年号让人们永远记住自己的功德。但是事与愿违，纵观历史，在大多数情况下，大多数的年号并未被人们记住。而宋真宗似乎做到了，因为他把自己的年号与精美的瓷器原产地结合在一起，与文化结合在一起。

据明嘉靖《江西大志·陶书》记载："陶厂景德镇在今浮梁县兴西乡，水土宜陶，宋景德中始置镇，因名。"清代编撰的《宋会要辑稿》也记载，宋真宗景德元年（1004 年），"江东东路饶州浮梁县景德镇，景德元年置"。景德元年成为景德镇的得名之年。景德镇是宋真宗对中国历史和江西文化的一个贡献。这是一个伟大的历史桥段，"景德"年号因与"景德镇"的关联，最后被历史记住了，也被世界记住了。

与文化结缘必定"不朽"。

事实上，也是在宋景德元年（1004 年），江南安抚使张知白在民间访得江西临川才子晏殊（991—1055 年）。晏殊小小年纪便才高八斗，满腹经纶，张知白以神童的身份将他推荐给朝廷。② 次年，14 岁的晏殊和来自各地的数千名考生同时入殿参加考试，很快完成答卷，受到宋真宗的嘉赏，并排除非议，赐晏殊同进士出身。过了两天又要进行诗、赋、论的考试，晏殊上奏说"我曾经做过这些题，请用别的题来测试我"。他的真诚与才华更受到宋真宗的赞赏，授其秘书省正事，留秘阁读书深造。这是宋真宗对江西文化的又一个贡献。

其实，宋真宗还有一个文化贡献，只是人们常常忽略了，那就是有名的《劝学诗》：

富家不用买良田，书中自有千钟粟。

安居不用架高堂，书中自有黄金屋。

---

① 彭中天：《我对景德、景德镇、景德镇市和景德古镇的解读》，经济日报-中国经济网，2018 年 2 月 5 日。

② 郑云云：《千年窑火》，江西人民出版社 2007 年版。

出门莫恨无人随，书中车马多如簇。

娶妻莫恨无良媒，书中自有颜如玉。

男儿若遂平生志，六经勤向窗前读。

在景德元年（1004年）同样发生一个重大政治事件。这一年，宋真宗主导中国历史上著名的"澶渊之盟"，宋朝以每年给辽一定金银作为"岁币"而达成和解。此后，北宋进入经济繁荣期，史称"咸平之治"。这算是宋真宗对中国历史的一个政治贡献。

再说"景德镇"。

这里所称的"景德镇"，是狭义的景德镇，特指文化名城之"景德镇"。

在世人的眼中，景德镇很复杂：它是一张凝聚着中国文化斑斓色彩的国际名片，拥有着诸多中国城市所难以企及奢望的文化标识；数百年独一无二的皇家直属工厂，为皇家奉献了无数最顶尖的极品御瓷；独特的生产组织方式和管理模式，孕育过中国资本主义的萌芽，被称作世界上最早的工业城市……

景德镇似乎也很失落：上千年唯以单一的陶瓷手工业支撑，享尽农耕时代工业文明奇葩的荣耀，却不得不承受后工业化时代的撞击与文明传承的挤压；虽说陶瓷文化鼎盛，却并没有出多少文化大家，也不太有"一门几进士"乃至状元环祠的传说；包容开放和外来移民居多的"草鞋码头"式的市镇，因为缺少"家"的归属感以致于当今城市文明度提升如此之艰难……

其实，景德镇很简单：景德镇人的本源就是工匠人群，景德镇就是四面八方工匠聚集的街区，因工匠需求而形成的市镇。只不过这是一群非同寻常的工匠，他们把一门制瓷技艺做到了极致，做到了后人津津乐道的"千年古镇""文化名城""世界瓷都""国际手工艺之都"。工匠技艺到了极致，到了境界，直至到了精神层面，就成为了一种文化，我们称之为"工匠精神"，或者"工匠文化"。

景德镇是一个地名，一个小小的镇而已。其特殊之处在于她是用了皇帝年号命名的镇，是代表中国赢得世界尊重的瓷都，是中国相当古老而有特色的小镇。一群有同样兴趣的人为了一个目标聚集在一个特定空间，彼此分工协作，把文化与物质结合起来，共同打造人间精品，美不惊人誓不休，最后让业界折服，让世界惊艳，让历史叹服。

最后说"景德镇市"。

这里所称的"景德镇市"，是广义的景德镇，特指行政区划之"景德镇市"，包括乐平市、浮梁县、昌江区、珠山区，期间经过多次调整融合而来。这些区域内的历史与文化有着千丝万缕的关联，它们共同组成当今的景德镇文化体系。

景德镇与其做一个在世界上很难入流而且是共性化的城市，何不倾尽全力打造好一个与众不同的特色小镇。正所谓"山不在高有仙则名，水不在深有龙则灵"。舍大取小是一种智慧，既是取巧，亦是机缘。造市难出奇迹，造镇立见奇效。景德镇市的核心不是市，而是镇，是有景德品牌、有瓷茶概念、有文化符号、有历史沉淀的唯一且特色的镇，唯一才是特色。①

总而言之，我们可以得出的结论是：一个宋代年号"景德"因为与皇家的关联，成就了一座古老的城市；"景德镇"三个字已成为与瓷器等同的金字招牌，与城市的级别无关；而显示城市级别的"景德镇市"则拓展了区域文化，也是不可忽视的当代文化的实力空间。

观照历史，了解到这一点很重要，对当下景德镇的发展具有启示作用。

二、文化·景德镇文化·景德镇陶瓷文化

分析一下"文化""景德镇文化""景德镇陶瓷文化""景德镇陶瓷历史文化"。

弄清楚这些概念很有必要，因为许多人把"景德镇文化"与"景德镇陶瓷文化"等同和混用，或者直接用"景德镇陶瓷文化"代替"景德镇文化"，甚至把陶瓷的考古、工艺、技法、装饰等技术类的内容统统装进"文化"的篮子里，而没有从文化的视角进行审视与梳理，更忽略了文化范畴的独有内涵。

先说"文化"。

事实上，这个问题并不容易讲清楚，因为目前对"文化"还没有统一或普遍认同的概念。网络上我们可以搜索出模糊不清的多种"文化"概念，诸如，"是一个非常广泛和最具人文意味的概念，简单来说文化就是地区人类的生活要素形态的统称，即衣、冠、文、物、食、住、行等"；"文化是人类在社会历史发展过程中所创造的物质财富和精神财富的总和"；"文化是智慧群族的一切群族社会现象与群族内在精神的既有、传承、创造、发展的总和"；等等。

对"文化"的概念，西方学界通常会引用一种最古老的由英国人类学家爱德华·

---

① 彭中天：《我对景德、景德镇、景德镇市和景德古镇的解读》，经济日报-中国经济网，2018年2月5日。

泰勒在其著作《原始文化》开篇所提出的定义："文化，或文明，就其广泛的民族学意义来说，是包括全部的知识、信仰、艺术、道德、法律、风俗以及作为社会成员的人所掌握和接受的任何其他的才能和习惯的复合体。"①

一本由美国学者齐亚乌丁·萨达尔所写，据译者称比较流行的著作《文化研究》也承认，"文化研究在实践层面上很难加以定义"。他认为，"文化研究"已成为一个炙手可热的研究课题，来自许多领域的改革倡领者似乎都对它趋之若鹜，很大一部分原因是因为"文化"已经取代了"社会"成为各方研究的主题，成为最为被关注的研究课题。文化研究的学术发展非常迅猛，它已经在艺术、人文、社会科学，甚至是科学与技术领域占据了一席之地。它似乎是无所不在，所有人都在讨论它。书中列举出了一些关于文化的概念和定义，除上述"泰勒定义"之外，"如下是定义文化的其他几种尝试……美国人类学家玛格丽特·米德：文化是社会成员在社会或亚团体中所习得的行为模式。雷蒙·威廉姆斯，文化研究的创始人之一：生产组织，家庭结构，反映或支配社会关系的体制结构，社会成员借以交往的典型形式。克利福德·格尔茨，普林斯顿大学社会科学教授：文化不过是我们所讲述的有关我们自己的故事集"。②

齐亚乌丁·萨达尔认为，虽然文化研究在实践层面上很难加以定义，但是并不能仅因为这一点就认为任何东西都可称为文化研究，或者说文化研究可以延伸到任何东西。文化研究的历史赋予了它一些鲜明的特点，从文化研究的工作目标即可看出这些特点。

一是文化研究将文化演变以及与权力的关系作为研究视角。其目的始终是揭露各种权力关系，以及揭示权力关系如何影响和塑造文化演变。二是文化研究并不仅仅是针对文化的研究，尽管它是脱离了社会或政治背景而独立存在的实体。其目标是借由文化的各种复杂表现形式去理解文化，并且分析其自我表现的社会和政治语境。三是文化研究中，文化通常行使两项功能：它是被研究的客体，同时也是政治批评和政治运动的主体。文化研究的目的是成为才智和务实的事业。四是文化研究试图揭示并调和各类理论间的鸿沟，克服隐性知识（即基于本地文化的直觉知识）和客观知识（所谓的普适知识）两种形式间的代沟。五是文化研究致力于对现代社会进行道德评价，且遵从政治活动的根本底线。文化研究的传统并不是不含任何价值取向的学术工作，

---

① ［英］爱德华·泰勒著，连树声译：《原始文化：神话、哲学、宗教、语言、艺术和习俗发展之研究》，广西师范大学出版社 2005 年版。

② ［美］齐亚乌丁·萨达尔著，苏静静译：《文化研究》，当代中国出版社 2014 年版。

而是服从批判性政治参与的社会重构。

以上是西方学者的概念定义,我们再看看中国学者的定义。

文化学者葛剑雄教授在一次题为《互联网和城市化进程中如何保持自己的城市特点和吸引力》的演讲中谈到:"我觉得我们讲的文化,实际上就是马克思在论证他的历史唯物论时,用最简单的话讲的,就是人首先要吃、喝、住、穿,然后才能从事其他活动。""我们现在讲的文化,它的基础是什么呢?其实就是一个群体,一群人,他们的生活、生产、生存的方式。在这个基础上,形成的或者提升出来的一种行为规范,一种思维方式,一种价值观念,一种他们共同的信仰,以及与之相适应的制度和规范,包括法律。"

葛剑雄还指出:"我们说古代一个地方的文化表现最突出的其实不是什么观念,或者什么儒家的观念,或者道家的什么观念,而是他们的衣食住行。我曾经归纳过,地域文化的特点是表现在方言、民间日常的饮食、民居——就是老百姓住的房子,还有民间的信仰,还有婚丧节庆,服饰等。"①

因为文化概念过于空泛,为便于研究,有学者就通过多种方式进行了分类:"简言之,凡是超越本能的、人类有意识地作用于自然界和社会的一切活动及其成果,都属于文化;或者说,'自然的人化'即是文化。""广义的'文化',着眼于人类与一般动物、人类社会与自然界的本质区别,着眼于人类卓立于自然的独特生存方式,其涵盖面非常广泛,所以又被称作'大文化'……与广义'文化'相对的,是狭义的'文化'。狭义的'文化'排除人类社会——历史生活中关于物质创造活动及其结果的部分,专注于精神创造活动及其结果,所以又被称作'小文化'……需要说明的是,狭义文化在逻辑上从属于广义文化,与后者存在不可分割的联系。"②

《中国文化概论》这一论著还以学界所谓的物质、制度、风俗习惯、思想与价值"四层次说",对文化结构展开论述:一是由人类加工自然创制的各种器物,即"物化的知识力量"构成的物态文化层;二是由人类在社会实践中建立的各种社会规范、社会组织构成的制度文化层;三是由人类社会在社会实践,尤其在人类交往中约定俗成的习惯性定势构成的行为文化层;四是由人类社会实践和意识活动中长期絪缊化育出来的价值观念、审美情趣、思维方式等构成的心态文化层。

而中国文化,指的是中华民族在古老华夏大地上所创造出来的具有恒久生命力的

---

① 葛剑雄:《什么样的城市才能叫有文化》,腾讯大家,2018年1月14日。
② 张岱年、方克立:《中国文化概论》,北京师范大学出版社2004年版。

文化。有学者就指出:"地域和民族是文化生长的土壤,国度性和民族性是文化的基本属性,延续力和生命力则是衡量文化价值的重要标志之一。总体上说,幅员之辽阔、民族之众多、历史之悠久,构成中国文化的重要特征。""中国文化是一种非常复杂的构成,其自身既有共时性的悖立,亦有历时性的变异;而在与外来文化的交流或碰撞中,既有排异或同化,亦有接纳或顺应。"①

作为中国文化的重要组成部分,陶瓷文化具有标志性的意义。

陶瓷被誉为中国"新四大发明"之一,中国是最早烧制陶器的国家之一,瓷器则是中国的伟大发明。"中国陶瓷高超的工艺技术和丰富的艺术内容,在人类物质与精神文明史上作出了举世瞩目的贡献,不仅改善了人们特定时代的物质生活条件,而且以其绚丽多姿的造型、装饰和色彩唤起了人们精神世界的无限美感。在近万年的陶瓷历史长河中,中国陶瓷作为人类共享的宝贵财富,不仅成为中华传统文化不可缺少的一部分,而且牵动影响全世界。英文'China'一词,就将'瓷器'与'中国'联系在一起。"②

包括江西陶瓷和景德镇陶瓷在内的中国陶瓷对世界文化和人类文明产生了深刻的影响。"陶瓷烧造是江西最具特色的传统手工业之一,从新石器时代的印纹陶器,到商周时期的原始青瓷器,完成了从陶到瓷的转变,至秦汉时期已能制造较为成熟的瓷器。江西陶瓷业历经千百年,在青山绿水间成长、发展并进而形成博大精深的江西陶瓷文化,景德镇陶瓷成为中国陶瓷的杰出代表。"③

我们再说说景德镇文化。

参照上述中外学者的论述思路,虽然对"景德镇文化"总结出一个准确的概念仍然不容易,但我们可以在进行梳理提炼的基础上,对"景德镇文化"给予一个简要的阐述。简言之,"景德镇文化"就是以"景德镇"为标识的、涉及相关历史脉络中和行政区域内的各类文化史实和现象;而对"景德镇文化"的研究就是以"景德镇"为标识的、涉及相关历史脉络中和行政区域内的各类文化史实作为对象,以文史考据和实地调查为主要手段,整合各种力量,并以更加开阔的视野,"跳出景德镇研究景德镇",最终达到厘清文化真实、提振文化自信、增强文化自觉之目的。

由此,"景德镇文化"的研究范围应当是血脉纽带与地域关联、行政区划与现实

---

① 李建中:《中国文化概论》,武汉大学出版社2017年版。
② 罗学正:《陶林撷翠:中国古陶瓷史话百题》,五行图书有限公司2004年版。
③ 沈建华、方志平、汪红亮:《江西文化概论》,中央广播电视大学出版社2011年版。

整合两个层面的组合；其研究方式应当是本土化与国际化两种视角的结合；其传播模式应该是精英传播与大众普及并举。如此，多个层面展开，齐头并进，方能够显现"景德镇"前世今生的文化基因和发展脉络。

所谓"景德镇文化概论"，就是试图通过梳理和整合对景德镇瓷器及其生产体系，古窑址、古作坊、古街巷、古建筑、古码头等遗存，以及宗祠、谱牒、典籍、诗词、习俗等研究成果，尝试采用多学科的研究方法进行更多宏观层面上的融通、解码、提升，尽量减少对具体史实与器型器物的描述与展示，以充分挖掘和提炼其中蕴含的文化脉络与发展规律，特别是挖掘瓷器背后复杂的人文情怀和社会因素。

当我们潜心于钻研涉及景德镇的方方面面：陶瓷、古镇、街区、里弄、村落、宗祠、庙宇、谱牒、茶叶、民俗等相关联物质的或非物质的现实存在，乃至于枝节末梢、点点滴滴，必有收获。只要这收获考据有源、调查到位、论证有据，都是对景德镇的一份文化贡献，最终实现所谓"越是本土化的文化，越具有国际性"的品质目标。

最后说景德镇陶瓷文化。

从总体上说，"景德镇陶瓷文化"只是"景德镇文化"的组成部分，但是因为景德镇瓷都的独特地位，所以"景德镇陶瓷文化"是"景德镇文化"的核心，是其最重要的构成元素。

有学者就指出："所谓的陶瓷文化，是指在陶瓷的泥做火烧与销售、消费的过程中和各个环节中所呈现的材质文化、工艺文化、制度文化、行为文化、物质文化形态和情感、心理、观念、习俗等精神面貌，它是由中国文化传统所决定的。""景德镇是闻名世界的瓷都，素以'汇天下良工之精华，集天下名窑之大成''工匠来八方，器成天下走'而著称。景德镇陶瓷文化博大精深，体系完整，风采独具，魅力无穷……景德镇陶瓷文化，既可以说是景德镇的一种历史文化，更可以说是景德镇的一种'活的文化'。"[①]

我们再区分一下"景德镇文化""景德镇陶瓷文化""景德镇陶瓷历史文化"。

一方面，"景德镇陶瓷文化"是"景德镇文化"的重要构成元素和有机整体。讲述"景德镇文化"不可能脱离"景德镇陶瓷文化"，否则就是无源之水、无本之木。另一方面，虽然"景德镇陶瓷文化"是"景德镇文化"的组成部分，又因为景德镇瓷都的独特地位，"景德镇陶瓷文化"是"景德镇文化"的核心，是其最重要的构成，

---

① 陈雨前、郑乃章、李兴华：《景德镇陶瓷文化概论》，江西高校出版社2004年版。

但我们并不能由此就不加区分地把它们进行混用。毕竟，无论从逻辑关系上讲，还是其所涉及的内涵与外延上说，两者的实质区别都是明显的，这正是本书的价值和意义所在。至于"景德镇陶瓷历史文化"，与"景德镇陶瓷文化"的内涵与外延差别不大，几乎一致，可以混用。

因为前面我们提到的"景德镇"有狭义和广义之分，由此，衍生出对"景德镇文化"的研究也有狭义与广义之说，所谓狭义的，就是"景德镇文化"；所谓广义的，我们姑且称之为"景德镇市文化"。下面我们对发展脉络逐一简述。

三、"景德镇文化"简述

我们先从血脉纽带与地域关联的视角解读"景德镇文化"。

在不同的人群和视角中，"景德镇"的涵义不同。在当下中国地图上寻找到的"景德镇"，是指包含乐平市、浮梁县、昌江区、珠山区等在内的"江西省景德镇市"，这是行政区划中的"景德镇"，期间经过多次的区域整合而成，它诠释的是行政调配分割的政治权力。

而更多人群认知的是中国历史文化名城"景德镇"，是那个以精湛制瓷技艺承载起无数代人的物质梦想与精神家园的千年古镇。它的区域并不大，它的内涵却远远超越其地域限制，是经历了千万般痛并快乐的融合而最终凝成的文化血脉与地理标志。[①]

我们先概述"景德镇文化"，或者说是狭义的"景德镇文化"。我们将循着空间的位移与时间的推进两个维度，重点勾勒一下"景德镇"的陶瓷文化基因。

瓷器是"金、木、水、火、土"五行融合、绵久延展的产物。正如学者所描述的那样，"按照我国古老的阴阳五行学说，正所谓'五行相加而生陶焉'！陶器产生的过程，正是原始先民在漫长的经验积累中，不断熟悉金、木、水、火、土的特殊功能以及它们之间的联系所产生的奇妙结果"[②]。

景德镇位于江西的东北部，地处江南丘陵中的五华山脉向鄱阳湖平原过渡地带。层层叠叠的大小山峰密布全境，山间蕴藏着丰富的瓷土与窑柴资源，加上山区适宜的自然气候，这是古代瓷业生产的先决条件。

清代蓝浦在《景德镇陶录》中说："水土宜陶，陈以来土人多业于此。"

[①] 魏望来：《寻觅景德镇的陶瓷基因》，《地图》，2016年第3期。
[②] 罗学正：《陶林撷翠：中国古陶瓷史话百题》，五行图书出版有限公司2004年版。

所谓"土宜陶",与景德镇区域的地质所产生的丰富优质的瓷土矿产资源有密切的关系。景德镇区域经过地质上的多次构造运动,形成了不同时代的地层、构造、岩浆岩以及相关矿产资源。以岩浆岩来说,境内最大的岩体是鹅湖的富斜花岗岩,面积达 100 平方公里左右。其次是大洲、桃岭、金村和瑶里等地零星分布的小岩体,面积各为 1 平方公里至数平方公里不等。这些岩体经风化、蚀变,形成风化残积型高岭土矿床和脉状高岭土矿床。①

除花岗岩体外,还有长英岩、微晶花岗岩、细晶岩、石英长石斑岩等,脉长百余米至千余米不等,脉宽数米至十数米,最宽的可以达到 20 多米。岩体风化蚀变后,形成软质或硬质瓷石矿床,这是景德镇瓷业生产的主要矿产资源。

那么,水又是怎么"宜陶"的呢?景德镇境内的主要河流昌江源于安徽祁门,自东北向西南贯穿全境,流长 115 公里。支流有东河、南河、西河等。景德镇城区就在碧水涟漪的昌江两岸,江水穿城而过。南河环绕于东南,西河贯穿于西岸,形成了三水环城之势。如蛛网密布的河道为材料和产品运输、瓷石粉碎等提供了便利,这是先人生产瓷器的必备条件。

一是水的质量。昌江源自祁门大洪岭和西坑,流至景德镇境内后,河道变宽、水流平缓,而且流域内大多是古老变质岩区,岩层质坚,侵蚀比较轻,河床也比较稳定,所以河水里含沙量很微小,冲淤现象也不明显。按照景德镇瓷业需要,用水量可以保证,而由于昌江水杂质少、水质优良,用来调和瓷土,有利于瓷器的质量。

二是昌江河支流多,不仅主河昌江在古代能运载瓷器和原材料,而且支流有东河、南河、西河、小北河、梅湖河、建溪河等,呈树枝状分布,还有数十条小溪,遍布乡村。这些支流除可以运输原料、燃料,还可利用流水坡降落差作为动力,装置水轮车和水碓,用以粉碎瓷土。历史上在景德镇境内最盛时水碓超过 600 支,省人、省事、省钱,有利于提高瓷器质量、降低成本。

可以想见,古老的景德镇,城区密布的许多溪流港汊上,小桥静卧,苔藤缠绕,流水潺潺,远山近水相映成趣,构成了景色秀丽、风姿绰约的市镇风光。独特而开放的城镇格局是祖辈们集约化、规模化生产瓷器不可或缺的地理条件。

在明清时期崛起的汉口镇、佛山镇、景德镇、朱仙镇中国"四大名镇"中,或许正是由于景德镇居于崇山峻岭之间的闭塞一隅,无城墙不设防,而凭借一条昌江,打

---

① 林景梧:《瓷都史话》,百花洲文艺出版社 2004 年版。

开与外界的联系，方能避于乱世，成为了瓷业工匠们的乐园，成就了举世瞩目的景德镇工匠精神和悠久灿烂的陶瓷文明，构建出在中国乃至世界上独具特色和韵味的景德镇文化体系与脉络。而清代沈嘉徵（沈怀清）一首《窑民行》中"景德产佳瓷，产器不产手；工匠来八方，器成天下走"的诗句则概括了景德镇瓷业发展的独有特征和产销规律，揭示出了在世界上独一无二的景德镇文化价值及其特征。

景德镇陶瓷烧制历史悠久，从"始于汉世"算起，至今已有两千年。

景德镇陶瓷烧制始于汉，但那时候所制陶器大致还属于原始瓷器的"耕而陶"阶段；三国、两晋、南北朝时期，北方战乱，南方安稳，北方人群大量南逃，带动南方经济发展，景德镇也借此获得长足进步，由陶器而跃升至瓷器生产，陶瓷业开始与农业分离；自隋唐起，景德镇制瓷工匠掌握了高火度烧造法，瓷器质地坚固，涌现了"陶窑""霍窑"等一批名窑，景德镇瓷器开始名动天下；五代时期，因缺乏古籍记载，景德镇瓷业的状况语焉不详，但古窑址调查表明，这时的瓷业已初具规模，特别是白瓷成就最大，对宋代青白瓷的创烧和元明清瓷业的发展影响重大。

宋代，景德镇瓷业生产进入全新时期，"景德镇"因此定型成名。

宋代是中国商业发展的"黄金时代"，全国出现了许多手工业发达、商业兴旺的集镇，景德镇就是其中之一。从已发现的100多处宋代窑业堆积中，可以联想到景德镇当时"村村窑火、户户陶埏"的盛况。这一时期，景德镇以独创的青白瓷闻名遐迩，瓷器产量也为全国之冠，以至于当时全国"舟辇所达，无非饶器"。伴随瓷业的兴旺，展现景德镇文化丰富内涵的景德镇手工业生产方式、镇市发展规模也日臻成熟。宋代景德镇瓷业已摆脱农耕家庭副业的性质，出现了新兴的行业和技术分工。更重要的是，在宋真宗景德元年（1004年），景德镇得名。景德镇作为瓷都的地位，当在宋代就打下了坚实的基础。

景德镇置于何时，见于《宋会要辑稿·方域》，原文是"江南东路饶州浮梁县景德镇，景德元年置"。景德元年即公元1004年，这是一条重要的史料，是景德镇置镇的重要文献。此事经1990年第五届瓷都景德镇国际陶瓷节确定下来。在此以前尚有两种说法。[1]

一是底款说。见乾隆四十八年（1784年）刻本《浮梁县志》中所说：宋真宗遣官制瓷贡于京，即应官府之需命陶工书"建年景德"于器底。又见于嘉庆年间《景德镇

---

[1] 林景梧：《瓷都史话》，百花洲文艺出版社2004年版。

陶录》历代窑考"景德窑"条目中说：真宗命进御瓷器，底书"景德镇制"四字，其器尤光致茂美。但至今尚未发现这种底款。据陶瓷考古专家说，宋前期采用圈足放垫饼的装匣倒烧法，底款很难办得到，故此说应存疑。

二是诏谕说。即由皇帝下诏而定名，但至今未发现有可靠文字记载。这可能是后人据《景德镇陶录》所记载而推论的。因此不宜妄从。不过景德镇能以皇帝的年号命名，这在全国也是凤毛麟角的事，应该说这也算是一种殊荣。

元代，景德镇在继续大量烧制青白瓷之外，技艺上也获得新的提高。

特别是制瓷原料已从单一瓷石向瓷石加高岭土的二元配方改进，大大降低了变形率。这一时期烧制的青花瓷、釉里红瓷和卵白釉枢府瓷，开创了素瓷彩绘的新时代，是中国制瓷史上具有划时代意义的重大事件，推动景德镇快速向前，逐渐发展成为中国的瓷器生产中心，以陶瓷技艺为核心的景德镇文化体系也已经相当完善。

进入明清，景德镇瓷业迎来自己的鼎盛和巅峰时期，景德镇文化亦如此。

从地域上看，自明万历年间湖田窑熄灭了近700年的窑火之后，一直到清代，景德镇瓷业已基本集中于市镇。从南河流域走向昌江岸边的景德镇工匠们，依河制瓷建窑，沿窑成市。报废的窑砖砌成房，生产垃圾顺河倾倒，竟堆出了以珠山御窑厂为核心的"陶阳十三里"独具风格的作坊、窑房、街区、弄堂、码头，"镇人日以盛、镇陶日以精"。湖田窑的没落是一个历史的分水岭，标志着景德镇瓷业作为农耕经济附庸的时期彻底终结。正如明代宋应星的《天工开物》中所说，工匠们"共计一杯工力，过手七十二，方克成器，其中微细节目，尚不能尽也"。景德镇真正在全国率先跃入了专业化、集约化、规模化、商品化生产的手工业文明新时代，也带动了景德镇的市镇日益繁荣，构建景德镇文化体系所需要的全部元素已经齐备。

从影响上论，经由元代承前启后过渡到明清，景德镇瓷器一花独放。诚如《明清陶文佳句集成》中所言："御厂蠢立珠山，民窑二三百区，终岁烟火相望。工匠人夫不下数十余万，糜不藉瓷资生。"尤其是明代中期以后，景德镇"为天下窑器之所聚"，从此奠定了瓷都地位。而到了清代，景德镇瓷业更是跃升巅峰，特别是康熙、雍正、乾隆三朝，景德镇不仅始终保持着中国瓷业的中心地位，而且在技艺和产量上也达到了历史的高峰。

从产品上说，明代景德镇的制瓷工艺有了一系列创新，从单色釉到多色釉，由釉下彩到釉上彩。青花之外又出现了红绿彩、五彩、素三彩、青花斗彩等全新装饰技法。清代康熙、雍正、乾隆三朝，景德镇的制瓷技艺更是娴熟精湛，品种更加丰富多彩。

康熙时期的青花瓷、五彩瓷、郎窑红、豇豆红、珐琅彩瓷，雍正时期的粉彩瓷、高温窑变釉，乾隆时期的镂雕瓷、仿生瓷等，均可称作"集历代南北名窑之大成"。

所谓盛极必衰。伴随着"康雍乾盛世"回光返照式的中国封建帝国最后一抹余晖逝去，从乾隆中期开始，景德镇陶瓷生产开始走下坡路。到晚清时期，景德镇瓷业已无当年风光，日趋衰落。从清代道光时期以后，一直到新中国成立之前，景德镇陶瓷生产一直处于萧条状态。

当然，其中也有一些亮色。从清代末年到民国时期，仿古瓷和美术瓷可供圈点。期间，简约清新的文人派风格浸入瓷艺之中逐渐成为主流，出现了著名的"珠山八友"，开一代陶瓷绘画新风，影响直至今日。

新中国成立以后，景德镇在原有的小作坊基础上，先后建起了建国、人民、新华、东风、景兴、艺术、光明、红星、红旗、宇宙、为民、华风、雕塑、红光、曙光、新光等10多家大型瓷厂，人们习惯称为"十大瓷厂"。景德镇的陶瓷产业结构也发生了历史性的变革，从过去皇家用瓷和工艺瓷生产，发展成为日用瓷、工艺美术瓷、建筑瓷、卫生瓷、工业用瓷、电子陶瓷、特种陶瓷和高技术陶瓷等多门类的陶瓷生产体系。

改革开放以来，景德镇陶瓷生产步入新时期，焕发出新活力，发明和创造了色釉彩、综合彩、现代陶艺、现代青花、釉中彩等大量新彩类、新形式、新技法，以及相应的新工艺、新材料，传统陶瓷艺术焕发青春。当代中国优秀的陶瓷艺术家们大多都来到景德镇，为陶瓷艺术和陶瓷工艺贡献了毕生的精力。

四、"景德镇市文化"简述

我们再从行政区划与现实整合的视角解读"景德镇文化"。

包含乐平市、浮梁县、昌江区、珠山区等在内的"景德镇市文化"，是行政区划意义上的"景德镇文化"，或者说是广义的"景德镇文化"。我们逐一简略勾勒这些区域的文化基因和脉络。①

乐平市是一个在东汉灵帝光和元年（178年）置县，迄今有1800多年历史的古邑新市，曾产生了"一王二侯五宰相、两名状元威武将、三位榜眼和探花、二百六十进士郎"，有着厚重的文化底蕴和丰富的历史内涵。

---

① 魏望来：《何谓"景德镇文化"？——"景德镇文化研究"的范围和方式简述》，《景德镇文化研究》（第一辑），中国文史出版社2017年版。

第一节 景德镇文化脉络

乐平文化呈现着八大亮点。

一是以涌山古人类岩洞为典型的史前遗址文化，涌山岩洞遗址为旧石器时代中晚期洞穴遗址，距今约 10~50 万年。二是以"洪公气节、马氏文章"为品牌的优秀传统文化，有"'节侔苏武'洪忠宣"，执节使金被扣，流放冷山 15 年，始终坚贞不屈，全节而归，被宋高宗赵构赞之"虽苏武不能过"的风节名臣洪皓。马端临积数十年辛劳成就的史学煌煌巨制《文献通考》，被史家称为"三通"之首。三是以古戏台为亮点的物质遗产文化，乐平广袤的乡间大地至今仍然保存着古代先民留下的许多古民宅、古祠堂、古庙宇、古书院、古桥梁、古建筑，尤其是现存 412 座、被誉为"中华一绝"的乐平古戏台，有"中国古戏台博物馆"之称。四是以赣剧之源乐平腔及乡人爱做戏、爱看戏为标志的戏曲民俗文化。五是以古戏台营造技艺为重点项目的非物质遗产文化。六是有被评为 2013 年全国考古十大新发现之一的南窑唐代龙窑遗址，将景德镇地区制瓷史向前推进了 200 年。七是有以红十军诞生为里程碑的革命红色文化。八是还有以洪岩仙境、文山石林为代表的有着人文印记的自然景观文化，柳宗元、范仲淹、朱熹、杨万里、权邦彦、彭汝砺、左宗棠等众多硕儒名人在乐平留下了足迹，传下了佳作，为乐平的自然景观注入了文化灵魂。

《浮梁县志》记载："新平治陶，始于汉世。"

景德镇与新平—昌南—浮梁不可分割。景德镇曾长期是浮梁县管辖下的一个市镇。从古到今，这一区域的先人荣辱与共、相辅相成，在长期的摸索和开拓中形成了"摘叶为茗、伐楮为纸、坯土为器"，"富则为商、巧则为工"，茶瓷互利、农工商并举的独特地域经济。景德镇和浮梁的特殊关系，可以从唐代大家颜真卿等联笔下《五言月夜啜茶联句》中所描述的"素瓷传静夜，芳气满闲轩"，以及明代戏剧家汤显祖在《浮梁新作讲堂赋》中所写下的"今夫浮梁之茗，闻于天下，惟清惟馨，系其揉者；浮梁之瓷，莹于冰玉，亦系其钧，火候是足"等记载中体现出来。唐代的浮梁茶闻名天下，在敦煌遗书之《茶酒论》和白居易的《琵琶行》中分别留有"浮梁歙州，万国来求"与"商人重利轻别离，前月浮梁买茶去"的美名。浮梁红茶荣获 1915 年"巴拿马万国博览会"金奖。

浮梁拥有被世人称为"国际陶瓷文化圣地"的高岭古矿遗址，德国人李希霍芬将出产制瓷原料"高岭土"的浮梁高岭翻译成"Kaolin"，成为国际通用的矿物学名称；高岭山下的东埠古街是明清之际装运高岭土之地，因运输繁忙而成街；有号称"江南第一五品县衙"的浮梁古县衙；浮梁还是中国百名高僧之一、宋代高僧佛印的出生和出家地，佛印与大诗人苏轼、黄庭坚友谊颇深，被誉为"三贤"；这里生态资源丰富，自然风光旖旎，还有众多文化底蕴丰厚的古村落和宗祠，走出了众多进士官宦。

昌江区历史文化底蕴深厚。

北宋状元彭汝砺，宝文阁待制程节、"政声直入明光宫"的程筠，南宋抗蒙名将彭大雅，明代江西诗派的代表人物刘炳，理学家余祐、史桂芳，廉吏刘莘、陈文衡等一大批曾经在古代饶州历史上显赫一时的人物都从昌江走出，有多部诗文集收录于《四库全书》或《豫章丛书》；郭璞、颜真卿、范仲淹、苏轼、岳飞、欧阳玄、宋濂、唐英等历史文化名人为昌江增色；AAAAA级景区古窑民俗博览区、全国重点文物保护单位丽阳窑址等陶瓷文化遗迹星罗棋布；三闾庙明清古街、千年古刹旸府寺、宋元时期的长芗书院、元代郭璞峰摩崖石刻等见证了昌江的沧桑历史；这里有"荷塘精神"原创地、"社会主义时代的南泥湾"美誉的荷塘，江西十大古镇之一的丽阳镇；等等。

珠山区的历史文化轨迹几乎与"景德镇"重叠。

历史上，景德镇沿昌江东岸而建城，素有"四山八坞、九街十巷、三洲四码头、一百零八弄"之说，呈现出"陶阳十三里、烟火十万家""窑火夜夜明、瓷器日日出"的盛况，留存下来许多宝贵的历史文化遗产，记载着千年瓷业生产方式发展的鲜明历史印记，形成了独特的窑砖里弄文化。现珠山区的老街区、老里弄、老坯房就是"景德镇"的前世今生。

五、China·china·景德镇

我们再从本土化与国际化两种视角的结合来解读"景德镇文化"。

中国——China——瓷器——china——景德镇，这是一张永不磨损的世界级名片。沿着陆上丝绸之路和海上丝绸之路，中国古代的瓷器大量输出国外。日本学者三上次男在其著作《陶瓷之路——东西文明接触点的探索》中，将连接东西方的海上航路称为"陶瓷之路"。英国学者李约瑟的《中国科技史》称"景德镇是世界上最早的工业城市，一部景德镇瓷器发展史，就是一部浓缩的中国发展史"。景德镇对中华文化与世界文明的互动和交流作出了自己独有的贡献，占据着重要的历史地位。

景德镇是"丝绸之路"和"陶瓷之路"的重要货源地。

唐代，包括景德镇瓷器在内的商贸货物沿古代丝绸之路的陆路，由西安经新疆运往亚细亚及波斯等地。同时，也由海路自广州绕马来西亚经印度洋抵达波斯湾及地中

海各国。

两宋时期，鼓励海外贸易，而外销的大宗商品是瓷器，其中景德镇的青白瓷占有相当高的比例。朝廷在广州和泉州设置市舶司专理此务，景德镇瓷器正是经过这两大商港，通达日本、朝鲜、菲律宾、印度尼西亚、印度、巴基斯坦、斯里兰卡、埃及和坦桑尼亚等数十个国家。在海上丝绸之路航线上发现的南宋沉船"南海一号"以瓷器为主，汇集了当时著名的四个窑系：景德镇的青白瓷、福建德化的白瓷、福建的建窑黑釉和浙江龙泉的青瓷。而出水瓷器中，尤以景德镇青白瓷最为出彩。

元代，景德镇瓷器，尤其是青花瓷运销到全世界，而比较多的是销往阿拉伯地区。内陆交通，主要是沿着丝绸之路从内地到新疆，进入中亚细亚的沙漠与草原，然后翻山越岭到波斯，再到地中海。

明清时代，景德镇外销瓷同样呈现鼎盛之状。明代，景德镇瓷器以相当大的规模进入欧洲市场，有中国商人运往欧洲，也有欧洲商人来中国贩运。明代郑和七下西洋时，带去大量丝绸和瓷器赏赐海外诸国，景德镇瓷器也随之漂洋过海，遍及东南亚及西方各国，直至东非海岸和尼罗河畔。清代在明代的基础上，以欧洲各国为主要贸易对象，在欧洲大大地拓展了市场，史称"昌南镇陶器，行于九域，施及外洋"。在广州著名的"十三行街"中，欧洲商人光顾最多的是瓷器商店，选购来自江西和福建的珍贵瓷器。当时景德镇的瓷器从景德镇昌江启航后，入鄱阳湖，溯赣江而上，经由江西的清江、吉安到达赣州，然后翻越大庾岭，到达广东的南雄，再顺北江而下，经韶关、英德，最后抵达广州。

饶有趣味的是，作为内陆山城的景德镇，在明清时却虔诚地供奉着海神。镇上曾建有一座富丽堂皇的天后宫，宫内雕梁画栋，绘有各式海景。这座天后宫成为景德镇瓷器走向海外、走向世界的一个象征和标志。

第二节　景德镇文化特征

围绕瓷器、瓷业、瓷人、瓷都这几大板块，景德镇呈现着以陶瓷历史为显著标识的独特的文化特征。正因为如此，才会出现我们前面提到的人们常常把"景德镇"等同于"瓷器"，把"景德镇陶瓷文化"混同于"景德镇文化"的现象。虽说混用是不妥当的，但也证明了景德镇与瓷器的浑然天成，非常值得人们去细细品鉴。但是试图通过若干语句对景德镇文化特征进行描述，也是一件非常艰难的事情，需要诸多理论观点和学术成果的支撑，而这方面的研究应该说离系统性与完整性还有相当大的差距。本节我们只能尝试从独一无二的文化价值，因瓷而生而成的景德镇，极度反差又和谐并荣的景德镇，景德镇瓷器包含中国哲学的意蕴等几个方面作挂一漏万的简说。

一、独一无二的文化价值

有学者用充满哲理和文采的语句，为我们从总体上概括了景德镇至少具有三个方面独有的文化富矿，值得我们花费足够的时间与精力去研究。我们从景德镇的故事里可以寻觅到它所具有的中国实践与中国历程、中国性格与中国命运、中国成功与中国奇迹。[①]

一是景德镇具有世界上的两个"独一无二"。

景德镇地面和地下至今保存着大量的瓷器，其数量之大与质量之精在全世界是独一无二的；景德镇保留着完整的瓷器生产工艺体系，原料、燃料供应体系和瓷器销售体系，以及与此相应的大量的古窑址、古作坊、古街巷、古建筑、古店铺、古民居、古衙门、古码头等遗存，这在全世界也是独一无二的。这两个"独一无二"便构成了景德镇作为千年瓷都最核心的文化价值。

景德镇陶瓷历史文化的独特价值，在于这些已经出土和仍然埋藏着的极其丰富的古瓷资源，以及这里至今还遗存的庞大完整的古瓷业体系。它是中华民族古代文化的一个精湛的典型，也是人类文明史上一颗不断放射光芒的明珠。景德镇以生产瓷器而蜚声世界，是中国古代的瓷都，现在仍然是生产瓷器的重要工业都市。[②]

二是靠一个产业支撑一座城市一千年，全世界仅有景德镇。

景德镇是古代的瓷都，生产瓷器的历史长达两千年，更是靠着一个瓷业生产支撑了城市的千年历史，而且瓷业的发展一直延续到今天。1982年初，经国务院批准，景德镇被定为国家第一批历史文化名城。这批有着重大历史价值和革命意义的城市，共计24座，景德镇是其中唯一以工业的专门化而著称的历史文化名城。在各类著名的专业化的工业城市中，像景德镇这样既与人民的生活密切相关，又有光荣而悠久的历史，

---

① 姚亚平：《景德镇，一个值得说给世界听的故事——对怎样讲好中国故事的思考》，中国文化报，2014年10月15日。
② 沈建华、方志平、汪红亮：《江西文化概论》，中央广播电视大学出版社2011年版。

无论在中国，还是在世界，都没有能与之相比的。①

景德镇的城市是与瓷器这个产业连在一起的，一个城市与一个产业的命运联结了一千年，现在还在联结下去。由此，景德镇具有独特的面貌、独特的气质、独特的命运、独特的道路、独特的历程、独特的奇迹、独特的成功，也包括独特的问题和独特的纠结。

三是景德镇如同一部博大精深的文化大书。

走进景德镇，就是打开了世人了解陶瓷文化、了解中国的一扇窗，就是对陶瓷文化、中国文化进行审视和开掘，这是一种厚重的文化建构。景德镇千百年来起起伏伏的发展历史进程中蕴含着百折不挠地追梦圆梦的奋斗精神，其中有纠结、有矛盾，更有希望、有骄傲。景德镇故事是历经千年历史积累的文化资源，是中国梦的一个很好的载体，是可以亮给世界的中国文化名片。

瓷器是最容易被世界接受的中国文化符号。

中国人的美学观念、审美情趣、价值观念、文化追求以及科技创新，可以随着瓷器的故事走向世界。景德镇的故事是瓷器的故事，是瓷都的故事，是瓷业的故事，更是瓷工的故事，其中包含着人的命运、人的性格、人的面貌、人的问题，集中展现了博大精深的中国瓷器的魅力。

一位外国学者总结道，中国瓷器对世界史研究的最大价值，在于它反映了一项规模最为庞大的文化转型活动。放在悠长的历史观照中，最能清楚看见中国瓷器促成的递嬗转变。早在公元 1000 年之前，跨越远距离的商业交换活动就已经将"寰宇"整合成一个今日历史学者所称的"世界体系"，也就是一系列交迭互动的多重经济体，一个极其复杂的交易网络，内容包括金银币、香料、宝石、金属、织品和陶瓷，将欧亚大陆的极大部分串连在一起。中国是这个世界体系中最重要的关键枢纽，胜过其他任何地区，中国是带动这个世界体系运转的发动机。②

有中国学者总结说，随着东西方贸易的发展，到了清代初期，景德镇瓷器已风靡欧洲各国，成为上流社会的宠儿。中国瓷器的独特魅力，使世界各国为之倾倒。随着中国瓷器在世界各地的广为流传，不仅启迪、影响了全世界陶瓷技术的发展，并广泛

---

① 周銮书：《景德镇史话》，江西人民出版社 2004 年版。
② ［美］罗伯特·芬雷著，郑明萱译：《青花瓷的故事：中国瓷的时代》，海南出版社 2015 年版。

而深刻地影响了人类的物质文明与精神文明。①

所以，今天当我们把景德镇置于历史与现实、中国与世界以及政治、经济、文化、工艺等多视野、多维度中考察，去看瓷器、看瓷业、看这个城市，以老百姓的眼光、平民化的表述去看景德镇，再辅以成功的讲述，引导着人们探讨景德镇的奥秘、景德镇的魅力、景德镇的前生今世等方方面面的文化现象，就能够触发人们的思考。我们可以通过对景德镇故事的讲述，更好地梳理中国经验，以高度的文化自觉和自信讲好中国的故事，让当代中国文化的创新成果更好地传播出去。

二、因瓷而生而成的景德镇

景德镇在历史上就是世界著名的瓷都，也是世界瓷器生产的中心，制瓷历史悠久。这是一座围绕着瓷而生存、发展的中国历史文化名城，城市的每一个空间都与瓷有着密不可分的联系。除有直接生产瓷器的手工业工场之外，还有许多为瓷器生产和销售服务的各种行业，而这些行业的生产又是围绕着御窑厂的生产体系所构成的种种形态。②

御窑厂曾经是景德镇这座城市的中心和灵魂。

古代景德镇的整个城市布局与瓷业生产系统都是围绕着御窑厂而进行的。明清两个朝代近600年的皇家官窑的设立，极大地提高了景德镇在中国乃至世界上的知名度。同时，官窑不惜工本、精益求精的制瓷技艺，与民窑灵活和具有活力的制瓷制度有机结合，构成了景德镇特有的陶瓷历史，也为景德镇文化烙下了深刻的地域特征。

第一，景德镇是由瓷文化构成的城市空间。

古代景德镇围绕着瓷文化构成了自身的空间特点。当时的景德镇属于乡土中国的一部分，但又是一座手工业城市，所以一方面它和乡土中国一样，具有祖先崇拜和神灵崇拜的特点，另一方面还有行业神崇拜的特点。在古代，景德镇有不少庙宇，仅御窑厂就有师主庙和风火仙庙，这些庙宇和祠堂构成了景德镇的神圣空间。而衙门和御窑厂则是景德镇的政治空间，实际上是政治权力的象征。

---

① 沈建华、方志平、汪红亮：《江西文化概论》，中央广播电视大学出版社2011年版。
② 方李莉：《从文化的视角解读景德镇御窑厂》，《景德镇文化研究》（第三辑），中国文史出版社2018年版。

第二，在景德镇最重要的是生产空间。

这些空间的构成主要是窑房、坯坊、红店，还有柴行、白土行、釉料店、坯刀店、毛笔店、颜料店等许多副业。宋元以前，景德镇的瓷器作坊和窑址分布在方圆50里的区域，瓷器生产基本处于"亦陶亦农"的状态。直到明代建立官窑以后，瓷器生产才开始向城区集中。

明代御器厂只有部分产品实行官搭民烧，而清代御窑厂除彩绘部分外，其他生产部分大都由民窑承担。官窑和民窑形成了一个既分工又合作的生产体系，而整座城市都是围绕着这一生产体系来建构的，每个区域都有自己的分工，由此构成城市的生产空间、商业空间、生活空间，并与神圣空间、政治空间相互联系、相互促进。

第三，景德镇的社会结构是手艺社会的结构模式。

这种模式既有乡土社会的特点，还有自身不同的特点。乡土社会是农民，农民的基本构成主要是血缘和地缘的关系，且与土地捆绑在一起，是静态的，所以是保守的。但是手艺社会则不完全一样，除有血缘和地缘的关系外，还有业缘的关系。手艺人的特点是流动，他们会离开土地到远处需要他们手艺的地方去谋生。所以自古以来，景德镇就是一座移民的城市，有"五方杂处""工匠来八方、器成天下走"之说。所以，景德镇还有一个移民空间，就是一个个不同分工所形成的行帮组织，这些行帮往往是由血缘和地缘关系组成的。

有外国学者分析认为，市场广布各地，要求形形色色，促使景德镇的工匠培养出求新求变的创作心态。精湛的技艺和灵活度，也是这座瓷都繁荣不可或缺的要项，重要性不亚于标准化的大量生产。这种高度的调适能力极不寻常。①

因为小农社会的工匠性格向来以保守闻名：他们的原料产自当地，他们的工作内容重复不变，他们的行为受当地习俗约束，他们服务的对象是个别隔离的市场。工匠和农夫不同，农夫靠天吃饭，工匠的生计却取决于自家的手艺，凭借尝试错误发展而成的技术养活一家人。一个捏雕失当，一次烧窑失败，就可以抹杀数个月之久的心血和劳力，毁掉整个家。因此工匠往往坚守已经通过岁月考验的老办法，持续生产一成不变的器皿。然而，景德镇却呈鲜明对比。由于必须满足远地的市场需求，因此鼓励了创意、灵活多变的经营策略。变的动力来自外在世界，迫使工匠突破固守的阵地。

---

① ［美］罗伯特·芬雷著，郑明萱译：《青花瓷的故事：中国瓷的时代》，海南出版社2015年版。

第四，围绕着瓷形成了景德镇的文化圈。

它分成两个部分，一部分是技艺传播，一部分是商业传播。技艺传播的部分包括对国内各窑口的影响，也包括对世界不同国家陶瓷产业的影响。商业传播的部分更广，有国内的市场，还有国外的市场。明清以后，景德镇形成了一个巨大的瓷文化圈，不仅波及了周边的城市和乡村、沿海地带，甚至全中国、全世界。

古代的中国曾是世界手工业工场，景德镇又是其中世界性的瓷器手工业工场，而且瓷器是中国的一个大项。所以，景德镇在中国历史上有着崇高的地位，也是丝绸之路当中最具特点的瓷器贸易城市，具有巨大的文化传播影响力。

三、极度反差又和谐并荣的景德镇

一位中国作家曾经感叹："没有哪种物质文化，比得上陶瓷如此真实、忠诚、完整、丝毫不差地摄录下历史文明的投影。石会崩，木会朽，人会亡，而瓷，即使粉身碎骨，其质却永恒不变。瓷是不朽的文化外衣，历经岁月的风雨，却依然故我地折射出分娩它的时代特有的光辉。"[①]

景德镇文化呈现出非常奇特的"悖论"现象，或称"反差之美"。

比如，景德镇偏于一隅的地缘状态与极为辽阔的文化辐射能力的对立统一；景德镇瓷业帮派林立、规矩森严与极为开放包容、集天下之大成而登顶技艺高峰的对立统一；以周边农村移民为主体的景德镇瓷工与其精美瓷器"行于九域、施及外洋"的对立统一；雍容华贵的御窑瓷器和皇帝贵族的奢侈生活与生产瓷器的工匠极为简陋的生产条件和悲惨的生活境遇的对立统一；等等。

景德镇呈现着偏僻封闭与开放包容的并存。

没有哪个城镇，能像景德镇这样将城市与山乡的色彩情调气息融为一体，将历史和现在熔铸一起。景德镇是偏僻的又是开放的，既早早地走向海洋，又是严谨的、墨守成规的、带着浓郁的农民和小手工者意识的封闭内陆山城。

景德镇是中国最早出现资本主义萌芽之地，也是最早的开放城镇，它是中国历史上罕见的没有城墙的古镇。那依依环抱古镇的水系，似乎替代了坚固的闭关自守的城墙。自明朝开始，景德镇就供奉妈祖海神，天后宫中雕梁画柱上的宏伟海景，是瓷器

---

① 胡辛：《小说家视野里的陶瓷文化——兼谈〈陶瓷物语〉等景德镇地域文本的创作》，《南昌大学学报（人文社科版）》，2003年第12期。

由昌江、鄱阳湖经海上陶瓷之路出口的真实写照，也是景德镇人对海洋的呼唤与向往。

景德镇这方地域，这种生存环境，这般集工商于一身的经济背景，成一器"过手七十二"的严谨生产方式，这样悠远的陶瓷文化通过纵横交错渠道渗透和潜移默化人的心理心态、思维行动，终于积淀为特有的集体无意识，溶进瓷都人的筋腱、血脉、细胞中，成为生物属性，形成共性的景德镇人。

这是几千年陶瓷文化的凝聚力、向心力，也是制约力、束缚力。古朴淳厚又精于生意经的民风，机敏灵巧又固执倔犟的民性，恪守成规的严谨，忠于传统的虔诚，不思改革的惰性，有意无意将外在的强制性规范悄悄融为自觉的行动，循规蹈矩于固有的无始无终的圆圈中，不能或很难有超越自身的远大目标，这是景德镇人的平和，也是瓷都人的悲哀。①

但是陶瓷文化早早地便有涵纳异质文化的胸怀和气魄，它并不是纯血种的孤家文化。而且，陶瓷文化就其本身而言，还蕴含着非文化的、超文化的即生命本体的不可束缚的奔腾力。因而，陶瓷文化在熏陶制约景德镇人的同时，又往往诱惑、激活人的潜意识中不安分的因子。景德镇瓷器无论造型绘画乃至纹饰，无不笼罩着中国大文化儒、释、道三家并存的气氛。忠孝节义的关羽、大慈大悲的观音、形形色色的罗汉、飘飘逸逸的过海八仙、起死回生的太上老君等都能在瓷器家族中共存共荣，瓷器与文化早已烧炼为一体。

景德镇历千年而不衰，重要原因是对多元文化的浑取和兼容开放的特性。

诸如，东晋人赵慨深谙制瓷技术，后来隐居景德镇，当地瓷工拜他为师，使制瓷技艺有了很大提高；南宋时北方连年战乱，大批瓷工纷纷南迁，景德镇帮助他们融入瓷业生产，有效地将"流民"化为人力资源；元代时，引进并采用波斯青花釉原料；清康熙年间，引进西洋珐琅彩料，并借鉴了欧洲油画装饰技巧；在瓷器贸易方面，明清时代就在全国各地开拓了市场，瓷器远销到欧洲、非洲等地，形成"九域瓷商上镇来，牙行花色照单开"的壮观景象。②

景德镇还呈现着御窑瓷器审美最大化与民窑瓷器效益最大化的奇妙融合。

御窑瓷器以满足皇帝的审美需求为准则。朝廷在组织机构、人力、财力、物力上

---

① 胡辛：《小说家视野里的景德镇陶瓷文化》，《景德镇文化》（第2期），中国文史出版社2014年版。

② 黄辉：《景德镇陶瓷历史文化的几大特征》，《景德镇文化》（第4期），中国文史出版社2014年版。

予以保障，不惜工本，生产高精尖、新奇特的产品，因而有了宣德祭红、成化青花斗彩鸡缸杯、嘉靖青花大龙缸、康熙美人醉、乾隆多色釉粉彩瓶等。从当时的情况看，这种生产导致"以空匣钵障火""趋辩塞责"，铺张浪费、劳民伤财，但其产品却随着时间的逝去而变得愈发宝贵。

民窑瓷器则追求效益最大化，即各自按照自身的条件，紧跟市场的步伐生产相应的产品。其结果是：产品粗者至粗，如渣胎瓷、蓝边碗、黄泥胎器等；精者至精，如外销瓷中的深腹器、奇形怪状的餐具等。①

民窑的生产场所因为追求效益最大化，一切都是为了方便生产，一切为了降低成本、减少破损、缩短流程距离、省工省时，所以作坊与窑房建筑多因地制宜、因陋就简、因势利导。已发掘出土的南窑、兰田、湖田、盈田、银坑道堂里、丽阳、观音阁、落马桥等遗址的生产场所都极其简陋，用废弃的窑砖、匣钵、垫饼、垫柱、瓷瓦、乱石砌筑墙体、水井。镇窑窑房的柱子全部使用弯曲、没有多少经济价值的杂木，为的是降低造价，只求坚固实用。镇窑的柱础材质形状大小各异，显然都是捡拾收集而加以利用。

有趣的是，御窑除了衙署建筑之外，作坊窑房建筑遗存几乎与民窑的简陋别无二致。御窑遗址中珠山北麓明初窑炉作坊遗迹、珠山南麓明宣德至万历年间窑炉作坊遗迹墙体等，与民窑窑址的湖田古瓷窑址等一样，都是以废弃的窑砖、瓷瓦、匣钵、窑具等砌筑而成。作坊的工作面高低不平，坑坑洼洼，令人难以想象"鸡缸杯""鬼谷子下山"等现在身价数亿的瓷器就出自如此简陋的地方。

景德镇官窑和民窑所生产的上好瓷器都供进贡朝廷或外销。

与土耳其托普卡比博物馆墙壁上高密度悬挂的元青花瓷器，以及大英博物馆、故宫博物院、台北故宫博物院、上海博物馆、南京博物院中满橱满柜的景德镇精品瓷器相比，这些瓷器的故乡——景德镇本土却鲜有上好完整的官窑瓷器和民窑瓷器传世，以至于景德镇陶瓷馆在建馆之初，瓷器藏品严重不足，即使有，也是墓葬、遗址出土的比较普通的瓷器，而景德镇历代官窑瓷器更是极其稀缺。幸得文化部专门从故宫博物院、南京博物院、上海博物馆调拨一批官窑瓷器，才得以勉强满足博物馆展陈效果和要求。

---

① 白光华：《景德镇陶瓷文化遗产隐含的反差之美》，《景德镇文化》（第 4 期），中国文史出版社 2014 年版。

创造了景德镇陶瓷文化的主力军的文化程度不高或根本就是文盲。

景德镇"工匠来八方",绝大多数没有受过多少教育。景德镇自古以来就是学艺挣钱的去处,却不是读书求学的地方。许多镇上的人,少小离家上镇学徒,多不知诗书功名为何物。①

在景德镇,"不会读书就去坯房学徒"的想法至今流行,其中有家长的无奈,但也包含着一丝希望。因为过去和现在有许多不识字的人,只要能吃苦,或者心灵手巧,就能过上小康日子。虽然没有什么文化,但他们通过口传心授的点点滴滴的经验,发挥各自的小窍门、小聪明,并通过协作,将帝王、将相、富豪、宫廷艺术家、艺术鉴赏家、收藏家等诉求的高难度审美效果的瓷器共同完成。

诸如,景德镇土著业瓷者在五代和宋代发现瓷石釉果并大胆加以利用,生产出"光茂致美"的"饶玉",为承接青花的落户奠定了材质基础,还使得景德镇成为了税课大户、经济重镇;元代业瓷者为生产大件青花瓷器而使用高岭土,一举成功,并以白釉为基础釉,掺入青花、釉里红料,衍生出五彩缤纷的彩瓷;明代业瓷者将景德镇推向全国制造瓷器的中心,成化年间,南宋官窑、龙泉窑等青瓷在景德镇御窑厂大量仿制,更是景德镇成为世界瓷都的标志性事件;清代雍正、乾隆时期以后,景德镇本土制瓷原料中的重要成分瓷石已经不能满足景德镇生产需求,所用瓷石"产江南徽郡祁门县,距窑厂二百里"。尽管如此,景德镇业瓷者仍然将窑火烧得兴旺,一直延续至今,而且发扬光大。

外国学者评价道,景德镇以极高却极丑陋的效率运作:工匠注定贫穷,窑厂必然竞争,资源大量浪费,工人不满情绪高涨,与最重要的客户没有直接接触,数以千计的窑炉缺乏中央化的管理。然而整体而言,却有着无比效能与灵活精细的分工。景德镇掌控了全球瓷器市场,不仅因为产品精良,也因为生产规模与组织先进;它代表了在蒸汽机带动的机器年代来到之前,手工艺产业的最高峰,大规模集中制造生产最壮盛的成就。②

四、景德镇瓷器包含中国哲学的意蕴

悠久的制瓷历史、珍贵的古迹窑址、精湛的制瓷工艺、独特的制瓷习俗,展现着

---

① 郑鹏:《景德镇老城叙事》,江西美术出版社2015年版。
② [美]罗伯特·芬雷著,郑明萱译:《青花瓷的故事:中国瓷的时代》,海南出版社2015年版。

浓郁的陶瓷文化内涵，形成了景德镇与其他产瓷区不能相提并论的独具特色的陶瓷文化资源。景德镇瓷器以其独特的方式集中反映了民族传统文化的精华，具有浓郁的风格和独特的文化神韵，渗透着华夏儿女的聪明才智，成为中国瓷器的杰出代表，是中国传统文化的精粹之一。

通过对景德镇陶瓷历史发展历程及其文化特征的分析，我们可以清楚地看到，景德镇陶瓷文化具有丰富的内涵和文化底蕴，景德镇瓷器积淀了中国传统的美学思想和文化意识，成为中国哲学思想的一种物态显现。①

第一，景德镇瓷器承载着"阴阳五行"之艺。

中国古人在科技水平和认知能力还处于相对低位的阶段，便使用五个汉字符号（金、木、水、火、土）去概述自然界的物质形态。由此演化出"阴阳五行"对应变化、相辅相成、相生相克的哲学思想，并用直观而简练的"五行说"去解释自然现象和社会现象。

对"五行"最形象的注解，莫过于瓷器。瓷土的元素属金，烧瓷的燃料属木，调泥的物质属水，木材生火，瓷土便是瓷的主体，它既是金之母、木之本、火之子，又是水的补充。瓷器起于"五行"，本体为土，以水调泥，施釉补金，以木制火。将这"五行"契合为一物，世界才有了这种人类文明的成果，才有了这种科学与艺术的完美结晶。

景德镇官窑制度也体现了"五行"之说。明代后期景德镇御器厂，当地的轮班匠按金、木、水、火、土"五行"分组轮班。清代督陶官唐英在《火神传》中说"夫五行各有专司，陶司于火"，表明唐英把制瓷看作"五行"中的一种。

景德镇的青花瓷，亦缘于古代思想认识的五行五色观。色彩的青、赤、黄、白、黑，分别对应了"五行"的木、火、土、金、水，同时也对应了方位的东、南、中、西、北。其中的青色，对应了五行中的木，象征了万物始生、草木欣欣。青色还对应了方位中的东方，所以也被认定为"青是东方正"。元代中晚期，景德镇青花瓷烧造技术完全成熟，是中国制瓷史上划时代的事件。

在明清五彩缤纷的景德镇颜色釉御瓷中，黄色独尊。皇家厚爱黄色，与中国古代哲学思想中"五行"学说亦有关。以五行相配五德，对应古代五帝。土尚黄色，土地是国家权力的象征。明代景德镇黄釉瓷器为皇帝祭器和皇室专用，清代黄釉瓷

---

① 黄辉、吴远征：《景德镇陶瓷文化里的中国哲学底蕴》，《景德镇文化》（第2期），中国文史出版社2014年版。

器为祭礼，但也陈设观赏日常使用，但等级非常严格，只有皇帝、皇太后、皇后才能有黄釉瓷。皇贵妃、嫔妃用的都是黄间其他颜色的瓷，其他人都不得使用黄色瓷器。

第二，景德镇瓷器体现着道家"技以载道、道法自然"的思想。

景德镇瓷器造型，如果从整个陶瓷艺术发展过程来认识，它形成了具有中国特色的程式化和规范化的形制，是"大体则有，定体则无"，无"定体"、无"定法"，不追求形式的奇特，又能创造出无数的器形而且不同。其中有"可变的"和"不可变的"因素，可变的是具体的感悟、创造性想象，而不变即万变不离其宗的是中国哲学精神，是不可言说而又分明存在的"道"。"道器"是中国哲学的一对相对应的基本范畴，"形而上者为之道，形而下者谓之器"。"气"与"道"在工艺制作中的本体意义也体现了中国造物"达道"的愿望，"器"以载道沟通了现实人生与天地宇宙精神的交流，令人回忆起生命灵魂本原的终极价值。

景德镇瓷器在器形方面，造型规整，新颖独特，或厚重古拙，或轻盈秀丽，或浑圆丰满，或清俊修长，千变万化，细致得体，体现出很高的艺术价值。因器物的不同用途而变化多端，相得益彰，可以说是随物宛转，神与物游，体现着中国人的民族精神和传统文化风格。

例如，宋元时期景德镇的青白瓷，苍翠幽雅。这种富于冷静、给人带来幽玄情趣的色泽正与道家思想所追摹的"虚、空、静""以素洁为美""澹然无极""无为"的境界隐隐相符。从五代时期的青瓷和白瓷，以及后来的颜色釉瓷如花釉和纹片釉瓷中，也都可以看到深受道家哲学思想的影响。

道家文化的"乾、离、艮、巽、坤、震、坎、兑"八卦在景德镇瓷器装饰绘画上也有表现。其他如云鹤、松鹤鹿、卐字、灵芝、璎珞、宝杵等都是带有道家文化的装饰，但后来这些图案逐渐脱离宗教的涵义，普遍为景德镇陶瓷艺术吸收。

第三，景德镇瓷器体现了儒学"中和之美、以玉于德"的思想。

中国哲学文化中的天人合一的观念是中国人整体把握直观感悟的思维方式。儒家"中庸"之道以及中和之美等，都对景德镇瓷器造型产生潜移默化的影响作用。纹饰中既有自然界的山山水水、花鸟鱼虫，又有人类自身，总在执著地追求人与自然和谐统一。

表现在人与物的关系上，以人为主体的"和为贵""和合二仙""将相和"等经常作为纹饰题材。例如，景德镇青花瓷盖碗独特的人性化设计就包含着中国传统儒家思想：盖碗之盖寓意为"天"，盖碗之碗寓意为"人"，盖碗之托寓意为"地"，三者合为一体为"天地人和"之意。

青白瓷是古人对玉情有独钟的结果。古人将一切温润而又有光泽青、绿之美石称为玉。玉具有仁、义、智、勇、廉的优秀品质，被儒家赋予了德之寓意。正是在青白玉可欲不可求的情况下，景德镇瓷工巧妙地利用当地优质的原料，烧出色质如冰似玉的青白瓷，其尚玉的实质和根源是儒家的"玉德"思想和玉文化观念。正如女词人李清照在《醉花阴·重阳》中对景德镇窑烧制的青白瓷枕的描绘，"玉枕纱厨，半夜凉初透"。

第四，景德镇瓷器中有宋明理学思想的融入。

以朱熹为代表的宋代思想家们把理气、心物之辩的抽象哲学争论还原为理欲之辩的现实伦理问题，把"格物致知"的认识路线伦理化为"去理存欲"的道德修养。受理学思想的深层影响，宋代文人阶层审美趣味与人生情趣追求"平淡"之美，崇尚平易、清淡、严谨的艺术风格在景德镇瓷器纹饰中有着突出的体现。

例如，青色，给人以单纯、明朗、纯洁、雅静、幽玄的感觉。这种色彩的性质，与宋朝理学所崇尚的观点相吻合。宋代景德镇瓷器以质朴的造型取胜，很少有繁缛的装饰，造型风格简洁优美，比例尺度恰到好处。例如，梅瓶，口小颈短，肩以下逐渐内敛，线条简洁流畅，形象端庄妩媚，宛若婷婷少女，很好地表达了宋人的理学审美观念。

明清时期景德镇瓷器的装饰，与当时的世俗生活潮流及社会心理和哲学思想也有关系。明代王阳明的心学流行，社会风气改严谨为活泼。器物的装饰风格开始转向秀丽典雅，瓷器装饰纹样流行人物故事以及神仙、高士和仕女，体现了对人的重视。这一时期，对器物的把玩、欣赏已经成为瓷器的重要功用，其中一些传世之作往往不是实用的器皿，而是作为工艺品。这种功用的变化，在根本上决定了景德镇瓷器制作的追求方向。

综上所述，中国哲学思想影响着景德镇陶瓷文化，使得景德镇瓷器成为中国哲学思想的一种自我表达方式和载体。它是窥视中国历史的一面镜子，折射出了中国古代哲学思想的光芒。同时又以特有的器物、工艺等艺术表现形式对中国古代哲学思想进行了拓展，并使其得以升华。中国古代哲学思想与陶瓷文化二者交融，最终构成了景德镇瓷器的独特个性与审美情趣，也为景德镇文化体系的完善打下了扎实的基础。

第三节　景德镇文史考释

本章开始，我们就明确，要对人们于景德镇文化及历史所存在的误读和讹传给予必要的校读和澄清。因不了解自己文化而产生的"文化自卑"固然不可取，但如果是通过假文化或伪文化而建立起所谓的"文化自尊"则更不可取。真正的文化自信一定是建立在真实文化基础之上的。历史是不可改变的，但人们认识历史能力和水平的提高永远在路上。我们尤其是要推崇和传播"原真性、原生态、原文化"的研究成果，以期建立更加真实可靠的景德镇文化体系，如此才能有效地增强文化的软实力。

一、关于"新平冶陶"与"新平治陶"

只要是涉及对景德镇或景德镇陶瓷的研究或宣传，大都会引用"新平冶陶，始于汉世"。例如，"古代文献中有记载说：'新平冶陶，始于汉世'。"① "景德镇制瓷的历史，可以追溯到汉代，有'新平冶陶，始于汉世'之说。"② "清代乾隆四十八年（1784年）《浮梁县志》就有'新平冶陶，始于汉世，大抵坚重朴茂，范土合渥，有古先遗制'之记载。"③

有学者对目前普遍引用的"新平冶陶"的"冶"字进行了考证，认为"新平冶陶"之"冶"字系"治"字之误，应是"新平治陶"更为确切。④

也就是说，准确的用法应该是"新平治陶，始于汉世"。

分析一下使用"新平治陶"一词的文章，大多是引用《浮梁县志》或称古代文献。经查阅清代道光版《浮梁县志》卷八·陶政·附考，原文中就是"新平治陶，始于汉世"。另外，据比它更早出版的明代焦竑辑《明朝献征录》卷四三·南京兵部二·侍郎·南少司马赠御史大夫观海顾公章志传中，就有"饶之景德镇主治陶，而为浮梁属"。

---

① 刘竞：《与沈阳有关的两位制瓷名家》，《沈阳故宫博物院院刊》2007年第3辑。
② 曹国庆等：《景德镇考察记》，《中国社会经济史研究》，1988年第2期。
③ 曾亚林等：《新平冶陶，始于汉世》，《中国陶瓷》2005年第6期。
④ 顾幸勇、陈雨前：《"新平冶陶"与"新平治陶"的考证》，《景德镇文化研究》（第一辑），中国文史出版社2017年版。

在清乾隆四十八年（1784年）刻本，程廷济修、凌汝绵纂《浮梁县志》卷一二·杂记下·述旧中，也是用"新平治陶，始于汉世，大抵坚重朴茂，范土合溷，有古先遗制"。经查找目前存世最早的清康熙二十一年（1682年）版《浮梁县志》原刊全文，没有查阅到"新平治陶，始于汉世"，说明最早编入这段话的是乾隆版《浮梁县志》。

再有清代佚名《南窑笔记》（民国间刻美术丛书本）有类似的描述："新平之景德镇在昌江之南，其治陶始于季汉，埏埴朴素，即古之土脱碗也。"清光绪版《江西通志》卷九十三·经政略十一·陶政中也查到"新平治陶相传始于汉世"。还有甘韩辑、清光绪二十八年（1902年）刊《皇朝经世文新编续集》卷九·工艺一章中有"饶州浮梁之景德镇，其地为东晋时新平镇，唐武德中置新平县，厥后徙废镇名昌南，宋景德中始改今名，相传新平治陶始于汉代"。

从以上《浮梁县志》的原文考证，以及其他更早或晚些出版的《明朝献征录》《南窑笔记》《江西通志》《皇朝经世文新编续集》等古代文献佐证，都可以肯定"新平治陶，始于汉世"才是原话、原意。

为什么会出现"冶陶"这个问题呢？

据目前查证，可能是傅振伦1951年6月发表在《历史教学》上的《中国最古的瓷器》一文中最早引用到"《南窑笔记》说：'新平之景德镇在昌江之南，其冶陶始于季汉'"之说，以及1959年由江西省轻工业厅陶瓷研究所编辑出版的《景德镇陶瓷史稿》（三联书店出版社，1959年出版）中引用"根据记载和传说，景德镇的陶业是从两汉开始的。《浮梁县志》称：'新平冶陶，始于汉世'"，就此出现了差错。

通过考证，学者认为"新平治陶"才是原文本意，才是正确的引用。因为这句话比较具有代表性，而且引用的次数很多，影响很大，学者建议将"新平冶陶"改正为"新平治陶"，以还历史其原文本意。所以，本书中，我们均采纳了"新平治陶"的说法。

二、关于宋代瓷器"景德年制"和"皇帝赐名"

有很多文献里都说，因为景德镇给宋真宗皇帝的贡瓷中书有"景德年制"的底款，于是就有了"景德镇"这个名字。这一说法源起于清乾隆四十八年（1784年）《浮梁县志·述旧》摘录的佚书吴极《昌南历记》一段话："宋真宗遣官制瓷贡于京师,应官府之需命陶工书建年景德于器底,天下于是知有景德器矣。"

到了清代乾嘉之际,蓝浦在《景德镇陶录》转录了这一段,并作了进一步发挥:"景德窑,宋景德年间烧造,土白壤而埴,质薄腻,色素润。真宗命进御瓷器,底书'景德年置'四字。于是天下咸称景德镇瓷器。"之后便被人们反复征引,当作了信史。①

景德镇陶瓷考古研究所的专家们认为,这一说法没有根据。

唐宋之际,名窑产品是有在器底书铭文的。比较早的见于唐邢窑器,如20世纪50年代陕西出土的一件白瓷罐底刻"翰林"二字。西安唐大明宫遗址出土有一只刻"盈"字白瓷碗。越窑有刻"大平戊寅"铭的碗。宋定窑白釉瓷器底足内见有"尚药局""尚食局""五王府"等铭文。汝官器有刻"奉华"铭,虽然也是供官府所用器,但铭文却是宫廷玉作工匠后刻的。传世品中还有刻"凤华""慈福""聚秀""禁苑"之类的铭文,但至今未见用皇帝年号制于底铭的瓷器。

景德镇瓷器书题铭文始于元代,在卵白釉折腰碗和靶杯上印"大禧""枢府""福禄""东卫"等铭文,都是印在器物内壁。元代仅见一件带有"至正十一年"铭的青花云龙象耳瓶,书于瓶颈部的题记中,不属于单独的皇帝年号铭。这些都有实物可证,足见元代以前,没有用皇帝年号在贡器底部书铭的制度。

御器底部书皇帝年号制款始于明永乐朝,书的是"永乐年制"铭,此后明清各代官窑才有了在器底书皇帝年号制款的传统。几十年间,景德镇陶瓷考古研究所的专家几乎踏遍了景德镇所有的宋代窑址,至今没有发现哪怕一块书有"景德年制"的瓷片;北宋时期景德镇的各个窑厂,都是采用单件仰烧法,器底均用高于圈足的垫饼支烧,都留有黑褐色垫饼痕,根本就不适宜书刻铭文;另外,皇帝要给一个地方赐名不是小事,史官不可能不记录在案,方志也肯定大书特书,但是清乾隆四十八年(1784年)之前的文献,对此都未见诸记载。

因此专家认定,所谓"宋真宗时书建年景德制于器底"之类,不是史实。清代吴极的《昌南历记》很可能附会了明清官窑器以皇帝年号书记底款的惯例,想当然地随笔写来,以致流传两百多年,是不能当作信史看待的。

专家推断,景德镇名称的得来,并非皇帝的赐名,而是因为口碑。

专家们分析后认为,景德镇青白瓷的出现居功至伟,它把北方的邢白、汝青与南

---

① 王伯建、李一平、江建新、冯云龙:《关于景德镇若干史实的对话》,《景德镇文化》(第5期),江西高校出版社2015年版。

方的越青结合成如玉般的美妙器皿，一下就吸引了人们的眼球。老百姓喜爱，影响到皇帝也喜爱。皇帝喜爱，老百姓就更加地喜爱。口口相传，爱屋及乌，景德镇正所谓"以瓷而名、因瓷而兴"。这种因大众口碑而名传的含金量，其实比皇帝赐名还要高贵。宋代又是文化昌明的朝代，大家都叫景德镇，那就叫吧，皇帝也不介意，甚至就欣然默许了。

田野考古调查已发现景德镇宋代窑业堆积136处，均分布在昌江支流南河与小南河岸边的百里地带。这里的瓷石粉碎后可直接烧制瓷胎，燃料和取水都很便利。前溯到五代甚至更早，这一带窑业就已经很发达。宋代青白瓷的出现并一举成名，其实在技术与工艺上是作了长期准备的，任何成功都不可能一蹴而就。

宋代景德镇独创的青白瓷闻名遐迩，其品质可与同期全国任何一个名窑产品媲美，产量也为全国之冠，深得世人青睐，以至当时全国"舟辇所达，无非饶器"。就这个意义上说，以湖田窑为代表的南河以及小南河流域的百里窑场，才是荣获"景德镇"冠名的真正功臣。

另外，网络上还有不少对景德镇的介绍文章称"中国有一座很有名的以皇帝年号命名的城市，这就是闻名中外的瓷都——江西省景德镇市。这也是我国唯一用皇帝年号命名的城市"。这是误读，其实以皇帝年号命名的城市还有不少。例如，福建的"政和"是宋徽宗赵佶的年号，"永泰"是唐代宗李豫的年号；江苏的"宝应"为唐肃宗李玙的年号；陕西的"淳化"为北宋太宗赵光义的年号；浙江的"绍兴"为南宋高宗赵构的年号，"庆元"为南宋宁宗赵扩的年号；湖南的"宝庆"是南宋理宗赵昀的年号；上海的"嘉定"为南宋宁宗赵扩的年号；江西的"兴国"（"太平兴国"）为宋太宗赵光义的年号。

三、关于"China""china"与"昌南"

有一种观点认为，"China"（中国）和"china"（瓷器）来自于景德镇俗称"昌南"谐音的说法，且"昌南"是由浮梁县旧城土话"城南"经过文人化和书面语的美化而来。其逻辑是：英语中的"China"既指中国，又代指瓷器，而景德镇是瓷器的故乡，景德镇又旧称"昌南"，于是，"昌南"等同于"China"便顺理成章了。

对这一说法，有学者表示，这只是一种善意的推论，经不起考据。①

英语中称中国为"China"的源流。查阅一下辞书就会知道，古代印度、希腊和罗马等地人称中国为 Cina、thin 等……后在佛教经籍中译作"支那""至那"或"指那"等。如唐代名僧玄奘在其所著《大唐西域记》中，记录了他与印度戒日王的一段对话："王曰：'大唐国在何方，经途所亘，去斯远近？'""对曰：'当在东北数万余里，印度所谓摩诃至那是也'。""摩诃至那"就是"大支那"的意思。

《慈恩法师传》也记载："三藏至印土，王曰：'支那国何若？'对曰：'彼国衣冠济济，法度可遵，君圣臣忠，父慈子孝。'"玄奘所谓的"文教之邦"，正可看出他对"支那"的具体描写。据冯庆钧《西域地名》考证："支那"（Cina）是梵文边鄙之称，原为雪山以北诸神之名，后以为"中国"之号。

"支那"为什么用作中国之号？其本意又是什么？还须进一步考察。

与玄奘相去不远的唐代高僧义净曾由海路往印度取经，归国后又曾在东（洛阳）西（长安）二都主持译事，著译甚丰。他在《南海寄归内法传》中说："且如西土名大唐为支那者，直是其名，更无别义。"这一有名无义的说法，得到比义净稍晚的唐代高僧慧苑的纠正，他在所撰《华严经音义》曰："支那，此翻为思维，以其国人多所思虑，多所制作，故此得名，即今汉国是也。"宋释法云的《翻译名义集》则说："支那，此云文物国。"

这是两部专讲梵语语义的辞书，当是可信的。与之佐证的，则是近代对梵语文学有精湛研究的苏曼殊大师，他在《曼殊全集·书扎集》中所作考证认为："支那一语，确非秦字转音，印度古诗《摩诃婆罗》中已有'支那'之名，《摩诃婆罗》乃印度婆罗多王朝记事诗，婆罗多王言：'尝亲统大军行至北境，文物特盛，民多巧智，殆支那分族'。"

这就足证，"支那"一辞不仅有"义"，而且是古印度人对中国的尊称，包括了对中国和中国人民的一种友好感情。从史料分析，早在印度婆罗多王朝，约相当于我国殷商时期，印度就有代指中国的"支那"之名。古代印度高度发达的文明和特殊的地理位置，对欧亚两大洲产生过巨大影响，以"支那"（thin、sinal）称谓中国，正是古希腊、古罗马接受印度现成说法的例证。而英语中对中国称"China"，便是从希腊语、罗马语中转换而来。

---

① 罗学正：《此"china"非"昌南"》，艺术当代，2016 年 5 月 15 日。

英语"China"一词，语意既指中国，又指瓷器，这又是怎么回事呢？

据以上分析，代指中国的"China"（"支那"），早在中国瓷器还没有真正产生的殷商时期便已出现。而代指瓷器的"china"却出现得很晚。众所周知，17世纪以前，欧洲还没有生产真正的瓷器（硬质瓷）。欧洲人见到中国瓷器最早不会超过13世纪（相当于宋元期间），早期只是通过阿拉伯商人经地中海转口。景德镇瓷器大量出现在欧洲市场上，是15世纪以后的事。精美的中国瓷器不仅给欧洲人带去了意想不到的美的感受，更给他们的生活带去极大的方便。

然而，这些妙不可言的器物该怎么称呼呢？既然是从中国来的，英语中又没有现成的称谓，那就叫"china"。其实这种借代称谓在欧语中并不鲜见。如青绿色的龙泉青瓷，便是以法国田园戏剧《阿司特莱》中牧羊人"雪拉同"（celadon）的名字命名的，因为他的舞台服装色彩很接近龙泉青瓷。再如以船的型号命名的"克拉克"外销瓷等。

景德镇只是民间俗称"昌南"镇。

严格地说，宋代以前，地处浮梁县兴西乡的现景德镇所在地，还只是个江村草市，名不见经传。瓷器生产大部分散落在浮梁县境内各地，以南河、小南河两岸为中心。所谓"昌南"之说，也应是出自文人的想象。"昌南"镇也只是在文人中流传的雅称，并非官府设定。而且据蓝浦《景德镇陶录》所说，自宋景德年间（1004—1007年）设镇后，"昌南之名逐微"。可以想见，这样一个仅在地方小范围和短时间流行的名称，应当不可能与代称中国的"China"挂上钩。

四、关于"昌南镇"与"昌江之南"

关于"昌南镇"名字的来历，许多史志书上都说是因景德镇在昌江之南，故称昌南镇，尤以清蓝浦在《景德镇陶录》中的说法影响最大。书中说："景德镇属浮梁之兴西乡，去城（当指浮梁县城）二十五里，在昌江之南，故称昌南镇。"

数百年来，包括一些知名专家学者在内的人大多持此说，现在持此说者依然大有人在。对此，有研究者提出不同见解，认为持此观点者有很大一部分人并未真正在景德镇深入生活过，长久生活在景德镇的老居民并不认同此说，因为它和景德镇实际所处的地理方位不相符，大有可商榷之处。[①]

---

① 杨博：《昌南镇从来不在昌江之南——昌南镇镇名的来历及时间初探》，《景德镇历史文化城区北部地区历史文脉调查成果汇编》，景德镇市文化广电新闻出版局2018年编。

现在的景德镇老城区，上起观音阁，下至小港嘴，傍昌江而立，基本上是原昌南镇的所在。但她的地理位置不是在昌江之南，而是在东面。千百年来，一直到今天的景德镇人都依然称之为河东，而把对岸称为河西。真正的昌江之南在今南山渡峰坑一带，自古以来并没有建镇的遗迹，而昌江自古以来也没有改道的记载，所以在昌江以南一说是不大靠谱的。后来有人也发现了这一问题，于是又从大方位上弥补这一漏洞，说昌江的流向是从东北向西南流，从大方位上看景德镇在昌江之东南，此说也有点牵强附会。

"昌南镇"的名字究竟是怎么得来的？

据史书记载，唐开元四年（716 年）县治从新定、化鹏二乡之间（今浮梁江村乡沽演村）迁移到新昌江口左（今昌江东岸的浮梁新平乡东河口附近的南城里），改县名为新昌县，新平镇（景德镇最早的名称）恰在县治的南面。我们现在从地图上仍然可以清楚地看出，昌南镇正好在新昌县治的南面。县名新昌，镇在新昌南，故名昌南。或许这就是昌南镇名称的真正来历。

新昌县是在唐开元四年（716 年）得名，至天宝元年（742 年）更名为浮梁县，在历史上只存在了短短 26 年。元和七年（812 年）观风使裴勘因县署涨水，又将县治迁至昌江河西面的西北高阜（即今之浮梁旧城），旧县治被称为南城。新昌江口作为县治只存在了近 100 年，而浮梁旧城作为县治至 1915 年却存在了 1100 多年。

从中可以推断，后人对新昌的印象是不深的，大多数当地老百姓对新昌之名不甚了解，无法与称呼了 2000 多年的昌江相比。所以在景德镇（浮梁）地区，当人们提到"昌"字，很容易联想到"昌江"，"昌南"被误认为"昌江之南"也就是顺理成章、可以理解的事了。

新昌县是在唐开元四年（716 年）迁至新昌江口后才改名新昌县的，被叫作"昌南镇"也应在同时或稍后。到宋真宗景德元年（1004 年）"景德镇"得名止，"昌南镇"的俗称在历史上共存在了 288 年。

五、关于景德镇与"黄山和怀玉山余脉"

查景德镇的地理区位，从景德镇地名志、地方志及各种官方资料看，几乎众口一词：景德镇位于黄山、怀玉山余脉与鄱阳湖平原过渡的丘陵地带。即景德镇境内的山体都是黄山山脉和怀玉山脉的余脉。再具体一点，市区和浮梁县境内的山体基本是黄山山脉的余脉，而乐平境内的山体基本是怀玉山脉的余脉。还有一些资料更是直截了当地说景德镇地处黄山支脉。

对此，有研究者提出了不同见解，认为景德镇地区主体部分既不属于黄山山脉，也不属于怀玉山脉，而是拥有自己独立的山脉——五华山脉。五华山脉以五华山（五股尖）、大鄣山（六股尖）为核心区域，其主脉、余脉覆盖大半个景德镇、婺源的全部。[1]

一是具备明显的地质褶皱。

学术界对山脉的定义是：山脉是沿一定方向延伸，包括若干条山岭和山谷组成的山体，因像脉状而称之为山脉。主要是由于地壳运动中的内营力作用，有明显的褶皱。五华山脉完全具备上述特征。无论从直观的卫星地图看，还是从实际的地质数据看，抑或从周边山脉的对比分析来看，五华山脉都具备明显的地质褶皱，连续不中断，且主体独立，自成一脉。

五华山脉地处新华夏构造体系中的江南丘陵，山岭海拔在1000米左右，局部可达1500~2000米，与同为江南丘陵中的武夷山脉、罗霄山脉、雪峰山脉、黄山山脉、怀玉山脉类似。五华山脉呈东北—西南走向，受亚欧板块与太平洋板块碰撞挤压而成，这也是中国东部地区山脉的共同特征。

二是形成独立的山体主脉。

五华山脉，主峰为六股尖，主脉以六股尖（1629.8米）、五股尖（1618.4米）为核心，从婺源县的鄣山乡和浮梁县的瑶里镇出发，自东北向西南延伸，经鹅湖镇、湘湖镇、竟成镇、荷塘乡、鱼山镇，途中知名山峰依次有香油尖（1400.1米）、五花尖（1016米）、三花尖（1057米）、吊犁尖（1030米）、铜钱尖（746米）、牛角岭（647.4米）、郭璞峰（453.5米）等，绵延不断，由高到低，直至隐没于鄱阳湖平原。

五华山脉全长约120公里，重要的支脉有两支：向东一支延伸有五龙山（1468.5米）等，形成赣皖两省分界，与天目山脉余脉相交；向西一支延伸有虎头山（1193米）、白石塔（1019米）等，形成赣皖两省分界，与黄山山脉余脉相接，会合于鄱阳湖平原。

三是拥有庞大的规模范围。

五华山脉四至范围：西至昌江河谷断裂带，北接326省道（祁门县城至黄山市区

---

[1] 二两一歌：《五华山脉：景德镇的"新坐标"——景德镇拥有自己独立的山脉》，《景德镇文化》（第3期），中国文史出版社2014年版。

断裂带），东接白际山脉和怀玉山脉，南邻乐安江，范围约 5600 平方公里，核心区域约 300 平方公里。

五华山脉的主脉、余脉、大小支脉延伸到景德镇的角角落落，甚至城区的中心。青龙尖（市区东部地标）、牛角岭（市区南部地标）、龙山（市区西部地标）、旵府山（市区北部地标）、珠山、马鞍山、凤凰山、莲花塘山体、观音阁山体、南山等，都是五华山脉"庞大家族"的一分子。

四是造成深远的地质、地理影响。

五华山脉自造山运动形成以来，对江南地区的气候、水文、动植物分布及行政地理造成了深远的影响。首先它构建了又一道中国东部季风的阻碍屏障，进一步促成了江南地区亚热带湿润性气候的形成。它是长江与钱塘江水系的分水岭，并且是钱塘江的重要发源地（含正源），还是江西五大河之一的饶河的重要发源地（含正源）。昌江河支流中的东河、南河均发源于此。

地理上，由于大山的阻隔，五华山脉成了历朝历代天然的行政划分依据。先在春秋战国时期，地处吴头楚尾，形成吴楚分源；再到唐代，以此为线，划分设立了江南东道和江南西道；元明清时期，成为徽饶分界；到了现代，它是江西省与安徽省的分界，又是景德镇市与上饶市的分界，历时千年，一脉相承。

综上所述，五华山脉自成一脉，是独立完整的山脉，是地质学意义上真正的山脉。黄山山脉只是扫过浮梁的西北部，怀玉山脉也只是影响到乐平的南部。而五华山脉，才占据了景德镇的绝大部分，包括核心市区。景德镇今后的地理坐标的表述应该作出调整，即为：

景德镇市地处江南丘陵中的五华山脉向鄱阳湖平原过渡地带。

本书采用了这一说法。更大的意义在于，"新坐标"不仅是地理新坐标，还应该成为文化新坐标、生态新坐标和经济新坐标：这里是古代山越族的发祥地、程朱理学的酝酿地、徽饶文化的交汇区；这里的山水宜陶宜茶，曾经把茶产业、瓷产业做到了世界的极致；这里湖光山色、空气优良，风景数不胜数，居住和创业有如天助。

◎ 思考题

1. "景德镇文化"与"景德镇市文化"有何区别？
2. 景德镇有哪两个世界"独一无二"的文化价值？

3. 景德镇的瓷文化圈分成哪两个部分的传播方式?
4. 试举几例景德镇文化中呈现的"悖论"现象。
5. 景德镇是中国唯一使用了皇帝年号的城市吗?

第二章
千年古镇

在这一章中，我们将描述景德镇作为一座历史文化名城和千年古镇的沿革与发展情况。需要说明的是，在第一章已经提到，我们所称的"古镇"包括广义和狭义两个层面，广义指的是当代行政区划意义上的"景德镇市"，而狭义则指的是古代老城"景德镇"。本章我们主要描述的是狭义"景德镇"。

古代景德镇在明清形成的中国四大古镇中，是最偏于一隅的。这个偏僻小镇却是古代中国当之无愧的"特色小镇"，凭借其高度精细化的产业与美妙绝伦的产品，"行于九域，施及外洋"，以单一的瓷器手工业支撑一个城市历千年而不衰，在四大古镇中独树一帜、硕果仅存。这在世界城市发展史上也是绝无仅有的，充分展示出奇特的封闭与开放之对立统一。

另一个同样奇特的现象是，古代景德镇为"景德产佳瓷，产瓷不产手。工匠来八方，器成天下走"，其城市形态是"沿河建窑、沿窑成市"，特色非常鲜明。伴随着瓷业的壮大，商业的贸易兴盛，城市人口日渐增加，规模日益扩大，功能日臻完善，景德镇最终形成"延袤十三里许，烟火逾十万家，陶户与市肆当十之七八"的陶业都会。

景德镇因瓷而兴，城市的源起和发展是以珠山与御窑厂为中心，以瓷业生产地为标志，从北向南、由高及低、由东向西扩展，发展的阶段与速度与瓷业发展同步，城市建设格局契合了瓷业生产的功能需要。南北向的前街和后街与昌江平行，街道和主要巷弄垂直于昌江及前街和后街,并联接江边的码头,形成为南北带状方格形的街弄系统。

另外一种非常值得研究的有趣文化现象是,景德镇似乎天生具有跨越行政区划束缚的动能。不管历史上行政隶属关系如何变化,也不管自己的行政级别曾经多么卑微,但似乎对景德镇而言影响不大。它好像是特立独行,只按自己的生产规律运行。行政隶属色彩最浓的浮梁却与景德镇瓷业渐行渐远,反而是与景德镇无行政隶属关系的都昌、徽州、抚州、南昌等外籍人士不把自己当外人,逐渐形成排除了浮梁籍人士的"三帮",并凝练出与浮梁地域文化迥异的景德镇陶瓷文化,显示出一种景德镇独有的制瓷手艺人的自信与文化的超地域整合能力。

第一节 自 然 风 光

在明清时期发展起来的中国四大古镇中,唯独景德镇偏于一隅,交通不是很方便。它不像佛山镇地邻广州,凭借南海;也不像朱仙镇临近开封,依傍黄河;更不像汉口镇雄踞长江中流,号称天下通衢。它距南昌 200 多公里,距南京 500 多公里,距北京 1500 多公里,陆路关山阻隔,水路仅依靠河面并不很宽、河床也不很深的昌江水系。古代景德镇的区域位置不优越,但也许正是这偏于一隅、又"水土宜陶"的地理环境,让景德镇远离逐鹿中原的频频战火,吸引了众多身怀绝技的瓷工加盟,从而汇集了天下的制瓷技艺,终成"瓷业高峰是此都"。

一、含苞待放的百合花之形状

景德镇市位于江西的东北部。

汉晋隋唐时,江西在全国还是一个比较偏僻的地区,景德镇在江西又是一个比较偏僻的乡镇。景德镇市的东面是婺源县,南面是万年县,西面是鄱阳县,东南是德兴市,西南是余干县,北面是安徽的祁门县,东北是安徽的休宁县,西北是安徽的东至县,处于两省八县之交。地理位置为东经 117°0′1″—117°4′2″,北纬 29°0′1″—29°5′6″。在 1983 年没有管辖乐平县之前,全境的形状很像一朵含苞待放的百合花。①

---

① 周銮书:《景德镇史话》,江西人民出版社 2004 年版。

景德镇市地处江南丘陵中的五华山脉向鄱阳湖平原过渡地带。

层层叠叠的大小山峰密布景德镇全境，总体走向为北东—南西向，地势四周高、中间低，形似盆状，以低山、丘陵为主，也夹有面积不大的平原。

在第一章我们说到，景德镇市拥有自己独立的山脉——五华山脉，五华山脉以五华山（五股尖）、大鄣山（六股尖）为核心区域。五华山脉的主脉、余脉、大小支脉延伸到景德镇的角角落落，甚至城区的中心。青龙尖、牛角岭、龙山、阳府山、珠山、马鞍山、凤凰山、莲花塘山体、观音阁山体、南山等，都是它的一部分。

昌江为景德镇境内的主要河流。

昌江发源于安徽省祁门县境，自东北向西南贯穿全市，起自景德镇北部倒湖，止于波阳县姚公渡，境内流长115公里，主河道落差47米。主流自东北向西南曲折回旋至王一桥，汇陈田诸水而南下倒湖入市境，因为水来自昌门（亦为阊门，即今祁门），故名昌江。昌江有两支来源，一支来自祁门县、黟县边界大洪岭，另一支来自祁门县东界西坑，二水在祁门县城合流后向西南行，经皖赣边界倒湖右岸纳入北河。北河为昌江上游大支流，源出祁门、贵池两县边界古牛降南侧山岭间。

景德镇境内昌江的支流有东河、南河、西河等，犹如蛛网密布。东河发源于皖赣边界的白石塔南侧山地，从凤凰嘴入昌江，主河全长53公里。南河源于婺源县五花尖的南麓，过车田入市境。河水由东向西，然后南行，注入玉田人工湖，经南安入昌江，河长68公里。西河起自皖赣交界的分水岭西侧，自北往南流，斜穿城区的西岸，流入昌江，河长为55公里。①

景德镇老城区就在碧水涟漪的昌江两岸，江水穿越而过。南河环绕于东南，西河贯穿于西岸，形成了三水环城之势。山环水绕，景色秀丽，景德镇宛如一颗明珠镶嵌其中。

二、三水环城的水土宜陶之势

我们先从一幅画来了解当年的景德镇。

现藏于安徽省博物馆的清代程言所绘《景德镇河东·河西图》两卷，用艺术形式描绘了当年景德镇昌江东岸和西岸的历史风貌。这幅绘画由《景德镇河东图》和《景

---

① 周荣林：《景德镇历史风貌概说》，《景德镇文化》（第1期），中国文史出版社2014年版。

德镇河西图》两个长卷组成，纸本，浅绛山水画法，写实与写意兼具，山水与人文兼备，是至今新发现的唯一以景德镇老城区主要河道两岸人文风光为主题的国画图卷。

虽然《景德镇河东·河西图》画面没有出现街巷、里弄、洲滩、津渡、码头、寺庙、山岳等文字名称，但是我们可以通过文献和调查资料以及老人们的记忆比对了解其概况。因此，这一图卷对我们认识和研究晚清至民国时期景德镇老城区有很好的参考价值。①

景德镇的历史风貌，我们还可以从一位外国人的感受和描写说起。

18世纪初，在景德镇，经常可以看到一位身着黑色长袍、胸悬十字架的传教士。他是法国人，名叫佩里·昂特雷科莱，中文名字叫殷弘绪，他在景德镇进行过详尽的考察。康熙五十一年（1712年），殷弘绪在一封发往欧洲的长信中，对景德镇作了详细具体的介绍，其中生动形象地描述了景德镇有特色的瓷都风貌。

景德镇处在山岳包围的平原上。镇东边缘的外侧构成一种半圆形。有两条河从靠近镇边的山岳里流下来，并汇合在一起。一条较小，而另一条则很大：宽阔的水面形成了一里多长的良港。这里水流流速大大减缓了。有时可以看到，在这宽阔的水面上并列着两三排首尾相接的小船。从鄱口进港时首先看到这样的景色：从各处袅袅上升的火焰和烟气构成了景德镇幅员辽阔的轮廓。到了夜晚，它好像是被火焰包围着的一座巨城，也像一座有许多烟囱的大火炉。也许这种山岳环抱的地形，最适于烧造瓷器。

景德镇城区远古的山水风貌我们还可以从地名中想见。②

在不大的城区内，地名叫山和岭的有珠山、苦株山、饶家山、凤凰山、猪婆山、向阳岭、枥木岭、东司岭、九皇岭、蔡家岭、观音岭、生意岭等。

有山岭就有山坞，叫"坞"的地名有薛家坞、秧田坞、金家坞、和尚坞、江家坞、罗家坞、杨家坞、道士坞。由此我们可以想见景德镇地区当年丘陵起伏、青山丛林的景象。

有山水，就有桥梁，叫桥的地名有十八桥、韦陀桥、杨家桥、蛤蟆桥、落马桥、

---

① 白光华：《〈景德镇河东·河西图卷〉赏析》，《景德镇文化》（第1期），中国文史出版社2014年版。

② 周荣林：《景德镇历史风貌概说》，《景德镇文化》（第1期），中国文史出版社2014年版。

通津桥、观音桥、五龙桥、小桥上等。

可以想见，早年城区密布着许多宽窄的溪流港汊，因而建造了许多桥，在那千回百转的溪流上，小桥流水，苔萦藤攀。波平似镜的溪水上，一座座多姿态的石桥或木桥，横卧碧波，与高低起伏的青山交织一起，构成了景色秀丽、别有风韵的城乡风光画面。

三、诗词歌赋中景德镇的韵味

我们还可以从景德镇历代流传至今数以千计的诗篇中，窥探当年的景德镇优美的山川形胜、多彩的风物人情和瓷业生产的生动场景。这些诗歌反映了景德镇独特的文化现象和精神风貌。[1]

别具一格的城市景观。

整座城市处处都洋溢着瓷器的气息，时时都弥漫着窑火的光焰。这一奇特的城市景观在当时许多诗人的笔下都有过极为生动的描写。

> 碓厂和云春绿野，贾船带雨泊乌篷。
> 夜阑惊起还乡梦，窑火通明两岸红。
> ——（清）郑凤仪《浮梁竹枝词》

白天，江边溪畔散列着无数的碓厂，那此起彼伏的春瓷土的声音回荡在城郊的绿野上。江岸的渡口边泊满了四面八方来景德镇贩卖瓷器的商船。入夜，昌江两岸窑火通明，彻夜不熄，映红天际。这是何等奇特的情景！

> 陶舍重重倚岸开，舟帆日日蔽江来。
> 工人莫献天机巧，此器能输郡国材。
> ——（明）缪宗周《兀然亭》

沿着十里江岸，制瓷的作坊层层叠叠地铺展开来。每天来来往往运送制瓷原料、

---

[1] 韩晓光：《历代诗歌中的景德镇》，《景德镇文化研究》（第一辑），中国文史出版社2017年版。

生活物资与瓷器产品的船只上的帆樯几乎遮蔽了整个江面。这又是何等壮观的场面！这类描写在历代诗歌中可谓举不胜举。

     蚁垤蜂窠巷曲斜，坯工日夜画青花。
     而今尽是都鄱籍，本地窑帮有几家。
     坯房挑得白釉去，匣厂装将黄土来。
     上下纷争中渡口，柴船才拢槎船开。
       ——（清）郑庭桂《陶阳竹枝词》

     巨镇雄赀聚，江流集远艘。
     六街双屦塞，一国万人陶。
     彩色花瓷幻，洪炉火气高。
       ——吴式璋《景德镇》

     十万人烟背枕河，火龙盘踞起窑窝。
       ——张宿煌《景德镇竹枝词》

甚至连外国游客来到景德镇，看到这种场景也忍不住从内心发出由衷的惊叹。

     偶作飞鸟来此地，景德镇上望无余。
     俯看全境如焚火，三千炉灶一齐熏。
     充满天际成浓雾，喷烟不断转如轮。
     苍黄光彩疑画笔，朵朵化去变红云。
       ——［美］郎菲罗《景德镇》

得天独厚的生态环境。

  景德镇地处江南腹地，四周青山环抱，林木葱郁，气候温润，水源充沛，具有得天独厚的良好生态环境。虽窑火百代不绝而青山千年长翠，这其中必然蕴含着瓷都人朴素、自觉的生态保护意识。至今景德镇四乡的古村落还保留着许多前代留存的禁伐碑、禁渔碑、禁挖山土碑等遗存，充分显示出历代瓷都人的生存智慧。优美的自然风光与良好的生态环境曾引发许多诗人的创作灵感与激情。

在他们笔下，景德镇的山是那样地挺拔青翠，"珠峰千仞绿江前"（（五代）和凝《珠山》）。"四面山屏绵绣围"（（清）唐英《丙寅闰春巡视窑工山行口占》）；水是那样地明净清澈，"一潭秋水不到底"（（宋）张景修《浮碧亭》、（明）王澂《双溪夜月》），"千里清溪五里滩"（（清）郑凤仪《浮梁竹枝词》）；花是那样地四季盛开，"四时花向楼头见，行到花边香隔门"（（清）凌汝绵《昌江杂咏》）；云是那样地轻盈洁白，"磬声松色白云中"（（宋）彭汝砺《屏山聚仙洞》），"芳云尽入怀"（（明）唐顺之《引秀亭》）；鱼鸟是那样地生机勃勃，"鱼将妻妾游溪面，鹤引儿孙过渡头"（（清）王临元《双溪夜月》），"茂树禽声检韵迎"（（清）金梦文《升平乐》）。

景德镇自古被誉为"江南雄镇"，风物秀美，古迹众多，如珠山、环翠亭、观音阁、旸府寺、云门教院、兀然亭、三贤堂等，处处引人入胜。历代文人雅士往往流连于其间，或因景而生情，或感物以兴怀，留下了许多脍炙人口的诗作。

这些佳篇锦句有的描写山川形胜的旖旎风光，如，"山色川光南国天，珠峰千仞绿江前。萧萧伫立秋云上，多是龙携出玉渊"（（五代）和凝《珠山》），"亭上纡回鸟道通，万山染翠入晴空。晚风吹起云连岫，似逐游人兴不穷"（（明）岑万《兀然亭》），为我们呈现出珠山与兀然亭的秀美风光。有的揭示名胜古迹的历史意蕴，如，"壁垒犹余古战场，男儿喋血事堪伤。青山有穴埋忠骨，楚地招魂吊国殇。荷戟老兵谈战伐，丰碑苔藓则荒凉。江南雄镇今无恙，尽供游人洗眼光"（侯瑞清《登观音阁宝山楼》），为我们揭示出千年古镇的沧桑变化。

还有的考释古代遗存的真伪，如，"静夜王修咏素瓷，鲁公唱和至今疑。残阳古木荒凉甚，待向云门访断碑"（（清）郑庭桂《陶阳竹枝词》）。传说唐代建中年间，时任饶州刺史的大诗人颜真卿巡视浮梁时曾与陆士修、李萼、皎然等人于月夜在马鞍山麓的云门教院品茗联咏，吟诵出"素瓷传静夜，芳气满闲轩"的优美诗句。此事云门教院遗存的断碑曾有记载，但查找《全唐诗》，这首题为《五言月夜啜茶联句》的诗作实为唐代诗人王修的作品。断碑已不知去向，此事已无从查考，至今让人心存疑惑。而眼前的云门教院只剩下残阳古木，一片荒凉景象，怎能不让人心中怅触万端。

也有的记述历代名人的轶事佳话，如，"机关不露云垂地，心境无瑕月在天。闲诵岳王楹帖句，阳山寺废几何年"（（清）郑庭桂《陶阳竹枝词》）。相传南宋时岳飞路过浮梁，应阳府寺住持日朗祈请题写了一副楹联："机关不露云垂地，心境无瑕月在天。"诗人重游阳府寺故址，吟诵着这文辞优美的楹联，心中不禁发出物是人非的深深感叹。

又如，"古寺云封住了元，苏黄流寓到今传。故人岂意衲衣赠，幻影应参柏子禅。千尺松摇僧定后，半天钟落客愁边。文章慧业同归尽，凭吊虚堂一惘然"（（清）汪应兆《三贤堂》）。据地方史料记载，当年苏轼、黄庭坚曾来到宝积寺探访佛印禅师。三人欢聚一堂，赋诗文，斗机锋，留下千古佳话。后人便在寺中兴建三贤堂以合祀这三位贤者。诗人来到寺中，寻访旧踪，缅怀往事，不胜感慨。当年前贤衲衣相赠、柏子同参的情景仿佛还在心头浮现。而如今眼前只见千尺古松在风中摇影，半空中回荡的钟声引发出心中无以言状的客愁。前贤的文章与慧业已经一去不返了。伫立在这三贤堂遗址前无语凭吊，怎不让人心头涌上无限的怅惘之情。这些诗句也是研究景德镇地方历史文化的重要文献。

第二节 城市沿革

景德镇老城区的分布呈现北窄南宽之状，有专家便客观地把它描述为"扫帚"形。但是，如果我们主观地浪漫一点，也可以把它想象成写意版的美人肩瓶或玉壶春瓶的形状，尽显瓷业都市的风华韵姿。景德镇因瓷起市、因瓷兴市，是农业社会中手工业的标杆，从中可以寻觅到中国手工业城市的运行脉搏和发展规律：民间积淀的手工业基础，因官方御器厂和御窑厂的介入而被激发出巨大的动能，直至成为全国的制瓷中心。虽然它长期以来并没有多高的行政级别和政治待遇，但生产力强大的"虹吸效应"，让它汇聚了天下的人、财、物等各种资源。其中，官民竞市的活力、因陋就简却又便利的生产生活设施、依山傍水生态化废物利用的窑砖作坊等，无不呈现着五方杂陈而来的八方神韵。

一、从"浮梁县景德镇"到"景德镇市浮梁县"

历史上，景德镇是浮梁县管辖下的一个市镇。

景德镇和浮梁不可分割的地缘关系、长期的行政归属关系，以及从古至今在经济发展过程中的互补关系，将它们的历史捆绑在了一起。一定意义上说，浮梁县的沿革变迁历史就是景德镇的沿革变迁历史。①

在第一章我们已经说到，景德镇和浮梁的特殊关系可以从唐代大家颜真卿笔下的《五言月夜啜茶联句》中所描述的"素瓷传静夜，芳气满闲轩"，以及明代戏剧家汤显祖在《浮梁新作讲堂赋》中所写下的"今夫浮梁之茗，闻于天下，惟清惟馨，系其揉者；浮梁之瓷，莹于水玉，亦系其钧火候是足"等记载中体现出来。从古到今，这一区域的先人荣辱与共，在长期的摸索和开拓中形成了"摘叶为茗、伐楮为纸、坯土为器"，"富则为商、巧则为工"，茶瓷互利，农工商并举的独特地域经济。

从行政区域隶属上讲两者的由来。

春秋战国时浮梁地属古番，春秋时为楚国东境，楚昭王十二年，吴伐楚取番。越王勾践打败吴王夫差之后，地域归属越国管理。楚国灭越后，浮梁境又重属楚国，这就是浮梁"吴头楚尾"之说的由来。秦始皇二十六年（前221年），分全国为36郡，浮梁地属九江郡番县，秦二世二年（前208年），复属楚国。

西汉高帝五年（前202年），"番"县改称"番阳"县，属豫章郡管辖；东汉光武帝时，"番阳"县改为"鄱阳"县，地属庐陵郡；三国时，鄱阳郡属吴国扬州，浮梁地域随属扬州管辖；西晋元康元年（291年），改属江州，东晋时设新平镇；梁朝承圣二年（553年），浮梁随鄱阳郡复属江州；唐武德二年（619年），于鄱阳东界置新平乡。

从设县的沿革变化上说两者的变化。

唐武德四年（621年），从鄱阳县分拆设置新平县，武德八年（625年）县制减并重入鄱阳县；开元四年（716年），恢复县制并更县名为新昌；开元二十八年（740年），分拆新昌县的游金乡合歙州休宁县的怀玉乡置婺源县；天宝元年（742年），更"新昌"县为"浮梁"县，地域属鄱阳郡；乾元元年（758年），鄱阳郡更名饶州，浮梁县仍归饶州管辖；永泰二年（766年），分拆浮梁县的北境入歙州，合黟县的南境置祁门县。宋开宝八年（975年），浮梁县属饶州，隶属江东路。

宋景德元年（1004年），置"景德镇"，并设"监镇厅"；元丰四年（1081年），隶江南东路。元代，浮梁县仍属饶州路、浙江行中书省。元贞元年（1295年），浮梁升为中州，隶属饶州路；至正十六年（1351年），农民起义军徐寿辉称帝，国号"天

---

① 吴逢辰：《景德镇的沿革变迁》，《景德镇文化》（第1期），中国文史出版社2014年版。

完",年号"治平",其部将于光镇守浮梁州并筑浮梁治所城池,至正二十年(1355年)于光并取饶州归明。明洪武元年(1368年),饶州路改鄱阳府,浮梁州属之,隶江西行中书省;洪武二年(1369年)改浮梁州为县,属饶州府,隶江浙行中书省;洪武十年(1377年)置行省,浮梁隶江西布政使司,属九江道饶州府。清代初期裁并各道,浮梁县隶属江西省。

从以上叙述中可以发现,浮梁县从唐代至清代,属饶州,或饶州路,或饶州府管辖,州治一直在鄱阳县。元成宗元贞元年(1295年),浮梁虽然升格为州,但仍属饶州路。这一期间的升格与元代景德镇瓷业的繁盛有关。及至明代,因朝廷已直接在景德镇设厂,浮梁称州已无需要,明洪武二年(1369年),又改州为县,依旧归属于饶州府管辖。

从唐代至清代,景德镇仅仅是浮梁县管辖下的一个市镇。从宋真宗景德年间(1004—1007年)开始,景德镇的名字一直延续下来,因瓷业发达,商旅聚集,成为一方都会,真是名震遐迩,誉满全球。但一千年间,景德镇一直在浮梁县的管辖之下。在明清时期,景德镇已成为世界上的瓷都,但在政治上的地位则是可笑的。那时,浮梁县的行政区划是全县共分为10个乡,每个乡又分为若干都或里。在清初,浮梁县有56个都,景德镇仅有兴西乡的里仁、镇市2个都。这个事实充分反映了当时社会对工商业都市的极度轻视和贬低。①

中华民国元年(1912年)冬,废府及直州;民国三年(1914年)江西省分设四道,浮梁属浔阳道;民国五年(1916年),浮梁县知事陈安将县治从旧城迁至景德镇;民国九年(1920年),道废,县直属于省;民国二十一年(1932年),江西划分为十三个行政区,浮梁县属第四行政区;民国二十四年(1935年),缩为八个行政区,浮梁县属第五行政区;同年行政区治从鄱阳迁至浮梁县治景德镇。

1949年4月29日,中国人民解放军解放浮梁全境,景德镇划出置市,直属赣东北行署,浮梁仍为县,属浮梁专区;1952年9月,浮梁专区并入上饶专区,浮梁县和景德镇市同归上饶地区管辖。

1953年6月,政务院批准景德镇市为省辖市;1958年10月和12月,江西省委省政府作出决定,浮梁县党政关系归属景德镇市领导,由此完成从"浮梁县景德镇"到"景德镇市浮梁县"的历史性转折。

---

① 周銮书:《景德镇史话》,江西人民出版社2004年版。

二、景德镇老城形成的四个历史阶段

我们先概述一下景德镇瓷业与城市的历史脉络。

相传"神农耕而陶焉",说明农耕和制陶自古就紧密地联系在一起。元代以前,景德镇的陶瓷业尚未成为一个独立的从农业中分离出来的手工行业,那时的陶瓷业还处在一种"耕而陶"家庭副业式的小农经济状况,分散在景德镇方圆 100 公里左右的农村之中。景德镇的城区,只是一个陶瓷出口的贩运场所。制瓷的坯房和窑房等工场,还没有走上城市专业化的道路,也还没有集中于城区。①

根据景德镇古瓷遗址的普查情况,上至婺源、祁门,下到乐平、鄱阳,零零落落,都发现有宋代以前的古瓷窑址。这表明当时还处在小农经济阶段,陶瓷器的制作依赖于农业,是农业中的副业。直到元代,才开始过渡到都市经济,走上了专门化的道路。

到了明代,特别是明中期以后,景德镇的制瓷业得到了进一步发展。为了保证瓷业生产上的高质量和高产量,制瓷技艺和烧成分工及各种原材料销售业的相互配合,越来越要求各行业的高度集中。同时,瓷用原料的供应,也由原来浮梁县的东南乡,扩大到原浮梁县的北乡,甚至到了安徽省的祁门县境内。加上当时的皇宫朝廷御器厂在城区珠山的建立,明中期部分实行"官搭民烧"的政策,为了使民窑更好地服从于御器厂的利益,便于对民窑的管理,当时的统治者也有意识地把分散在城区郊外的各个民窑向城区集中。

因此,从明代开始景德镇城区成了以制瓷业为主的工商业集中场所。

瓷业向市区内集中,使景德镇不仅成为一个瓷器销售的集散地,也成为瓷器生产的中心地,由此产生了众多的互相独立而又彼此相依的、有着各自不同分工的陶瓷生产的专门行业,以及不同类型的为瓷业生产服务的辅助行业,而每一个行业中又有着非常精细的专业分工。

同时,这些专业的分工只有在由家庭手工业走向了手工工场以后才有可能实现,因为只有手工工场才会有一定的资金和雇佣足够的劳动力来实行这种分工合作制。而这个时候,景德镇四周农村的瓷用原料的开采和淘洗也开始从自给自足的生产状态中分离出来,各种专业开采的地区和制作各种原材料的专业户越来越多,商品性的比重

---

① 方李莉:《飘逝的古镇:瓷都旧事》,群言出版社 2001 年版。

也逐步增大。经过明中期后几百年的发展历程,到清末时景德镇已形成了一套非常完善的分工合作的生产体系和销售体系。

为了便于运输原料、柴桠和销售成品,景德镇最初是沿河置窑、沿窑成市的,许多的窑都集中在沿河一带,许多的交易和交换也都集中于此。因此,沿河是景德镇最繁华的地带。但沿河设窑场无法避免昌江的严重水患。明代以后为了避开水灾,窑场逐渐向距河边还有一段距离的珠山北麓和东麓等地势较高的地段迁移。

宋以前景德镇老城的面貌,由于频繁的水灾和历代的战乱,已不可详考。现在的老城区是在明代奠定的。明代文学家王世懋对明代中晚期的景德镇,有过生动形象的记述:"天下窑所聚,其民繁富,甲于一省。"

明清时期,景德镇官窑和民窑制瓷业的共同繁盛带来的繁荣富庶,经历数百年而不衰。在王世懋之后的100余年,饶州通判署浮梁知县陈淯在康熙二十一年(1682年)曾说:"景德镇一镇,则又县南大都会也,业陶者在焉,贸陶者在焉,海内受陶之用,殖陶之利,舟车之利;舟车云电,商贾电骛,五方杂处,百货俱陈,熙熙熙乎称盛观矣。"雍正六年(1728年),督陶官唐英在回顾景德镇的盛况时,也曾说:"其人之居稠密,商贾之喧阗,市井之错综,物物类之荟萃,几与通都大邑。"

因为在历史上沿河置窑、沿窑成市,所以景德镇街市的走向与昌江的流向一致,整个市区为不规则的长条形,完全是随着瓷业的发展形成的,并且具有工商业都市依靠水路运输而自然形成的明显特征。

下面我们再来详细描述景德镇城市形成的历史发展阶段。

古代景德镇作为一座单一手工业城市,"工匠来八方、器成天下走",城市形态"沿河建窑、沿窑成市"特色鲜明。伴随瓷业的壮大,商业的贸易兴盛,城市人口日渐增加,规模日益扩大,功能日臻完善,形成"延袤十三里许,烟火逾十万家,陶户与市肆当十之七八"的陶业都会,则是因"业"而"市",因"市"而"城"。①

景德镇老城区的形成过程,大致经历了乡村时期、市镇时期、城市时期、近代城市开创时期四个阶段。

两汉、两晋:农工不分的乡村时期。

景德镇市所辖的浮梁县早在商周时期,境内就有先民烧制陶器,东汉晚期开始由制陶向制瓷转化。东晋咸和年间(327—334年)"江州之乱",陶侃平江东寇,设"新

---

① 徐桃生:《古代景德镇城市形成及城市文化特点》,《景德镇文化研究》(第三辑),中国文史出版社2018年版。

平镇"于昌江之滨。这时浮梁及景德镇地区虽然有了名称,但还属江州鄱阳郡治下,并无行政建制,"新平镇"只是军事意义上"镇守"。

既然有驻军,就要有后勤供应,部分散居于乡间村落的人们随之而来,在交通要道或临河开阔地形成新的聚居区,从事集市贸易,集镇也就自然形成。《景德镇地名志》就记载了"东晋时,徐姓商人住此经商,后发展为商业区,故名徐家街"的城市故事。

唐、宋、元：产业功能的市镇时期。

《景德镇陶录》记载,景德镇"水土宜陶,陈以来土人多业此"。南北朝时期的连年战乱在加剧人口迁徙频率的同时,也促进了不同地域的交流往来,间接地刺激了经济的发展,偏于一隅的浮梁及景德镇地区借以相对安宁的环境和自然资源的优势,经济发展迅速。

整个唐代,浮梁的优势产业一是茶叶,有敦煌遗书之《茶酒论》"浮梁歙州,万国来求"和白居易《琵琶行》"商人重利轻别离,前月浮梁买茶去"的记载描述;二是瓷业,有"陶玉载瓷入关中"称"假玉器"、霍窑"体稍薄,色素润,佳者莹缜如玉"的美名。唐开元四年（716年）浮梁县治迁到新昌江口,改县名为新昌县。景德镇俗称"昌南镇"。这时景德镇的城市类型仍然属于小市镇,而非行政建制。

宋代,景德镇瓷业兴盛,商品经济发达,以青白瓷跻身全国名窑行列,并形成一个庞大的青白瓷窑系,影响十余省的窑口。行销如南宋蒋祈《陶记》记载："若夫浙之东、西器尚黄黑,出于湖田之窑者也；江、湖、川、广器尚青白,出于镇之窑者也。""此川、广、荆、湘之所利……此江、浙、福建之所利,必地有择焉者。"因为瓷业规模的庞大,制瓷手工业生产从农业生产分离出来,出现了专业制瓷作坊。这个时候开始对自然资源的开发和优势产业的集中就显得越来越有必要,于是分散在乡间村落里的家庭式作坊逐渐向有"五龙抢珠"之势的景德镇珠山周围迁徙集中。

然而,宋元时期,朝廷虽然在景德镇设"监镇官",浮梁瓷局有大使、副使,但监镇官的职责除了管理镇内治安、盗警外,有时还兼管商税及窑税,大使、副使"掌烧造瓷器并漆,造马尾棕、藤笠帽等事",即烧造瓷、漆,造马尾棕和以藤为材质的笠帽等事务,其职能与行政长官（县令、县尹）还是有区别的。虽然人口规模和经济总量已经达到了相当高的水平,但是单一的经济模式仍然没有达到行政建制城市的层面。因而景德镇虽然建"镇",但这时还属于非行政建制的功能型市镇。

明、清：产业功能城市时期。

明清时期景德镇已成为中国最大的制瓷手工业城镇,"其地万杵之声殷地,火光烛天，夜令人不能寝"，被称为"四时雷电镇"。明代景德镇城区在元代的基础上向东、向北有了一定的扩展，并形成许多以姓氏和地貌命名的弄巷，人口数量有了一定的增长，"镇上佣工，皆聚四方无籍之徒，每日不下数万人"。这时的景德镇已跻身于全国著名都会之列，成为一座著名的手工业城市。

清代镇区规模在明代的基础上又进一步发展。《浮梁县志》记载："镇距城二十里，而俗与乡邑异，列肆受廛，延袤十三里许，烟火逾十万家，陶户与市肆当十之七八。"清代雍正、乾隆年间的督陶官唐英笔下的景德镇，则是"缘瓷产其地，商贩毕集……民窑二三百区，终岁烟火相望。工匠人夫不下数十余万，靡不藉瓷资生"。

民国：近代城市的开创时期。

景德镇在历史上一直是浮梁县下辖的一个镇。民国初期的1916年，时任浮梁县知事（县长）陈安经报江西省批准，将浮梁县治从旧城迁到景德镇，并整修了莲花塘风景区，建立了新邑公园。1936年，又拓宽了前后街，景德镇的城区规模扩大，近代城市雏形初现。从此景德镇不仅是浮梁地区的经济中心，也成了政治中心，这对推动景德镇的城市建设和发展起到了一定的促进作用。

三、景德镇老城的街巷里弄格局

景德镇老城的街巷里弄与其他城市一样，也是倚岸沿江成市的。

景德镇最早和最繁华的街道是由两条南北走向与昌江平行的前街（也就是现在的中山路，在元明时期应该是沿河的街道）、后街（也就是现在的中华路）、油榨街（工农街）及东西走向的街巷组成。河西则有与昌江主河道垂直的三间庙正街、墩头上街。①

景德镇街巷里弄格局因瓷而生成，特别是与御窑厂的设立有着重要关联。

明洪武二年（1369年），朝廷在景德镇设置御器厂专烧宫廷用瓷。随着御器厂生产规模的不断扩大，客观上出现了两种情况。一是仅官窑本身满足不了朝廷的需求，于是出现了"官搭民烧"。而在明早期或之前，民窑大多都分散在景德镇周边的四邻八乡，由此，朝廷为了节省费用，或便于"宏观管理"，可以通过行政命令把分散在邻乡的民窑迁移来镇。二是御器厂的设立和发展，虽然表现的是为朝廷服务的职能，

---

① 白光华：《趣话景德镇老城区的街巷里弄》，《景德镇文化》（第1期），中国文史出版社2014年版。

但客观上促进了国内国际瓷器贸易在景德镇的发展。①

由于信息、交易、运输、服务等都集中在景德镇,那些四山八坞的民窑必然要转移至镇上。大量的民窑由四山八坞来到景德镇,必定要增加生产厂房和窑房。宋以前,景德镇只是一个"市镇",按照市镇的规模,当时的景德镇充其量只有一条主街,大部分地区都没有开发。到了明代以后,大量的荒野之地陆续建起了坯厂和窑厂。之后,与瓷业相关的瓷号、瓷行、瓷庄、会馆(书院)、商会、有钱人的家屋以及相关的辅助行业所在地也纷纷建造起来。

民窑为避水患,从昌江边后退,向珠山以北发展。

从董家坞沿五龙山经白云寺至雷公庙,均为民窑烧造之地,"有三山四坞"之称。明中叶,民窑继续沿五龙山脉南下,经薛家坞、药王庙,绕珠山东侧至青峰岭。镇内经济繁荣,人口增多,窑主、瓷行、富商聚集。

明中期至清代,城市规模急速向南推进。

由此,形成和陶阳十三里长街(前街)并行的十二里长街(后街)。同时,街区向西面沿河地带延伸,又派生了许多下弄、下巷。由于窑业及生活垃圾不断往河滩倾倒,还无形中堆填出了新的街区——前街到沿河街之间的街巷,它们的布局与前面已经形成的街巷相对应。

至近代,已形成四山、八坞、九条半街、十八巷、一百零八条弄,城市面积 10 平方公里。这些弄巷起源大部分都和瓷业有关,直接命名的有瓷器街、龙缸弄、窑弄等。以明清时期十八省外乡人到此业瓷、经商的会馆命名的地名也很多,前街 43 条弄堂中以会馆命名的就有 25 条。

瓷业生产的发展、贸易的繁荣离不开运输,从古代至近现代,景德镇生产物资的运入和瓷器等货物的输出,基本上都是依赖昌江黄金水道,依河建厂就成为必然。土地的紧俏,使得各个坯房、窑厂互相紧靠,形成鳞次栉比的状况。由此,街市与窑场交错,景德镇由平行于昌江的前街、后街和垂直于昌江便利于瓷业生产特点的街巷里弄组成的带状路网格局基本形成。

民国时期,景德镇老城区的前街、后街、太平巷等一些街巷进行了扩建。新中国成立后,又修建了珠山路,最终形成了现有的老城街巷里弄格局。从中,我们可以看

---

① 刘火金:《景德镇里弄形成原因及格局功能分析》,《景德镇文化研究》(第三辑),中国文史出版社 2018 年版。

到，景德镇老城的街巷里弄呈现出浓郁瓷业特色的布局。

首先它是一个有机的整体。

表现为：横弄连竖弄、大弄连小弄、街连弄、弄靠街。在景德镇，随便踏进一条里弄，都可以达到同样的效果：弄弄相通。景德镇老城的单体建筑一般都有两个以上的门连接左邻右舍，因此几乎不用上街，就可以通过穿堂走巷，到达城区里的任何位置。这是因为房屋产权所有者相对独立，产权明晰，产权所有者自然对自家的产业有感情，愿意花费精力建设和经营，所以单体或连片房屋的布局、结构，都会在考虑安全、便捷、舒适、和谐的基础上，采取相应措施，结果就有了前门、后门、边门与周边街巷里弄相连通，街巷通畅，建筑与建筑之间相对和谐。

因为建筑与建筑、弄堂与弄堂之间相互连通的通道，使得景德镇的里弄街区成了一个有机的整体。正因为如此，景德镇老城区才充满"曲径通幽处""豁然开朗"的意趣。可惜后期大部分房屋因为经租和乱搭乱建，许多通道被阻断，空间被割裂。

景德镇里弄格局的另一特点是东高西低。

早期，中山路为景德镇主要马路，以中山路为界，把靠东边的弄称为上弄，西边的称为下弄。上即为高，下即为低。瓷业先辈们充分利用东高西低的格局特点，建造有利于瓷业生产、节约资源的坯厂和窑厂。

与此同时，里弄在形成过程中还表现出了不同的功能。这些功能的划分在明末清初就成雏形，以后逐步完善。新中国成立以后，瓷业经过私私联营、合作社、公私合营直至国营，这种格局和功能依然保留着。

一是坯厂和窑厂功能区。

第一片，中山南路以西、沿江东路以东、戴家弄以南、景德镇茶厂以北，建国后主要为红旗瓷厂和光明瓷厂区域；第二片，中山南路以东、大黄家下弄以南、曙光路以北、原景涌铁路（地方铁路）以西，逐渐成为红光瓷厂、红星瓷厂、华电瓷厂、景兴瓷厂所在地；第三片，广场南路以西、珠山中路以南、中华南路以东、周路口与万年街以北，逐渐成为东风瓷厂；第四片，新村西路以西、斗富上弄以南、中山北路以东、珠山中路以北，逐渐成为艺术瓷厂、建国瓷厂、新华瓷厂；第五片，市档案馆与莲花塘以西、中华北路以东、铁匠路以北、市第一人民医院以南（包括中华北路的低头弄、侯家弄、沟沿上、新安巷等地），逐渐成为人民瓷厂；第六片，出口公司仓库以西、太白园路以南、储运公司与屠宰场以东、曙光村与曙光新村以北为曙光瓷厂。

二是瓷业商贸及会所功能区。

其一为瓷号、瓷行、瓷庄。第一片，主要分布在戴家下弄以北、珠山中路以南、沿江东路以东、中山南路以西等弄堂之中；第二片，主要集中在中山北路以东、斗富上弄以南、御窑遗址以西、珠山中路以北等弄堂之中。

其二为会馆（书院）、商会、帮会、"三窑九会"、陶庆社等。这些组织的活动地点一般都设在里弄里，除了"三窑九会"相对集中在太白园至绣球弄一带外，其他都比较分散。包括有名的都昌会馆、福建会馆、抚州会馆、饶州会馆等25所会馆都分设在上至风景路的宏图瓷厂（都昌会馆）、下至周路口的原周路口派出所（福建会馆）区域内。

三是瓷业生产辅助行业功能区。

如茭草行、坯刀店、挛窑店、满窑店、瓷笔店、船行、车盘店、桶店、模利店等。因为这些辅助业又带有商业性质，一般都设在中山路、中华路、斗富弄、麻石弄、戴家弄等沿街地处。

另外，窑老板、坯厂老板及生意人都有家屋。一般，小坯厂老板是没有家屋的，吃住都在坯房里，只有规模大的尤其是烧做两行的大老板才能专建或购置家屋。同时，他们开始打牌子，即设立瓷号。也有的老板瓷号与家屋同属一居。这些作为辅助设施的家屋大都分散在镇区的不同里弄，尤以珠山中路以南、现广场南路以西、戴家弄以北、沿江东路以东的各条里弄当中。

当然，以上里弄功能分布状况也并非绝对的，有些里弄群的形成有其历史原因，如黄家洲，这里最早是一片荒洲滩，洲滩上有一片竹林，先后有南昌人和都昌人来此以竹业为生。后来，竹子砍光了，都昌人便在洲滩上搭起了竹棚，修补破瓷出售，主要卖给水上运输的船夫。于是，这里的住户越来越多，由此形成了黄家洲、太平弄、何家窑、富强下弄、里仁弄等弄堂。

新中国成立初期，景德镇的里弄原貌基本未变，但里弄被改造开发时有发生，其过程大致经历了三个阶段。

第一阶段，20世纪50年代至70年代，各瓷厂为了扩大生产规模，集中生产，对一些里弄加以拆除。例如，戴家弄以下的红旗瓷厂、光明瓷厂、红星瓷厂、华电瓷厂等；戴家弄以上的人民瓷厂、建国瓷厂、东风瓷厂等。

第二阶段，20世纪80年代至1995年，国家对景德镇陶瓷加大技改投资力度，虽然这期间的重点是企业内部的技术改造，但也对瓷厂周边的里弄造成影响，影响较大的有红旗瓷厂、光明瓷厂、红星瓷厂、人民瓷厂、建国瓷厂、东风瓷厂等。

第三阶段，为20世纪末至2010年，主要表现在商品房的开发和道路的改造，如戴家弄、斗富弄、中渡口、解放路、广场南路、群英街等。在对其进行改造的同时，在周边进行商品房开发建设，破坏了周围里弄原貌。

第三节 历史风貌

随着瓷业的发展，景德镇城区早年的山水风光发生了变化，称山不是山，称坞不是坞，称桥不见桥和水，景德镇的城镇风貌逐渐染上了瓷业的色彩。景德镇里弄建的大多是窑砖房，即用烧窑后废弃的窑砖搭建的房屋。这是聪明的景德镇工匠废物利用的结果，这样的房屋建筑在全国仅见，可谓独一无二。一色的窑砖房有序排列，既美观又实用，还节约成本，更展现了浓浓的陶瓷文化元素和别具特色的景德镇历史风貌。

一、没有城墙的古代都市

景德镇老城的建设经历了一段漫长的发展过程。

宋代汪肩吾在《昌江风土记》中记述："盖自县郭达于田境，山甚稠，田甚狭，以故食多不足，士与工商皆出四方以就利。""其货之大者，摘叶为茗，伐楮为纸，坯土为器，自行就荆、湘、吴、越间，为国家利。"从中可知，当时制瓷只是作为一种副业，还没有和农业完全脱离。

但北宋早期，景德镇已因制瓷出名而得名"景德"，在景德镇设有"窑丞"的官职。南宋，景德镇街区大致为东起十八桥，西濒昌江，南起老关帝庙（今戴家弄附近），北至里市渡。现在的后街周路口等地方还是荒僻之地。街区规模东西约 0.5 公里，南北约 1.5 公里。到元代至元十五年（1278 年），朝廷设立了浮梁瓷局。珠山官窑遗址中元代窑业堆积层说明，宋元期镇区的制瓷业不仅有了较大的成就，而且形成了一定的规模。①

如果说，宋元时期景德镇的瓷业生产仍未完全脱离农村副业，城镇规模不大，而明中期到清代，瓷业已基本集中于镇区，城市的繁荣已完全建立在了瓷业生产的基础之上，"镇人日以盛，镇陶日以精"。明代嘉靖时督运官王世懋来景德镇御厂督运岁解

---

① 周荣林：《景德镇历史风貌概说》，《景德镇文化》（第 1 期），中国文史出版社 2014 年版。

时，在《二酉委谈》中形象而生动地记述了当时景德镇瓷业盛况，"戏之曰：四时雷电镇"，反映了明代中叶景德镇瓷业的繁荣。整个镇区都在捶打瓷土，响声震地，烧造瓷器的窑场火光冲天，全镇是一个工地，一个手工业的巨大作坊，把这个震耳耀目的市镇称为"四时雷电镇"，的确最恰当不过。

据志书记载，到明嘉靖年间，景德镇的人口已增至"主客无虑十余万"。此时，"本镇统辖浮梁县里仁、长芗等都居民，与（饶州府）所属鄱阳、余干、德兴、乐平、安仁、万年及南昌、都昌等县杂聚，窑业佣工为生"。明万历后期，已"每日不下数万人"。到清乾隆时，发展到"民窑二三百区"，"工匠人夫不下数十余万，靡不藉瓷资生"。

景德镇自古就是一座没有城墙的都市。

没有城墙，是因为景德镇不是政治城市和军事要地，所以历史上没有城墙。法国传教士佩里·昂特雷科莱（殷弘绪）称："这样既便于扩张地盘，又便于输进和输出货物。"

为便于瓷业生产，景德镇逐渐形成了南北带状方格形街弄系统。这是因为城镇地形东依山，西临水，东西两方难以扩展，加上窑房、作坊建筑及运输就近昌江河流，取水利之便，所以街区向南北方向延伸。主要街道前街（中山路）与后街（中华路）和昌江平行，成南北向，其间有垂直于昌江及前、后街的横向街道和弄巷，形成了一个南北带状方格形的街弄系统。到清代，街区南北长约六七公里，而东西宽一两公里不等。

前文已述，景德镇城镇格局的形成与御器厂的设立密切相关。明朝在珠山建御器厂，镇区的布局，实际上是以珠山为核心。窑场散布在珠山周围，绵亘约1.5公里，形成一个庞大的窑场建筑群。

御器厂南面的头门外，有东、西两个甬道通向市街，各开一座门。东辕门通向正街（后街）。各窑场至明代已逐渐集中在珠山的北侧与东侧，窑场和街道相连，从东甬道向北延伸，经过东门头、龙缸弄、师主庙、邓家岭、三角井、徐家街，跨过东西向的半边街，直达里市渡口。里市渡是明代祁门瓷石卸货和景德镇瓷器出口的码头。对岸的三闾庙是粮食交易的场所，当年的店房、街道等建筑，至今保存完好。

与正街交叉的斗富弄、监生弄、火烧弄、五王庙、三角坦，以及与火烧弄联接的青石街，也都很热闹。从东辕门向南走，为陈家街，再往南为十八桥。十八桥在宋代已属名胜之区，陈家街到清代已很繁华。

从西甬道出西辕门，至东司岭，穿毕家弄到前街，往前为瓷器街。这里是景德镇最繁华的商业区，也是镇瓷对外贸易的集中地，一些大瓷行都聚集在这里。

由瓷器街往西，为市埠渡码头，中经热闹的黄家洲市场。这里方圆约1公里，是昌江码头通向市区的必经之路，往来客商都要到这里走一走。黄家洲上，遍地都摆着瓷器摊。黄家洲往西，便是昌江。

二、大繁荣形成的瓷业遗韵

> 话说江西饶州府浮梁县，有景德镇，是个码头去处。镇上百姓，都以烧造瓷器为业，四方商贾，都来载往苏杭各处贩卖，尽有利息。就中单表一人，叫做邱乙大，是窑户家一个做手。浑家杨氏，善能描画。乙大做就瓷胚，就是浑家描画花草人物，两口俱不吃空。住在一个冷巷里，尽可度日有余。①

这是明代冯梦龙的小说《醒世恒言》中对景德镇的一段描述。"邱乙大"这对瓷工夫妇只是完成整个成瓷过程中的部分工序，便可在景德镇立足生活。这也说明了当时景德镇瓷业生产的繁盛与分工的细致。

明清时期，景德镇的繁荣富庶，历数百年而不衰。

沿昌江由北而南，有旸府滩渡、里市渡、双溪渡、中秀渡、市埠渡、下市埠渡、钵盂渡、张家渡、小港渡、宝山渡等重要渡口和码头。它是古代景德镇与外地联系的主要纽带，终年呈现一派忙碌的景象。景德镇沿河置窑，沿窑成市，几百座窑炉举火烧炼，夜晚两岸窑火通明，是一座不眠的繁荣都市。正如《明清陶文佳句集成》中所描绘的那样：

> 景德一镇，屹然东南一雄观。周袤十余里，山环水绕中央一洲。缘瓷产其地，商贩毕集。御厂矗立珠山，民窑二三百区，终岁烟火相望。工匠人夫不下数十余万，糜不藉瓷资生。陶有窑，窑有户，户有工。工匠来八方，器成天下走。行于九域，施及外洋。若夫中华四裔驰名猎取者，皆饶郡浮梁景德之产也。

---

① （明）冯梦龙：《醒世恒言》第三十四卷《一文钱小隙造奇冤》，华夏出版社1998年版。

景德镇的街道里弄中,也处处显露着瓷器元素。从这些里弄的命名上,可以找出不少景德镇人从事瓷业生产活动的遗痕。①

瓷器街。

南至何家岔北侧,北至麻石下弄南侧,长100米,宽4.5米。清朝时街两边开设有数家瓷器店,因品种齐全,花色各异,享有盛誉,故得名瓷器街。据《景德镇陶录》记载:"瓷器街颇宽广,约长二三百武,街两旁瓷店张列,无器不有。"清代瓷器街和黄家洲是景德镇瓷器对外贸易的集散地,故而有"千猪万米景德镇,无人不识瓷器街"之说。

据记载,瓷器街在清代形成,"此街一色青石铺砌,店房飞檐凌空,店面宽敞高大,光线充足,便于挑选瓷器。街上除瓷行、瓷店外,还有各色百货、杂品、饮食、茶铺、烟行等,昼夜营业,繁华异常"。

龙缸弄。

西起中华北路东侧109号,东接湖口弄,东南接新罗汉肚,南接胜利路北侧77号弄口,长100米,宽2.8米。明万历年间,御器厂内烧造龙缸的窑除少量官窑外,其余都在厂署东面的龙缸弄民窑搭烧。弄内共有6座龙缸窑,开始烧制单一品种,后来品种式样增多,因而驰名,弄也因此得名。

龙缸是明代景德镇御器厂烧造的一种专供宫廷使用的大缸,因器身上用青花绘画龙纹装饰而得名。龙缸器形较大,据《景德镇陶录》"龙缸窑"记载:窑制前宽六尺,后如前,饶五寸,入身六尺,顶圆。每窑只能烧一至两口大缸。烧窑时,经过缓火(熘火)七昼夜,缸匣由红转白通明发亮时才止火封门,大约经过十天的逐渐冷却后再开窑。

龙缸弄边昔日有师主庙。师主庙是圆器行业祀奉师主赵慨的神庙。赵慨是东晋时人,他把先进的制瓷技术带入景德镇,被景德镇的瓷工奉为师主,每年五月师主生日时,人们都要举行迎神赛会,以报师恩。

窑弄里。

东至弄底,西至中华南路,长35米,宽1.7米。因为弄内14号有一座福建人开设的天后宫窑烧制瓷器,以后这里建成里弄,就称为窑弄里。天后宫又称海神庙,是福建商人海外贸易祭祀天后的庙,旧址在今中华南路窑弄口原福建会馆内,是由清初

---

① 杨博:《景德镇里弄中的陶瓷文化元素》,《景德镇文化研究》(第一辑),中国文史出版社2017年版。

客居景德镇的福建籍陶瓷工商业者合资建造的。

窑弄。

东至弄底，西至沿江东路，中段南至五间头，北至再胜下弄，长112米，宽2米。清初，有一群都昌人在此建窑烧造瓷器，后窑废，民居增多形成弄巷，称为窑弄。清代以前，景德镇烧瓷器都是用槎窑，窑膛不大。后来都昌人逐步掌握烧窑业，清初开始使用松柴烧窑。据说景德镇第一座柴窑"程家窑"就属都昌冯姓老板所有。

草鞋弄。

东至沟沿上侧弄，西至中山北路，长80米，宽1.2米。弄内住户多以编草鞋为业，故名草鞋弄。景德镇自古有"草鞋码头"之称。古代，景德镇的瓷业工人地位和经济条件低下，且人数众多，劳工时多穿草鞋。旧时，景德镇的陶瓷业内还有一个"砍草鞋"的习俗，规定作坊和窑坊的雇工一律不得私占或拿用他人和雇主的物品，甚至包括废料，即便是已经验过数而没有登记在数、遗漏在匣钵里的瓷器，俗称"掩麻雀"。如果违规，便以盗窃罪名处以行规。首先是把违犯者的衣物拍卖，拍卖的钱请本帮师傅到酒楼吃饭，然后"砍草鞋"，开除他，驱逐出镇，永不录用。

陶瓷弄。

西起中华南路389号，东与杨家坞相通，长270米，宽3米。明末，都昌冯姓商人到景德镇做瓷业生意，兴旺发达，一跃成为在景德镇的都昌人四大姓氏之首，有"冯余江曹大似天，张王刘李站两边"之说。冯家在此建房聚居形成弄巷，并修建陶王庙，祭祀陶王宁封子。宁封子据传是黄帝时的陶正官，专管天下制陶事务。后来人们便称此弄为陶瓷弄。

黄家洲。

东至何家宠西端，西至沿江东路，长120米，宽1.9米。清代至民国时期，此地是专收次品瓷器加工出售的地方。郑庭桂在《陶阳竹枝词》中说："轻灵手段补油灰，估得明堆与暗堆。好约提篮小伙伴，黄家洲上走洲来。"

龙船弄。

东至中华北路200号，长150米，宽1.6米。旧时，在弄的东端有五王庙，供奉华光菩萨，保佑瓷业兴旺。对面还有一个归五王庙管理的、叫作神龙庙的小庙，里面专门供奉着一个铁制的大龙头。每逢元宵节，镇民便抬出神龙出巡，因弄狭长似龙船，故名。

三、街巷里弄蕴含的文化特征

首先，我们阐述景德镇老城区蕴藏的历史文化价值。

一是独特性。体现在景德镇为瓷而生，因瓷而兴，以瓷而立，由瓷而名，而且至今仍然以瓷业作为支柱产业。尤为独特的是，由景德镇老城区千百年铸就的"景德镇"这块含金量极高的金字招牌，为世界贡献了灿烂辉煌的陶瓷文明，这在全世界是独一无二的。①

二是完整性。体现于老城区瓷业物质文化遗产仍然保存比较完整，而且自成体系。其历代地下埋藏（建筑遗迹、废弃的生产工具、窑具、瓷片等）也极为丰厚。地面不可移动文物建筑或历史风貌建筑种类比较多，数量较大，有一定数量的馆藏完整古瓷和现代陶瓷精品，以及"十数吨、上亿片"的古瓷片。虽然它们没有很强的视觉审美冲击力，但文化内涵极其丰富。另外，抛开世俗意义上的动产权，从文化的角度上讲，散布在世界各地的景德镇老城区生产的瓷器，也可以算是景德镇老城区的藏品。景德镇老城区还保存了较为清晰的肌理，这些完整的文化遗产，记录着景德镇瓷业文化的基因密码。

三是延续性。体现在景德镇老城区的非物质文化遗产——"传统制瓷技艺"大部分仍然具有实用价值，仍然在活态传承，而且还在不断弘扬光大。现今在老城区随处可以看到瓷器卖场、彩绘瓷器的家庭小作坊、瓷用颜料店、瓷用毛笔店、坯刀铺、陶瓷吧、陶瓷博物馆、个人陶瓷艺术馆等。

其次，我们概述景德镇街巷里弄名称中蕴含的历史文化内涵。

前文已述，景德镇老城曾有"三洲四码头、四山八坞、九条半街、十八巷、一百零八弄"之说，折射出景德镇丰富的城市文化特点。仅这些充满情趣的街道里弄名称，就显现出景德镇的社会心理、价值观念、风情民俗以及城市居民的生活方式。这些名称作为景德镇区域文化的象征，印记了千百年来景德镇政治、经济、文化变迁的历史足迹，反映这座城市的历史文化内涵。②

---

① 白光华：《趣话景德镇老城区的街巷里弄（续）》，《景德镇文化》（第2期），中国文史出版社2014年版。
② 徐桃生：《古代景德镇城市形成及城市文化特点》，《景德镇文化研究》（第三辑），中国文史出版社2018年版。

一是以姓氏命名的街道里弄反映移民城市的属性。

古时的景德镇是江南重镇，瓷业繁荣，贸易发达，吸引了大量的周边移民。同乡同地的外籍人以血缘关系为纽带，集聚在一地从业、生息、繁衍，许多以姓氏冠名的街道里弄就是族群移民定居在地名上的体现。

外来人口迁居景德镇后聚族而居形成了弄巷。如：彭家弄，彭姓居于此地，后因宋代中期瓷业生产发展，作坊、坯房增多，渐渐成为弄巷；沈家祠，明初有沈姓迁入居住，沈氏在此地建立家族祠堂，后渐渐形成弄巷；陈家弄，因明代都昌陈氏家族迁入而得名。

二是不同地域族群的丛聚反映出的个性。

景德镇作为一个传统手工业城市，其他各行业在瓷业的引领下蓬勃发展，瓷业也在其他各行业的辅助下茁壮成长。邻近景德镇的府、州、县的人（甚至族群）因为景德镇瓷业的兴盛，纷纷来景德镇谋生。他们有的从业、有的卖力、有的经商，来到景德镇聚群而居、聚群而业，在求生存、谋利益、抵欺辱的境况下，血缘关系与地缘关系自然地把他们结合在一起，逐渐形成了本省都昌籍的"都帮"，安徽徽州府所属六县的"徽帮"，以及除都、徽两帮之外的各籍人氏的"杂帮"，形成带有明显地域风情的群体。

一些带有明显地域和行业名称的街道弄巷就自然而然地随之产生。如：新安巷、抚州弄、饶州弄、汉阳弄、湖口弄等就是聚群而居；铁匠弄、草鞋弄、篾丝弄、花篾弄、扫帚弄等就是聚群而业。这其中的行业无不与人们日常生活和景德镇瓷业息息相关。

三是吉祥文化所折射出的美好愿景。

吉祥文化的产生发展是人类发展中的一个普遍现象，它的核心价值就在于引导人们热爱生活，激发人们的智慧创造，展望无限美好的未来，并把美好愿望的词语命名为地名，表示理想的寄寓。如：迎祥弄、求知弄（原名求子弄）、安全弄（原名火烧弄）、太和弄、乐兴弄、东风坦、青云巷等。这些以吉祥词语命名的街道弄巷，一方面反映中华民族传统文化的渊源，另一方面又反映景德镇这座城市多元文化的融合。

四是蕴含着与自然和谐相处的情感表达。

自然界是一个庞大复杂的生态系统，以某种动物和某种植物代表人的性格中的某些象征意义，参与人类社会思想情感的交流，体现了人与动植物之间的生活交流等一系列过程。动物中被人们赋予吉祥意义的狮、虎、鹿、鹤等，植物中被赋予吉祥意义的花草、树木、果实等被用来命名街巷。如：牛氏弄、驰马弄（原名纸马弄）、狮子弄、桂花弄、桃花弄、樟树弄。

五是敬畏心理形成的道德规范。

祭祀是中华民族礼仪庆典的重要组成部分，祭神、祀仙和拜祖是向神灵、祖先求福消灾，从本质上说是对神灵与祖先的景仰和敬重，协调人与神之间、人与人之间关系而产生的传统礼俗活动仪式。

景德镇作为一个传统手工业城市，"靠天吃饭"的意念从古到今影响到一代又一代瓷工，除了传统的神灵崇拜和祖先崇拜外，陶瓷行业神的祭祀崇拜习俗成为景德镇特色鲜明的地方崇拜习俗。

陶瓷行业神崇拜这一文化现象包含着对自然的敬畏、对师长的尊崇、对正义的褒扬、对邪恶的鞭笞等。在一定意义上讲，景德镇瓷业崇拜习俗的本质内涵就是崇拜劳动者本身。从景德镇泗王庙、药王庙、陶王庙、土地弄、祭师祠这些地名中，我们可以很好地解读陶瓷行业神崇拜习俗这一文化现象。

六是趣闻轶事所传递的闲情逸致。

风俗现象千差万别、种类繁多，但是也并非无所不包，大致的范围可归纳为物质生活、精神生活、社会生活三个方面。作为一个移民城市，景德镇的社会风俗习惯并不等同、划一，但趣闻轶事却是大家喜闻乐见的。例如，"斗富弄"来源于一个斗富的故事。"赛宝坦"也来源于一个斗富的传奇。"落马桥"源于一个元代的传说：一位状元回乡路过此桥，因马失蹄被摔，而称落马桥。"低头弄"源于明代末年的一个故事：一位陈姓抚台住在此弄，弄口有一低矮青石门坊，当其他官员骑马来拜访抚台时，进弄都要低下头才能通过，故名为低头弄。这些趣闻轶事深植于群体之中，一代代相沿成习。

最后，我们详述景德镇街巷里弄名称的分类和寓意。

景德镇老城的街巷里弄名称，大多由人文加地形地貌组合而成。如果细加分类，可分为乡族聚居、祈福祝颂、行业经营、陶瓷行业、御窑厂、纪事纪念、地域、信仰、因政治意识形态或审美而命（改）名、植物、动物、建筑、景观、民俗风情14个类型。[1]

1. 乡族聚居类：景德镇老城有34个以姓命名的地名，如：刘家弄、戴家弄、董

---

[1] 白光华：《趣话景德镇老城区的街巷里弄》，《景德镇文化》（第1期），中国文史出版社2014年版。

家岭、何家窑、蓝家祠堂。

2. 祈福祝颂类：祥集弄、福寿弄、登科弄、广益弄、太和弄、太平弄、太平巷、青云巷、安全弄。

3. 行业经营类：爆竹弄、铁丝弄、典当弄、上当铺弄、新当铺弄、老当铺弄、草鞋弄、铁匠弄、板坊弄、酱油弄、油行弄、豆芽井、纸马弄、篾丝弄、花篾弄、扫帚弄、龙船弄、油榨弄、打船厂。

4. 与陶瓷行业有关类：瓷器街、陶瓷弄、窑弄、窑弄里、车车弄（又名"车鸡弄"，是制作陶车为主业的弄巷）、窑墩上。

5. 与御窑有关类：龙缸弄、公馆岭、厂前街、南门头、东门头、珠山路。

6. 纪事纪念类：十八渡、李施渡（里市渡）、五间头、三间头、烟园口、低头弄、武举弄、监生弄（更生弄）、进士井（浚泗井）、落马桥。

7. 地域类：饶州弄、汉阳弄、湖口弄、抚州弄、新安巷、万年街、瑞州弄。

8. 植物类：桂花弄、桃花弄、樟树弄、椿树弄、枥木岭、葡萄架、丝瓜棚、枣树下。

9. 动物类：狮子弄、牛氏弄、马鞍山、蛤蟆桥。

10. 建筑类：有桥、渡、埠、阁、牌楼、栅门、井。如：弥陀桥（韦陀桥）、观音桥、通津桥、五龙桥、十八桥、小桥上、秀水桥、落马桥、太平桥；石狮埠；观音阁、龙珠阁；千佛楼、吊脚楼、牌楼里；单栅门、双栅门、圆栅门、童关栅门；大井头、方井头、马家井、樊家井。

11. 景观类：青石街、大花园弄、小花园弄、花园里。

12. 民俗风情类：赛宝坦、斗富弄、龙船弄、风车弄。

13. 信仰类：旸府寺、药王庙、枯树庙、九皇宫、观音阁、弥陀桥、陶王庙、般若庵、宴公庙、汪王庙、圣寿观、雷峰寺、祇陀林、土地弄、财神弄、灵姑居。

14. 新中国成立以后，特别是"文革"时期，因政治意识形态、避免重复或审美因素而命（改）名类，如：解放路（杉树巷）、中华北路（中正路）、中华南路（由汪家街、陈家街、邓家岭等组成）；农旺弄（龙王庙）、九黄岭（九皇宫）、枯树弄（枯树庙）、乐兴弄（傩神庙）、四旺里（泗王庙）、朝阳巷（圣洁巷）、更生弄（监生弄）、大志弄（太子庙）、生益岭（生意岭）、再胜弄（财神弄）、富强弄（先后名为"富商弄""裤裆弄"）、百花图（八卦图）、百花弄（百子弄）、勤俭岭（陈家岭）、东风弄（祇陀林）、云谷巷（云谷庵）、求知弄（求子弄）、菱角居（灵姑居）、菠萝巷（般若庵）、云锦巷（云锦庵）、胜利弄（圣寿观）、哲四巷（测字巷）、安全弄（火烧弄）、迎瑞弄（冷水弄）、福寿弄（棺材弄）、大镜头（大井头）。

《景德镇地名志》中记录了一首《地名歌》可供品鉴：

江南雄镇南江口，观音文昌镇阳台，
五王打坐三角井，凤凰展翅半边街，
通津桥边烟花巷，豆腐弄中斗富强，
五龙穿珠龙缸弄，阜安内外桂飘香，
陈家街上花似锦，十八小桥赛洛阳，
雄关出口屯兵马，马鞍山上摆战场，
赛宝坦上号晒宝，里村独造一长城，
瓷器街上般般有，黄家洲上摆擂台，
牛角岭上回头望，万里窑烟上天堂，
景德美景说不尽，水流鹅颈归鄱阳。

这首歌把景德镇的地理人文特征简要而生动地吟诵出来了。

第四节 风情民俗

景德镇陶瓷历史文化的独特价值不仅在于传世的、已经出土的和仍然埋藏着的极其丰富的精美古瓷，更为难得的是这里仍然遗存着规模庞大的、完整复杂的古瓷业体系，仍然传承着极其丰富的非物质文化遗产，这是景德镇能取得千年制瓷辉煌成就的软实力。本节我们将选择从传统瓷业习俗、瓷业神祇信仰、独特的民俗风情三个方面对景德镇丰富而优秀的非物质文化遗产作一个简要梳理，以期达到唤起人们重视对它的发掘、研究、理解、传承、运用的紧迫感与责任心。

一、景德镇的瓷业生产习俗

瓷业习俗是景德镇陶瓷非物质文化遗产的重要内容。景德镇从宋真宗景德元年起因瓷而名，历经元、明、清，逐渐成为以手工业生产为主的单一的瓷业城镇，其生产习俗是瓷业习俗的核心部分。①

一是精细的分工和技艺的专门化。

景德镇瓷器制造业有多种不同的分工，按行业大的分工，可分为圆器成型、琢器成型、烧炼、彩绘及各种辅助性行业。据清代乾隆、嘉庆年间成书的《景德镇陶录》记载，成型行业中有官古器作、上古器作、中古器作、釉古器作、小古器作、常古器作、粗器作、冒器作、子法器作、脱胎器作、大琢器作、洋器作、雕镶作、定单器作、仿古作、填白器作、碎器作、紫金器作；窑户有制匣、装匣、满窑、烧窑、开窑；彩绘有乳料、加彩、烧炉；辅助性行业有柴户、槎户、匣户、砖户、白土户、青料户、篾户、木匠户、桶匠户、铁匠户、修模户、盘车户、乳钵荡口户、打篮户、炼灰户、旋刀户。

在各种行业内部又有不同的工种。据《浮梁县志·陶政》记载，就成型而言，元代景德镇制瓷，"利坯、釉坯之有其法，印花、画花、雕花之有其技，秩然规则，各不相紊"。明代宋应星的《天工开物》列举了以下工种：澄泥、印坯（造坯）、汶水、过利、打圈、绘画、过绣（釉）等，并说"共计一杯工力，过手七十二，方克成器"。据《景德镇陶录》记述，制坯坯坊有淘泥、拉坯、印坯、旋坯、画坯、舂灰、合釉、上釉等分工。

清代唐英的《陶冶图说》记"圆器青花"："画者止学画而不学染；染者，止学染而不学画，所以一其手而不分其心。画者、染者各分类聚处一室，以成其画一之工。""其余拱、锥、雕、镂，业似同而各习一家。"分工的精细，便于劳动者的学习和经验积累，促使了制瓷手工业和农业的脱离，保证了大规模生产的人力资源。

分工的精细也促使了技艺的专门化，提高了生产水平。在景德镇，小到把瓷坯运送到窑户去烧制，也成了一项专门化的体力劳动。清代康熙年间，法国传教士佩里·昂特雷科莱（殷弘绪）是这样描述其技艺熟练程度的："一个运坯工双肩担着两条摆满瓷坯的又窄又长的板子，能保持着平衡穿过好几条热闹的街道而不打破瓷坯……行人见了他就谨慎地闪开，而运坯工则协调着步伐和身子，丝毫也不失去平衡，这不能不令人惊叹。"

劳动技艺的专门化和熟练性保证了产品的质量和产量。就如圆器作坊绘画民窑渣

---

① 周荣林：《瓷都千年薪火相传的软实力——景德镇传统瓷业生产习俗简述》，《景德镇文化》（第2期），中国文史出版社2014年版。

胎碗的女工，几十年她就画一个画面，熟练到20多秒就可以画好一个碗，繁复的青花纹饰一气呵成。

二是合理的劳动组合和高效的人力资源。

制瓷业分工精细，在某个行业内进行一项具体的劳动，往往需要几个乃至十几个人员，这些人员从事的又是各种不同的工作。如何科学合理地把他们组合起来？在长期的劳动实践中，景德镇人摸索到了一整套成功的办法。总的特点是以生产产量为核心，平衡各工种人员的工作量，实现人力资源及其他生产要素的合理配置。

以圆器的四大器作坊为例，它是以"处"为单位进行劳动组合的，每天生产25板坯件为0.5"处"。人员配置为领头1人，打杂1人，做坯1人，利坯2人，印坯1人，挖坯1人，杀合坯1人，装坯1人。这就是说，做坯1人1天的工作量和利坯2人1天的工作量大致相当。

为了使劳动人员的工作量更趋平衡，提高工人劳动积极性，充分利用人力资源，还有以下配套办法：一是分配一些兼职工作，如晒坯、制造渣饼等；二是允许工人请"散做"和"带位子"。"散做"就是临时工，按一般行情面议工资。"带位子"就是长做工除干本身一份工作外，另增干0.25个人或0.5个人或0.75个人或1个人的工作，可以增领所"带位子"的工资。

这样灵活的做法，当然是以工人延长劳动时间、增加劳动负担为代价的，但是另一方面却增强了这些制瓷作坊在市场上的竞争力。景德镇的制瓷作坊遍布城镇的里弄街巷，它们互相学习和竞争，之后通过市场竞争力共同凝聚成瓷都持续发展的强大动力。

三是责任制的人员聘用和激励型的工资福利。

瓷业的成型和烧炼等行业都实行"一条龙"式的人员聘用方法。在圆器制坯业，厂主不直接雇请生产工人，而是按以下顺序一层层雇请：厂主→头师傅→板板（每一工种的头）→伙计（生产工人）；在窑厂，窑户只雇请一名把桩师傅，然后由把桩师傅"组阁"，雇请各环节工人。如窑户辞退把桩师傅，把桩师傅即将他雇请的一帮人一起带走，俗语称为"一条龙进，一条龙出"。这实际上就是实行了人员聘用的责任制，有利于提高用人的效率和管理水平。

景德镇瓷业生产一般是实行计件工资制。我们先来看当时的工资水平。据《明清景德镇城市经济研究》一书考证，20世纪30年代，景德镇坯工年收入为17.1石米，而同期浮梁县各业手工匠的年收入分别为：木匠14.5石米、缝工13石米、泥水匠

14.5石米，以坯工年收入为最高。

在清代前期，景德镇制瓷业工匠的工资高于英国的陶工，也高于本地其他行业的手工匠。这一方面说明了景德镇当时瓷业生产力的先进，另一方面也可以理解为计件工资制对促进生产力发展起了作用。

在付给工人的报酬中，景德镇瓷业习俗还有一种"饭""肉""钱""酒""茶""面""米"的奇特现象。即制坯厂家的业主为刺激工人干活，将私贴、私补增至了100多种。

其中，以肉为内容的补贴主要有起手肉、歇手肉、知四肉、花朝肉、清明肉、人工肉、重阳肉、冬至肉、捡渣饼子肉、淘灰釉肉、印子肉、挖齐子肉、做坯肉、打箍肉、青花肉、配釉肉、上石板肉、讨料肉、开窑肉、饼子肉、扫灰肉、挑篮肉、打高岭肉、大器肉、捧坯肉、淘高岭肉、起晒架塘肉等。

以钱为内容的补贴主要有刀子钱、补匣钱、接土匣钱、草鞋钱、搭肩钱、大酒钱、小酒钱、装软饼子钱、扫灰钱、吊线钱、度匣钱、起车珑钱、挖脚板屎钱、淘余土钱、挑土匣钱、搬料板钱、黄烟钱、草帽钱、扇子钱、画笔钱、发锉钱、背搭钱、扁担钱、换票钱、满砖钱、挖老土子钱、打样钱、开模钱、填釉钱、四季补贴钱、脚步补贴钱等。

以酒、茶、面、米为内容的补贴主要有起手茶、起手面、定事茶、盘缠米、做大件酒、满窑酒、开窑酒、挛窑酒、端阳酒、中元酒、中秋酒等。

这些补贴是临时性的，有许多并未列入计件单价。这样做对业主比较有利，加上去或拿下来都比较自由，生意好时可以加上去，生意不好时又可以拿下来，不致形成固定不变的规矩。当然，有些也是历代瓷工们通过斗争才争取到的。

四是严格的质量要求和精细的质量管理。

以制坯业为例。首先是对各工种的工作质量有一定要求，每个工人在生产过程中都必须严格按这些要求行事，规定每个工种、每道工序都负有检查坯胎质量的义务。工人在操作时，都要检查每件坯胎上是否存在缺陷，如发现有缺陷，凡能整修好的，要及时交与有关工种进行整修；凡不能整修好的，即将其打破重新淘洗后再用于制坯。这样关关设卡，使一些肉眼能见的缺陷大都消灭在生产过程中。这样的做法，俗称"一脚压一脚，毛病不过脚"。如果发现存架坯胎大批患病（有缺陷，如原料配方过软或过硬、坯釉发裂等），或造型、尺寸不符合要求，就将坯胎全部倒入淘桶重新淘洗，再重做坯胎。

每次开窑后，先由选瓷工把瓷器一一选过，然后由伙佬送饭时将患了毛病的瓷器挑回坯厂给生产工人看。这样，工人能亲眼看到自己所制的瓷器存有怎样的缺陷，以利于及时采取措施，消灭或减少这些缺陷。

为了保证瓷器的质量，各制坯业主还制定了一系列细致的规定，每个工人都必须严格按照这些规定行事。例如：规定工人不准在储泥桶内洗手，不准穿脏鞋进入泥房，不准将油、盐、口痰、鼻涕沾污原料或坯体，所进的原料不经"试照"不准投入使用，锉坯刀时不准将铁屑锉入原料中或坯胎上等。

二、景德镇的瓷业神祇信仰

景德镇是典型的手工业移民城市，在社会秩序建构和文化交流中，为了维护自身优势和取得地缘文化认同优势，社会各方移民展开利益博弈，以期取得在神灵信仰中的话语权，保证自身利益。各地移民按照区域建立会馆，在起到联络同乡和商业贸易作用的同时，都设有供奉先贤和本行业或者本土神祇的祠堂，这也是中国文化的反映和代表。①

在景德镇，福建会馆供奉天后宫，保护福建瓷商海上运输的平安。湖北会馆和抚州会馆都祭拜关帝。湖北人信仰关帝是因为湖北是关羽的故乡，抚州人信仰则与明末清初抚州洪门有关，因为关帝是忠义的象征，而洪门目标是反清灭洋。婺源和湖北移民信仰五显神灵、徽州歙县人信仰汪王、南昌人信仰许真君、湖南人信仰三闾庙等。另外，景德镇建有哪吒庙、泗王庙、龙王庙等民间水神信仰的庙宇。

五王庙，是奉祀华光的庙宇。

五王是指"五显灵官大帝华光天王"。华光据传是佛道中神仙，能降妖伏魔镇水火，被景德镇的瓷工们看中并仰仗其神力庇佑。另外，镇郊乡民祈雨救旱也会来五王庙求华光保佑。

这座五王庙，建在珠山北侧横田社朝阳门。那时科学不发达，制作瓷坯，靠对泥土加工，人力可为，而投入火中烧炼，烟燎变幻，不可预测。因此，瓷业工人和督陶官员就往往祈求神灵庇佑。明世宗嘉靖二十年（1541年），曾一度将庙宇改为公署，不久还是改为民祠。乡民祈雨救旱，镇人祝愿陶成，都要到五王庙华光神像前祈求祷

---

① 李兴华、李松杰：《移民与景德镇行业神信仰研究——以御窑厂神灵崇拜的转化为视角》，《景德镇文化》（第4期），中国文史出版社2014年版。

告。每岁元宵佳节，长长的龙灯，都要到五王庙翻滚戏耍，"施放火爆，彻数日夜"。①

师主庙，是奉祀晋人赵慨的神庙。

赵慨，字叔朋，曾在晋朝做官，相传是瓷工们的祖师，说他"道通仙秘，法济灵"。赵慨在瓷工们心目中的地位，犹如鲁班之于木工，制作和烧造瓷器，要依仗他庇佑，称为师主。明仁宗洪熙元年（1425年），由少监张善在御器厂内建庙，称赵慨为佑陶之神。明宪宗成化年间（1465—1487年），太监邓原为宣扬神灵的威力，使广大瓷工和市民便于顶礼膜拜，把庙宇迁往御器厂东门外东北方向100米左右的后街上。从这时起，师主庙一直在御窑厂外的繁华市区。

这座庙坐东朝西，面对御窑厂。神龛内供赵慨坐像，两旁有打杂、做坯、印坯、利坯、剐坯、剎合坯师傅的神位。这实际上是瓷工自己的形象和力量的化身，但要经过这一番转化以赋予神圣的权威。在师主庙内，还供有将知四的牌位。这是一位在清代为广大瓷工福利而英勇献身的斗士，瓷工为纪念这位英雄，树立牌位，寄托哀思。

佑陶灵祠，俗称风火仙庙，是奉祀童宾的庙宇。

童宾是为了解除瓷工们的苦难，以血肉之躯蹈火牺牲的。据《江西通志·陶政》记载："万历廿七年，江西矿税使兼理景德镇窑务的太监潘相，督造龙缸，因器大难成，累不完工，民受鞭，或苦饥羸，陶人童宾至以身赴火，罹其凶毒。"童宾这种舍身赴难的精神，赢得了瓷工们的崇敬，因此建庙奉祀，尊称为风火仙。后来，清代朝廷也敕封为广利窑神。庙宇建在御器厂官廨门内东侧。面内神龛中供奉童宾塑像，两旁供奉各烧炼工师傅塑像。庙前有一个约300平方米的庭院，供香客们活动，也是观戏的场地。

东墙外即是后街，西墙外为御器厂走道。院墙正门朝西，门上有唐英书写的"佑陶灵祠"四个字，用青料作墨，以径尺见方的瓷板烧成，笔力苍劲，色料浮光，别有一番气势。风火仙庙在明清两代一再修葺，终年香火不绝，遇年逢节，更是热同非常。

数百年来，景德镇的官吏与瓷工对华光、赵慨、童宾等奉祀惟谨，尊敬礼拜，这是人们还不能完全掌握瓷器烧制规律的必然反映。正如郑庭桂在《陶阳竹枝词》中所说："五月节迎师主会，六月还拜风火仙。龙缸曾读唐公记，成器成人总靠天。"

天后宫，是一座保佑瓷器在海外顺利航行和贸易成功的神殿。

如同江西商人在省外活动往往以万寿宫为会馆一样，福建商人则以天后宫为会馆，

---

① 周銮书：《景德镇史话》，江西人民出版社2004年版。

宫址在珠山的南面。天后是传说中的海神，相传她是宋代福建莆田人林愿的第六个女儿，死后多次在海上"显灵"。元代至元年间（1335—1340年），顺帝封给她天妃神号，清代康熙时（1662—1722年），又封为天后。那时，沿海和通海地区多有立庙奉祀，祈祷天后保护庇佑。现今东南沿海各省区和台湾地区，均有天后宫。

景德镇天后宫是座宏大壮丽的古庙宇，建于清代初年。景德镇偏处内陆，但瓷器远销外洋，大多靠船舶运输，海上风云变幻，如同窑内火焰莫测，所以这是一座商人奉祀的殿堂。法国传教士佩里·昂特雷科莱（殷弘绪）说："有一豪商，为了经营贸易而横渡大洋之后，觉得多亏天后保佑才免于难，说是在遭遇最强的风暴时看见她显灵。为了兑现当时的许愿，他以全部财产为天后建造了一座宫殿，其规模之壮观，超过其他庙宇。"

三、景德镇的瓷味民俗风情

我们首先介绍景德镇民间的民俗活动。景德镇民间民俗活动大都与其他汉族地区相似，但也有与其他地区不同的活动，特别是祭祀酬神活动，这些活动大多与景德镇的瓷业活动紧密相相连。①

暖窑神。

每年初冬一过，各瓷窑都会在某次窑后举行暖窑神活动，祭祀窑神童宾。暖窑神活动是指窑主、窑工出份子钱举行祭祀窑神的活动，在窑里烧香、献供、燃炮，祝愿烧窑顺利。活动后，大家在一起喝酒联谊并请戏班演戏联欢。由于是在每年初冬举行的活动，为以后开窑复烧祝福，有"暖窑"——象征瓷窑红火之意。

迎神赛会。

迎神赛会是景德镇的重要神庙和会馆定期举行的庙神出街巡游、与民同乐的一项象征性活动。不仅有师主赵慨和风火仙师童宾的迎神赛会，其他如武财神关帝、制匣祖师钱大元帅的迎神赛会——开光仪式，也极为隆重热闹。赛会有各庙神灵相互竞赛之意。而五王庙的迎神赛会——元宵灯会最为独特。

开禁迎神也是迎神赛会的一种重要形式。窑帮"童庆社"每20年在装小器的开禁之后，都要举办一次盛大的迎奉本行祖师窑神童宾的活动。迎神时，先要到童宾的

---

① 杨博：《景德镇独特的民俗风情》，《景德镇历史文化城区北部地区历史文脉调查成果汇编》，景德镇市文化广电新闻出版局2018年编。

老家里村童街，去请画师绘制的由童家珍藏的两面飞虎大旗，并大摆筵席款待祖师的后代。迎神前，开禁上名字带徒弟，有名字的在窑里做工称为长做。没有上名字的称为散做，只能做杂事，不能顶正式岗位。然后，再举行迎神游行。

祀神酬愿。

陶瓷工商业者在进行制烧、贩运瓷器前先要到有关神庙上香祭拜祈求保佑，并向神许下心愿。如事情圆满成功，就会回神庙还愿并举办特定活动谢神。正如郑庭桂在《陶阳竹枝词》中所说，"青窑烧出好龙缸，夸示同行新老帮。陶庆陶成齐上会，酬神日夜唱单腔"。在神灵面前许下心愿以后，最终烧制龙缸成功。窑户老板就得去还愿谢神，这里讲的是以演戏唱单腔的方式来酬谢神灵，同时一并犒劳辛苦的瓷工。

茭草行习俗。

在景德镇的瓷业中，有个茭草行，即现在的包装行业。那时，包装瓷器用稻草，靠人工把它扎紧，要茭（用稻草卷扎）一层到二层，劳动强度很大。工人有定额，完不成任务要加班加点，干活非常劳累。所以原来有个规矩：茭草工人吃的是白米饭，每逢阴历初一、十五，"一条凳"（五个人）每人一斤猪肉。但到了明嘉庆年间（1796—1820年），老板在官府的支持下，把白米饭改成砻米（糙米），有时还掺入沙子，猪肉也取消了。为求得基本生存的条件，以郑子木为首的全镇茭草工人举行大罢工，但最终郑子木被官府用烧红的铁靴和铁帽酷刑杀害。为纪念这位为大家的利益而宁死不屈的勇士，茭草工人每人都系上一条白围裙，世代相传。

我们再说说景德镇三节的民俗活动。除春节是合家团圆的喜庆日子，一般不外出活动，元宵、端午、中秋三节，景德镇的民俗活动以"瓷"为亮点，表现了独具特色的瓷业风情。

元宵节五王庙龙灯会。

五王庙祭祀五显灵官大帝华光天王。元宵节时，人们都会齐聚五王庙，请出归其管理的神龙庙的神龙进行彩妆，然后上街巡游。《陶阳竹枝词》中所说"到底五王灵应显，龙灯日夜闹朝阳"讲的就是五王庙元宵龙灯会。

铁龙头先要化妆，也就是贴纸，然后在纸上再行彩绘和点睛，再装13节竹篾编的披黄布彩绘鳞片的龙身，最后再接龙尾，组成一条完整的神龙。前有引导，后跟舞龙、舞狮、彩装人物踩高跷、打蚌壳、跑旱船以及抬阁等队伍，浩浩荡荡，上街巡游。从龙船弄出前街，经珠山中路御窑厂前，再转后街，返回庙里。神龙最后被请回神龙庙安歇。

端午节师主庙师主会。

端午节时，瓷工们会齐聚师主庙，举办师主赵慨的迎神赛会。师主会活动开始时，先要在庙中上香、行礼、祭拜、燃炮，再恭迎师主绕街巡游。出巡时，师主（庙中供奉的木制坐像）坐着八人抬的大轿，前有执事出巡牌开道，后面跟着舞龙、舞狮队及踩高跷、跑旱船、打蚌壳、扮地戏之类的表演队，还有小孩装扮成造型人物的抬阁，后面再跟随一干善男信众，十分热闹，吸引众多的镇民参与或观看。活动结束后，再奉请师主回师主庙安歇。

中秋节烧太平窑与坯坊加餐。

一是烧太平窑。这是晚清时景德镇流行的一项独特的祈福活动。每年中秋之夜，沿昌江河洲、河滩，用河边到处都有的废弃渣饼搭起一座座小窑，燃柴生火，模拟烧窑活动，借以表达对太平的眷顾，称为"烧太平窑"。这项活动随着时间的推移，演变成镇人祈求平安的一种仪式，以后又成了镇上孩子们的一项重要游戏活动，一直延续着。中秋之夜在昌江河边形成了一道靓丽的风景。

二是坯坊加餐。坯坊工人在中秋节放假一天，并按规定，这天中午老板给工人在坯坊加餐，按10人一桌供应猪肉2.5斤（每人老秤4两）和鲜蛋、黄花、木耳、粉丝、咸鱼、芋头、青菜等10种菜肴，叫作10碗菜。外加40个铜钱作酒钱，每人一只生糖酥，一只扁麻酥。五花肉加红椒、青蒜、豆豉爆炒后再上桌，此菜谓之"知四肉"，是以纪念为瓷工谋福利而献身的蒋知四师傅命名的。用餐前，先要举行一定的仪式来纪念他。此外，中秋节时吃碱水粑也是必不可少的。晚上赏月，茶点要有花生、瓜子和柚果。柚果因谐音瓷用原料的釉果，柚果丰收表示瓷业增产，所以是必备的。

◎ 思考题

1. 简述景德镇老城形成的四个历史阶段。
2. 为什么说景德镇街巷里弄格局的形成与御窑厂有重要关联？
3. 为什么说景德镇是一座"没有城墙的古代都市"？
4. 景德镇街巷里弄名称中蕴含着哪些历史文化内涵？
5. 试列举几项景德镇的瓷味民俗风情活动。

第三章

瓷业绵延

瓷业是景德镇的立市之本，瓷器是它的文化之源。景德镇因瓷器名扬四海，瓷器也因景德镇而身价百倍。千百年来，景德镇窑火不断，"集历代名窑之大成，汇各地技艺之精华"，技艺流传、继承创新、人才辈出、瓷业绵延。

我们尽可以用诗一样的语句来概述——

景德镇，一个传诵了一千年的名字，瓷器是她的代码，china 是她的名号。汉世治陶、真宗御名，元明清瓷业颠峰；大漠黄沙、古道履痕，出江达海济远帆。千百年峰回路转、窑火不熄，文脉一线牵，器物天下行。她有山，高岭（Kaolin）是她的乳名，五华山聚集的是她第一缕阳光。她有水，昌江是她的母亲。瓷器残片铺就的河滩、万人拜月式的洗衣女和捣衣声、孩童用渣饼荡起的涟漪是历史的永恒。山水相间，水土宜陶。"陶舍重重倚岸开，舟帆日日蔽江来。"由水土构成的物产，最终通过水脉的皈依，把中国——China——瓷器——景德镇做成永不磨损的世界名片。

"重重水碓夹江开，未雨殷传数里雷。""坯房挑得白釉去，匣厂装将黄土来。"古镇依然唱着古老的歌谣，斑驳的坯坊里弄讲述的是窑工的辛劳，寂静的流水和咿呀的舟船载去的是一代代人的希望。青山不语、白土润泽、水碓悠悠，唯有褪尽铅华才能聆听到来自远古的回声。

瓷之源的灵气，汇入御窑龙脉之间，技艺灵动，华彩凝固。这手艺，留在了历史的遗存里。点状分布的 52 处 151 个古窑业遗址俯抱大地，青白瓷、元青花、明清彩瓷……蕴含着无数官窑器与外销瓷的家乡故曲。线状分布的"一轴五片十一厂"现代陶瓷工业遗存依然耸立，演绎着陶瓷工业文明的历史长卷。片状分布的街巷、里弄曲径通幽，流传着瓷的秘闻和民风民谣……

需要特别辩明的是，虽然我们可以形象地说陶瓷是"土"与"火"的艺术，但这里的"土"绝非普通的泥土。陶可以说是"土"，但也不是任何泥土都可以做陶，而且也要在泥土中加入石英、长石、石灰石、砂岩等细砂末，或者用植物茎叶、谷壳等，以改善成型工艺和提高热稳定性，是现代陶瓷原料配方的萌芽。而瓷之"土"指的是瓷土，是矿物质的瓷石。有人因瓷土而联想到农耕田里的泥土并混为一谈，从而"向泥土致敬"，似为不妥。

第一节 瓷业脉络

人们在描述瓷业发展脉络时，通常把"陶"与"瓷"组合在一起混合使用，把"陶"视作"瓷"之先导和基础。陶器的发明不是某个人或某个民族的专利，世界上凡是有人类的地方，当他们从茹毛饮血的原始状态向文明农耕时代迈进时，几乎都会制作陶器。中国是最早烧制陶器的国家之一，而瓷器则是中国的伟大发明。千百年来，景德镇窑火不熄，绵延流长，演绎着无数中国陶瓷的梦想与辉煌。但是，景德镇瓷业登顶高峰也绝非一蹴而就，同样是经历了诸多艰难的历史发展阶段。本节，我们就对景德镇瓷业的发展脉络作一详细的描述。

一、始于汉、起于唐

最初的景德镇并不显眼，只是一块田园河洲。

唐开元四年（716年），浮梁（新昌）县治署从江村沽演迁至昌江河的东河口新平。昌江河南岸，从东河延至南河，有一大块"L"形盆地状的河谷冲积滩地，三水环绕，方可百里，溪流纵横，低丘湖洼点缀其间，零星的村落中，早有耕夫织妇居此劳作。县人泛称此地为"城南"。①

---

① 郑鹏：《景德镇老城叙事》，江西美术出版社2015年版。

此地处鄱阳湖平原东沿，农耕文明与河姆渡相类，治陶之风源远流长。东河畔的王港，发掘出战国时期的陶器；南去80里，乐平接渡南窑，早有长可百米的龙窑正在烧造青瓷；再南去40里，万年的仙人洞，地下埋藏有19000年前烧造的陶罐，直到20世纪才被人们考古发现。

那时城南的东南河沿地带，瓷窑作坊已非鲜见，尤以南河沿的湖田、昌江河沿较为集中。先民们于农耕之余，有取水练泥、治陶烧瓷以为副业之习，其中也有许多专门从事这一职业的人。湖田一处，从五代至明万历年间，窑火延烧了700年之久。

昌江河岸一块不足5平方公里的勺状洲地，更因窑业兴盛形成集镇，最初的名字叫"陶阳"，后来被文人们称作"昌南"。1004年的北宋，镇窑名气甚至超越官、哥、汝、定、钧各大名窑，所产青白瓷光致茂美，得"饶玉"之称并受皇家赞誉。其时举国之于饶器，舟车争载，商贾竞购。镇以瓷名，赢来一个"景德镇"的雅号。

所以，景德镇瓷业的先导一定与属地所在的浮梁县域不可分割，人们在描述景德镇瓷业时，也常常与浮梁陶业衔接在一起，大多会援引《浮梁县志》所述，"新平治陶，始于汉世"，以示景德镇瓷业源脉之悠久。

"新平治陶，始于汉世"，即使从东汉起始，也有两千年历史。

据《景德镇陶录》记载："楚之长沙属有醴陵土碗，器质甚粗，体甚厚，釉色淡黄而糙，或微黑，碗中心及底足皆无釉……正如吾昌南在汉时。"可见，当时景德镇所产出的陶器，尚属粗糙之品，"只供迩俗粗用"，并不远销。

东晋时，有位叫赵慨的人，隐居于景德镇。他运用在浙江了解和掌握的越窑制瓷技艺对景德镇制瓷的胎釉配制、成形和焙烧等工艺进行了一系列重大改革，为发展景德镇的瓷业生产作出了重要贡献。人们尊敬他，爱戴他，称他为"制瓷师主"，并在镇内建起了一座"师主庙"。明人詹珊为该庙作了一篇《师主庙碑记》，碑文说，明洪熙中（1425年），镇民在御器厂内建庙，名为师主庙，奉祀晋人赵慨为"制瓷师主"。此后，这一记述一直被人们视为晋时景德镇烧造的制品已由陶器转化到瓷器的一个佐证。[①]

到南北朝的陈时（陈至德元年），制瓷业有了较大进步。史书称，景德镇"水土宜陶"，镇瓷自陈以来名天下。隋唐开始，制瓷工人掌握了用高火度烧造瓷器的方法，所制瓷器色泽素润，"莹缜如玉"，质地坚固，被誉为"假玉器"。唐武德四年（612

---

① 王芳：《景德镇的制瓷历史脉络简述》，《景德镇文化》（第1期），中国文史出版社2014年版。

年），唐高祖曾下诏"制瓷进御"。这时景德镇出现了一些烧造瓷器的名窑，其中最为著名的有两个：一为镇民陶玉所办之"陶窑"，该窑所产瓷器"体稍薄，色素润"，唐武德中，陶玉将所产瓷器载入关中，进贡于朝，被称为"假玉器"；一为镇民霍仲初所办之"霍窑"，该窑所产瓷器"色亦素，土善腻，质薄，佳者莹缜如玉"，使景德镇瓷器一举名天下。

唐代，景德镇不仅陶瓷生产有长足进步，而且瓷器销售市场也大为拓展。

据记载，唐代的景德镇瓷器已扩销到南方、北方和西南各地。考古成果表明，唐代瓷器向海外输出的线路主要有两条：一条沿古代丝绸之路的陆路，由西安经新疆运往亚细亚及波斯等地；另一条自广州绕马来西亚经印度洋抵达波斯湾及地中海各国。

关于五代时景德镇瓷业的状况，至今尚不见古籍记载。但据20世纪50年代和80年代进行的古窑址调查表明，五代景德镇的瓷业已初具规模。调查中发现，五代景德镇窑址共有18处，主要分布在南河两岸和今景德镇市区范围。南河两岸有湖田、杨梅亭、三宝蓬、黄泥头、铜罗山、盈田、枫树山、月光山、寿安、湘湖等古窑址。五代生产的瓷器多种多样，主要有灰胎青瓷和白胎白瓷两类。青瓷与五代越窑胎釉相似，几乎可以乱真。白瓷瓷胎致密，透光度好，接近现代瓷的水平，是中国同期瓷器中质地最优秀的产品。

但也有专家指出，景德镇瓷器的始烧时间最早不会超过晚唐。唐五代的窑址主要生产灰胎青瓷和白胎白瓷两大类。而宋代的青白瓷正是从五代白瓷的基础上发展起来的。严格来说，典型的青白瓷大量出现于宋代中期，接近现代细瓷的水平，是中国瓷器由透明釉向透明胎、软质向硬质瓷过渡的划时代飞跃。①

二、兴于宋元

自宋代以来，景德镇瓷器"行于九域、施及外洋"。

随着北宋皇室的南渡，北方许多著名窑场的优秀工匠纷纷来到景德镇，把当时北方先进的制瓷工艺带了过来，从而使景德镇的制瓷技术力量得以充实，瓷业得以迅速发展。宋代制瓷工艺有了新的提高，瓷器洁白不疵，釉水晶莹，尤以青白瓷为代表作。

这时的景德镇瓷器，史籍上最早的记载叫"青白瓷"，在胎质、造型、釉色、制

---

① 罗学正：《陶林撷翠：中国古陶瓷史话百题》，五行图书出版有限公司2004年版。

作等方面都进入了兴盛时期,西方人称之为"瓷器成功的时代"。青白瓷,人们又俗称它为"影青瓷",还有人叫它"映青瓷""隐青瓷"。明代宋应星的《天工开物》里称影青瓷"素肌玉骨"。

需要指明的是,现在的人们在称颂景德镇瓷器时,大多引用了"薄如纸、明如镜、白如玉、声如磬"的四大特色,其实这主要应该是描述宋代景德镇湖田窑青白瓷的特色,但人们已经把这当成对整个景德镇瓷器特色的概括。事实上,历宋之后元明清的发展,景德镇瓷业才登顶高峰,其品种之丰富、品质之精湛,已远非这四个方面的特色可以囊括。

自宋代以来,景德镇所产瓷器已"施及外洋",海上"陶瓷之路"成为东西文化交流的重要途径,并与陆上"丝绸之路"遥相呼应,名垂青史。宋代景德镇瓷业获得突飞猛进的发展,景德镇作为瓷都的地位,实际上是在宋代就奠定了较为扎实的技艺基础。

元代景德镇瓷器进步显著,继续为景德镇成为全国制瓷中心打下根基。

从 12 世纪中叶的南宋至 13 世纪的元代,一起改变景德镇命运的划时代事件发生了:高岭土首次被景德镇工匠用作瓷胎原料,并因此而发明制瓷原料的二元配方,从此景德镇独专其利 500 多年。原料匮乏的危机自此得以缓解,成品率大幅上升,瓷质白度提高,开启了高温硬质瓷的新纪元。又因为青花的出现,标志着中国彩瓷时代的到来。此后,至精至美之瓷器,莫不出自于景德镇。①

高岭土始称麻仓土,发现于麻仓山,作为御土,被元代和明代前期皇家御窑垄断了 200 多年,民间不敢私用。到明代万历时,东埠高岭山之高岭土大规模开采,官不能禁,民间才得以公开使用。

青花和釉里红、卵白釉及颜色釉瓷器的烧造成功,加上高岭土的应用,就像一颗颗璀璨夺目的星辰高高闪烁于天际,推动着景德镇瓷业生产开始进入黄金时代,景德镇瓷业在制作工艺和艺术方面都取得了卓越成绩。

元代,官方在景德镇设置"浮梁瓷局"。那时,景德镇不仅有官办的"枢府"窑,而且民窑也增至 300 座。元代烧造的青花瓷和青花釉里红被誉为"人间瑰宝"。青花瓷的出现,结束了我国瓷器以单色釉为主的局面,把瓷器装饰推进到釉下彩的新时代,形成了鲜明的中国瓷器特色。

---

① 郑鹏:《景德镇老城叙事》,江西美术出版社 2015 年版。

又因为高岭土制瓷二元配方的绝对优势,加上水运的便利,从观音阁到落马桥,靠昌江河洲一线的制瓷业,工艺日新、效益日高,连接起零星分散的制瓷窑厂的村落迅速聚集发展,带动了景德镇由北至南加速成市。

此时景德镇釉下釉上彩瓷工艺千变万化,日益精进,海内外贸易量激增,大批专业窑户争相向河洲集结。湖田等处仍以深层瓷石制瓷,品质低劣,高岭土又运入困难,力资昂贵,竞争力明显衰微终至没落。这不但促进了镇市的繁盛,更促成瓷业不再作为农耕文明的附庸,而向专业化、集约化、商品化的工业文明大步迈进。

三、明清达巅峰

明代,景德镇终成中国制瓷中心,奠定天下瓷都地位。

明代,景德镇已成为世界罕见的制瓷工业大都会,其产业规模、专业分工、运行管理及生产关系,已显露出现代工业的雏形与资本主义萌芽。一个县辖的古镇,顶多算是个乡镇级的建制,但因为上缴朝廷的税银丰厚,使得一获茶利、二得瓷益的浮梁成为五品上县,其民殷富,甲于一省。因为名气大,关注度高,古镇自然也成为历来各级官员、管理者与执事者政绩表现的舞台。①

明代,景德镇瓷业在宋元发展的基础上,开创一代未有之奇,呈现出一派繁荣昌盛的景象。16世纪,中国的城市工商业继续发展,出现了一些拥有较多资本积累的商人和作坊主,同时也产生了许多出卖劳动力的雇佣工人。这表明此时的社会已经出现了资本主义生产关系的萌芽,纺织、制瓷、冶金、采煤、印刷等手工业中,有一部分已跨入工场手工业的发展阶段。景德镇瓷业正是在这样的社会经济背景下获得了较大的发展,形成为全国的制瓷中心。

明洪武二年(1369年),朝廷在景德镇设"御器厂"。其时镇内官窑有58座,民窑达数百座,"昼间白烟掩盖天空,夜则红焰烧天",足见其生产规模之宏大。明代中叶以后,景德镇制瓷技艺高超,产品精美,"为天下窑器之所聚"。景德镇已成为"镇上佣工每日不下数十万人"的大都市。从此,奠定了景德镇天下瓷都的地位,与汉口镇、佛山镇、朱仙镇一道成为当时中国的四大名镇。

清代,尤其康熙、雍正、乾隆三朝,景德镇瓷业达到鼎盛。

当时的景德镇,人口逾10万,瓷业发达,商贾如云,有"绝妙花瓷动四方,十里

---

① 郑鹏:《景德镇老城叙事》,江西美术出版社2015年版。

长街半窑户"之说。清代的前半期,景德镇的瓷业与明代一样,代表了整个封建时代的高水平,其中康熙、雍正、乾隆三朝的制瓷技艺达到了历史的高峰,为中国封建社会瓷业的黄金时代。景德镇的制瓷工艺达全国最高水平,创造了闻名遐迩的古彩、粉彩、珐琅彩和各种名贵色釉。

乾隆后期,景德镇的瓷业开始走下坡路。嘉庆初,御窑厂生产的品种和数量远不及乾隆时期。鸦片战争以后,景德镇的制瓷业遭到了严重摧残。到新中国成立前夕,整个瓷业生产已奄奄一息。

对景德镇瓷业的艰难发展历程,我们再稍作一点总结和归纳。

景德镇自汉以来,历经各个时期瓷业的发展和积淀,创造了不朽的文化财富,使瓷器的生产工艺和产量达到了历史最高水平,在中国陶瓷史上写下了辉煌灿烂的篇章。陶瓷文化源远流长,在千年窑火的锤炼中,景德镇一次次突破前行。景德镇是中国,也是世界上最著名的古代瓷业之都,在人类文明史上占有重要地位。

在千百年历史长河中,景德镇瓷业展现了非凡顽强的生命力。官窑是景德镇瓷业的主体,历史上主要依靠中央政权的支持。晚清时财政拨款锐减,接着受到西方工业产品的冲击,江南丝绸工业受到重创,而景德镇陶瓷产业依靠精细的产业分工摊薄成本扛过了这一劫。但在20世纪前半叶,因战争时局的影响,景德镇又一次濒临死亡。新中国成立以后,十大国有瓷厂撑起了景德镇当代发展的一个小高峰,但到20世纪90年代,十大瓷厂解散,数万人下岗。当年国企有10万窑工,现在国企的员工已经很少了。近些年,民间制瓷高手不断出现,随着科技的进步,梭式窑、气窑、电窑的出现,景德镇又一次呈现出繁荣景象。

景德镇瓷业在困难中转型,在矛盾中前进,希望与困难交集,问题与成就同在。其中蕴含着许多景德镇人的命运,也展现了人们追梦圆梦的奋斗精神。景德镇陶瓷文化的发展也是一个兼容并蓄、不断融合国内外文化因素的过程。①

第二节 窑业变迁

了解景德镇窑业的变迁历史是展示景德镇制瓷历史的必需环节。虽然文献记载

---

① 姚亚平:《景德镇,一个值得说给世界听的故事——对怎样讲好中国故事的思考》,中国文化报,2014年10月15日。

"新平治陶，始于汉世"，说明景德镇的陶瓷生产历史有两千多年，而专家依据考古资料认定，景德镇最早的瓷业遗存是晚唐五代时期生产青瓷的湖田窑、黄泥头窑和兰田窑。南窑唐代遗址则将景德镇的制瓷历史向前推进了200年。本节我们分别来描述南窑唐代遗址、五代至清中期窑址和高岭土开采情况。

一、南窑唐代遗址

南窑唐代遗址位于景德镇市乐平市接渡镇南窑村。

遗址东南部为连绵的丘陵，北面为坑口村，西南是南宋时从鄱阳县铁石村迁来此地的南窑村。西面800米是乐安河，乐安河在鄱阳县与昌江汇合，流入鄱阳湖。遗址所在地距离景德镇老城中心区域45公里，景德镇和乐平两地山水相连，流域相通。隋唐至宋元时期同属饶州府管辖，乐平现隶属于景德镇市。

为全面了解南窑遗址的分布范围、保存状况、文化内涵，搞清景德镇瓷业生产的渊源和传承关系，探索景德镇早期陶瓷的发展历史，江西省文物考古研究所会司乐平市博物馆，于2011年、2013年分别对其进行了考古调查和发掘，取得了重要的考古成果。①

一是南窑唐代遗址是景德镇境内最早的瓷业遗存，把景德镇的制瓷历史向前推进了200年，这对研究探索景德镇地区早期窑业的技术源流、传播与影响具有十分重要的意义。

与景德镇市浮梁县东南湘湖一带晚唐—宋代窑址密集区毗邻的南窑遗址发据表明：南窑始烧于中唐，兴盛于中晚唐，衰落于晚唐，距今有1200多年的烧造历史。不管是从南窑与景德镇两者古代的行政隶属关系来分析，隋唐至宋元时期，浮梁和乐平同属饶州府管辖；还是景德镇与南窑窑场两地山水相连，两者之间仅40多公里，南窑遗址所在地接渡镇是乐平古代竹木的集散地，交通便利，手工制瓷技术沿河传播渗透大有可能；以及从浮梁县湘湖兰田晚唐窑场青釉瓷的装烧工艺、烧造时间、烧制技术、烧成产品等来看，与南窑的出土遗物有许多相似之处，应当是受到南窑的直接影响。

二是南窑是中国迄今发现窑炉分布最密集的、布局最有规律的、瓷业组织最严密的唐代窑场。经勘探得知，在窑山北部东西200米、南北153米的范围内散布大量窑

---

① 张文江：《瓷都瓷业源头：景德镇南窑唐代遗址》，《景德镇文化》（第2期），中国文史出版社2014年版。

业遗存，由中心最高点向东、北、西呈扇形分布12条龙窑，长度均超过60米。在3万平方米的同一个山头上（窑山）发现了12条呈扇形分布的龙窑。

三是此前的资料表明，最长的龙窑是福建建阳窑，长132米，但它是宋代的。江西省丰城寺前山洪州窑遗址清理出全长21.6米的初唐龙窑，江西省景德镇市浮梁县兰田窑揭露出总长28.7米的唐代晚期龙窑，湖南省长沙窑发掘出最完整的总长41米的谭家坡1号唐代窑炉，以及此前最长的唐代龙窑——福建将乐窑，长52米。不管是唐代六大青瓷名窑，还是一般民窑，景德镇南窑龙窑遗迹长达78.8米，是迄今为止我国考古发掘最长的唐代龙窑遗迹，是目前景德镇地区发现最早的、保存最完整的窑炉遗迹。龙窑遗迹的发现填补了景德镇瓷器烧造窑炉形制最早形态的空白，在江西制瓷业发展史、乃至中国陶瓷史的研究上有着十分重要的意义。

四是古代制瓷业的核心是窑炉技术，龙窑依托山坡而建，窑体的装烧量大，可以降低成本，但是龙窑一长，室内的抽力就大，火焰流动速度就快，产品的烧结程度不够。南窑采用在龙窑中段相距14米处分别设立2个方形减火坑的技术，有效地调节窑室内的抽力和温度，而此前的考古中从未见此技术。减火坑与北宋以后出现的分室龙窑的作用一致，是晚期分室龙窑的发端。

五是南窑出土了具有当时西域风格的青釉、酱黑釉腰鼓和口径达40~50厘米的器型硕大的大碗器。腰鼓又名拍鼓，是来自西域的乐器，南窑生产腰鼓表明到唐代中晚期以腰鼓为代表的宫廷雅乐已在江西地区普及，和长沙窑所见腰鼓的装饰内容一样为域外文化因素；器形硕大的大碗与汉民族使用习俗明显有别，这些有可能是为满足西域人的所需而烧造的；窑址还出土了公元800年前后随着"海上陶瓷之路"兴起而出现的标志性器物夹耳盖罐。这表明南窑的部分产品具有外销的可能性，有可能是一处像长沙窑一样的唐代的重要外销瓷器生产基地。

六是南窑的窑业生产博采众长，勇于创新，以自身的青釉瓷器为基础，充分吸纳长沙窑、洪州窑、越窑、鲁山窑的优点，生产的瓷器，品种丰富，造型典雅，胎质细腻，釉层均匀，釉色莹润，形成了独具特色、个性鲜明、具有包容性、开创性的风格。这表明南窑不仅从开始从事窑业生产之时即具包容性、创新性，而且是唐代先进文化的代表，如贡瓷、外销瓷等，是唐代多民族繁荣富强、多文化因素融合的结果，更是江西陶瓷文化发展的结果，这种传统正是景德镇能够成为瓷都的先决条件。

南窑窑场的兴起得益于当地丰富的烧瓷资源，地处环鄱阳湖以及东、西、南、北大交通线等综合因素，是唐代多民族繁荣富强、多文化因素融合的结果，是瓷都景德镇"工匠来八方,器成天下走"的先声,为宋元时期景德镇瓷业一枝独秀、明清景德镇瓷都的兴起奠定了坚实的技术基础。

正因为南窑地处乐安河中游,濒临鄱阳湖东岸,处在古代中国东西、南北交通大动脉的中枢,受到西部长沙窑陶瓷技术的传承、东部越窑陶瓷文化西进的影响,以及北部鲁山窑陶瓷文化的辐射。在洪州窑青瓷文化的引领下,当时的工匠抓住了洪州窑青瓷类型窑场衰落,和越窑青瓷类型、婺州窑青瓷类型、寻乌窑青瓷类型窑场在江西地区没有完全发展兴盛的有利时机,充分利用发达的水运条件、便利的交通通道,加上富藏的瓷土资源,以及低矮的丘陵山区具有丰富的木柴,使南窑的窑火熊熊燃烧。

也正因此,在 2013 年 4 月 9 日揭晓的 2013 年度全国十大考古新发现中,"江西景德镇南窑唐代窑址——景德镇的起源"入选,显示出其重要的考古意义与文化价值。

二、五代至清中期窑址

我们先来概述一下景德镇市内的窑地址分布情况。景德镇市内的古瓷窑遗址已基本查清和初步发掘的大体分布在三个区域,即一为市区和近郊,二为南河流域,三为东河流域。其中以市区和南河流域为多。[①]

市区和近郊古瓷窑遗址。

主要包括珠山御窑厂遗址、四图里董家坞古瓷窑遗址、湖田古瓷窑遗址、杨梅亭古瓷窑遗址、银坑坞古瓷窑遗址、外小里古瓷遗址。其中特别是御窑厂,是明清两代专造宫廷用瓷的皇家瓷厂,也是我国烧造时间最长、规模最大、器型最多、工艺最为精湛的官办瓷厂,成为"天下窑器之所聚"的地点,是研究中国陶瓷及陶瓷史和景德镇陶瓷及陶瓷史的一个重点。

南河流域古瓷窑遗址。

主要分布在柳家湾、南市街、塘下、白虎湾、湘湖街、黄泥头等 17 处。这些遗址有五代至元代的遗物,是了解和研究这段时期历史的物证。

东河流域古瓷窑遗址。

主要分布在瑶里镇境内,其次在鹅湖镇的南泊。据专古普查所知,该区域有 30 余处窑业遗物堆积,总面积约 4 万平方米。瑶里古镇所在地是中心,大体可分绕南、瑶

---

① 林景梧:《瓷都史话》,百花洲文艺出版社 2004 年版。

里、南泊、长明四个地段。其中范围较大、窑业遗存较丰富的地点有栗树滩、方家坳、窑岭、王家坞、江家下等处。各窑场的烧造年代相距不远，从元末至明中晚期，且窑址分散，堆积范围不大。

除上述古瓷窑遗址以外，与瓷业生产密切相关的尚有矿洞采遗址、古窑炉遗址。矿洞采遗址如：高岭古瓷矿遗址，方圆数公里，有几十处古矿洞、淘洗设施遗迹和尾砂堆积层，1987年将其列为江西省级文物保护单位；三宝蓬瓷石矿遗址。古窑炉遗址则有湖田乌鱼岭的龙窑遗址，市区珠山路北东司岭的青窑遗址，湖田乌鱼岭的马蹄窑遗址和湖田村路北的葫芦窑遗址。

这一大批的古瓷窑遗址、古矿洞遗址、古窑炉遗址，构成了景德镇古代瓷业发展的网络，用实物为人们提供研究陶瓷文化的证据，对于弘扬陶瓷文化，是一份非常宝贵的遗产。

我们再来具体描述一下从五代至清代中期，景德镇瓷窑的地理分布与变迁情况，以及历代瓷窑兴废变迁的驱动力。

先说五代至清中期景德镇瓷窑的地理分布与变迁情况。

五代至清中期，随着景德镇瓷业的发展，瓷窑的地理分布发生明显变化，由分散向镇区集中，这一过程深刻体现了瓷业生产与资源和环境的耦合关系。考古发掘表明，始烧最早的时代为唐代。相关文献和考古调查资料显示：从五代到清代中期，景德镇瓷窑地理分布存在着明显的兴废和变迁现象。[1]

五代到北宋时期，窑场数目很多，蒋祈的《陶记》中说"景德镇陶窑，昔三百余座"，呈现"村村陶埏，处处窑火"的景象，"进坑石泥，制之精巧。湖坑、岭背、界田之所产，已为次矣"。文中的"昔"字点明了时间在元以前，也清楚地说明了窑场之多。文中提到的"进坑、湖坑、岭背、界田"等地，均在南河流域。考古发现的这一阶段20处古窑址也都分布在此流域，有16处终烧于北宋，延烧时间较长的是南市街和湖田窑，分别终烧于元代和明代中期。

元代历时虽然不长，在景德镇瓷业史上却是一个继往开来的重要时代。当时，在景德镇设置了历史上第一个官方瓷业机构，"浮梁瓷局，佚正九品，至元十五年立，掌烧瓷器"。今天发现的元代窑址，有南市街和湖田古瓷窑。但《陶记》中还提到当时的"镇之窑"，并将产品销路情况作了说明："浙之东西，器尚黄黑，出于湖田之窑者

---

[1] 高嘉诚、王茜：《五代至清中期景德镇瓷窑的分布变迁》，《景德镇文化研究》（第一辑），中国文史出版社2017年版。

也,江湖川广,器尚青白,出于镇之窑者也。"可以推知,"镇之窑"实际上指的是窑群。

到了明代中期,南河边的湖田窑历 700 多年而废弃。东河上游距景德镇 50 多公里处,发现一批明代窑址,但延烧时间短,规模小。这时,瓷业生产主体已集中于镇区,昌江沿岸"弹丸之地,商人、贾舶与不逞之徒皆聚其中",是成片的集产、供、销为一体的繁荣瓷业区。显耀位置当为御器厂之所居,《景德镇陶录·卷五》记载:"洪武二年设厂于镇之珠山麓,制陶供上方,称官瓷,以别民窑。"清承明绪,康熙年间,御器厂改称御窑厂,功能不变。厂外民窑密集分布,面积比明代更大。

综上所述,景德镇瓷窑的分布走向是:从分散乡间向南河聚集,又从南河流域向昌江以北集中,然后在镇区兴起了更多的瓷窑。最终,瓷窑连同生产销售场地、房舍聚集一体,形成大规模的古镇聚落,而古镇聚落外的生产活动很微弱。

再说历代瓷窑兴废变迁的驱动力。

一是生产技术的进步、生产力的提高推动的结果。从五代到清中期,景德镇的制瓷水平一步步提高,工序越来越多,催生瓷业作坊向手工工场转变,生产趋向集中化、规模化。元代以前,景德镇瓷器生产工序比较简单,生产的是青白瓷,为瓷石单一原料成型,造坯和烧窑没有完全分开经营,属于私人作坊小规模生产,尚未与农业分离。瓷工亦是农民,窑业还处于一种"耕而陶"的家庭式小农经济状态。当时瓷窑散布于南河流域的农村,这是由较低的生产水平决定的。

入元以后,景德镇瓷工试用东河上游麻仓高岭土与瓷石配合制泥,成坯烧瓷,发现瓷品变形情况大大减少,大型瓷器也能烧成,质地还明显好于以前的单一配方瓷器。于是,"二元配方制胎法"产生并迅速盛行,这是世界制瓷史上的一次重大技术变革。由此,制瓷行业又多了一种工序:合泥。在瓷器装饰方面,也出现了"印花、画花、雕花"等技法,加上青花、釉里红等瓷器烧制成功,表明生产技术上了一个大的台阶,在工序上必然增多和复杂。这样,生产中的协作必须加强,因此窑业逐步与农业分离,从分散的四山八坞转向镇区集中。

明代至清中期,官窑与民窑形成"官民竞市"的局面,促进制瓷技术快速提高。明代早期,铜红釉及其他单色釉也烧制成功,后来又出现与釉下彩完全不同的釉上彩,进而出现了两者结合的斗彩。当时工艺之复杂,高档瓷品自不必说,仅普通杯子竟有"过手七十二,方克成器,其中微细节目,尚不能尽也"。清代,制瓷技术更趋娴熟精湛,不但全面超过明代,有些还超过了当今优质硬质瓷的技术指标。瓷器品种丰富多彩,珐琅彩、粉彩、三彩、五彩秀雅别致,玲珑瓷雕巧夺天工,将传统制瓷工艺推至辉煌的顶峰,出现生产工场化和雇工市场化现象,并推动瓷业生产的规模化、集中化。

二是原料和燃料产地、输出地的变迁。五代到北宋时期,所产瓷器,属瓷石单一原料制成。在燃料方面,流域内林木也可以满足生产所需。元代"二元配方制胎法"的产生,坯体由瓷石和高岭土两种原料混合制成。但当时高岭土仅发现于东河上游的麻仓,因此南河流域众多瓷窑因原料缺乏及交通不便而不得不废弃,而毗邻昌江的"镇之窑"则迅速兴起。

但是到了明代万历年间,"麻坑老坑土膏已竭,掘挖甚艰"。幸运的是,同在东河流域的高岭山高岭土此时被发现。东河流域的高岭土、北方祁门的瓷石,两者的运输皆赖江流而下。因此,瓷窑在交通便利的镇区布局也就成为必然的选择。另外,当时作为瓷窑燃料的窑柴运输也依赖水运。总之,从宋元经明代,到清代中期,随着原料、燃料来源地的改变,需以更广阔的区域为资源腹地,依托较宽的昌江作为主交通线,在镇区布局瓷业生产就是最佳的选择。

三是生产规模及市场的扩大。从五代,历宋、元、明到清代中期,景德镇瓷业规模及市场不断扩大。"宋时窑器,以汝州为第一,而京师自制官窑次之"。明代张应文也说"论窑器,必曰柴、汝、官、哥、定",景德镇窑器还难以与它们相提并论。到了元代,基于北方窑业不振,当时景德镇瓷器中有"睢阳蒋制"的仿官器皿,表明北方精于制瓷的工匠已汇聚于景德镇。入明以后,景德镇瓷业生产规模逐渐超过前代。进入清代雍正、乾隆时期,景德镇瓷业的生产规模及市场达到鼎盛,景德镇"人居之稠密,商贾之喧闹,市井之错综,物类之荟萃",已成为发达的瓷业大都会。

在历史沧桑之中,景德镇瓷业规模及市场不断扩大。伴随着这个过程,生产、销售等各种要素与信息集中于镇区。瓷窑选址于镇区,形成集中布局,这是必然的选择。在瓷窑熊熊火焰的映照下,景德镇昂然挺立于世界制瓷历史的巅峰。

三、高岭与 Kaolin

制瓷,离不开瓷土原料,有时它决定着一地瓷业发展的命运。

景德镇主要的瓷业矿产资源中,一是微晶花岗岩瓷石矿,这种类型的瓷石矿系微晶花岗岩经后期热液和风化等作用,促使它绢云母化、高岭石化而成,如南港瓷石(今浮南瓷石矿)和柳家湾石瓷石矿都属这一类型。二是风化型高岭土矿,景德镇制瓷的高岭土，基本上属于中粒白云母花岗岩或微晶岩的风化物，其中经过风化作用，或形成风化残余型高岭土矿床，如景德镇大洲瓷土矿，或形成风化淋滤型高岭土矿床，如高岭村的"猪油"矿。①

高岭土以前不叫高岭土，有的根据用途，用它和瓷石相配，作进贡之物而叫作御土；有的因在高温中不易变形的特点而取名为粳米土。后来就以高岭村的名称定名为高岭土。高岭土被发现后逐渐引入制瓷业，使瓷器质量大大提高。

一是高岭之名的由来。

景德镇高岭古瓷矿遗址是中国古代著名瓷用原料产区，是世界制瓷黏土高岭土的命名地，是陶瓷专家及陶瓷爱好者朝拜的圣地，也是中国乃至世界陶瓷文化史上具有代表性的一处文化遗产，具有独特的科学价值、艺术价值和历史价值。

高岭是沿袭已久的俗称。清康熙二十一年（1682年），高岭的《何氏宗谱》录有明代天启三年（1623年）邑人黄龙光作的序："茂公者，生五子，长伯俊迁高岭。"在官方文献中，清康熙二十一年（1682年）的《浮梁县志》为最早，记载："高岭，在县东七十里仁寿都，地连婺源石城山，险峻特甚。"此志书还在"陶政·陶土"篇章中说："万历三十二年（1604年）镇土牙戴良等赴内监，称高岭土为官业。"这说明在明代万历年间便出现了高岭一词。②

二是高岭文化在国外的传播。

最早将高岭土介绍到国外的著作是《天工开物》。该书在"陶埏·白瓷"篇章中记述了景德镇瓷胎原料及配方，"土出婺源、祁门两山。一名高梁山，出粳米土，其性坚硬；一名开化山，出糯米土，其性粢软。两土和合，瓷器方成"。

经查有关文献与实地调查，景德镇瓷用原料中没有"粳米土"和"糯米土"之类名称，但从元代开始已使用瓷石和高岭土两种原料合成瓷胎。高岭土耐火度高，掺进瓷胎可以防止变形；瓷石的烧结温度较低，在合成时能使瓷胎致密。瓷胎中的瓷石与高岭土在高温下确有软硬之分，宋应星在《天工开物》中所说的"粳米土"和"糯米土"就是这两类原料在合成瓷胎时的功能而言的。

《天工开物》一书在明代崇祯十年（1637年）出版发行后，很快就引起了学术界和刻书界的注意。随着《天工开物》在国外的传播，作为制瓷重要原料的高岭土自然

---

① 林景梧：《瓷都史话》，百花洲文艺出版社2004年版。
② 冯云龙：《对"高岭文化"的考辨》，《景德镇文化》（第4期），中国文史出版社2014年版。

也就传遍欧亚各国。

第一位向欧洲介绍高岭土的外国人是前文多次提到的法国传教士殷弘绪。清康熙五十一年（1712年）的某一天，饶州府鄱阳县城天主教堂的烛光下，这位深目高鼻的中年人对照刚写好的法文信笺，放下笔轻声念道："我在景德镇培养教徒的同时，有机会研究了传播世界各地、颇受人们赞赏的瓷器制作方法……"

殷弘绪（1664—1741年）来自法国西部小城利摩日的一户贵族家庭。清康熙三十七年（1698年）七月，受耶稣会派遣抵广州，又到饶州府所在地鄱阳，先后在景德镇逗留7年，是第一个向法国，也是第一个向欧洲介绍高岭土的人。殷弘绪于1712年9月和1722年1月两次通过写长信，向法国介绍景德镇制瓷方法和高岭土的性能。殷弘绪的《中国陶瓷见闻录》及《补遗》曾震动欧洲社会，使欧洲人士第一次读到有关景德镇及其瓷器制作技法的真实的第一手材料。特别是他于1715年把高岭土的标本寄往法国，更为国外研究高岭土提供了实物。

国际通用术语Kaolin的首创者是李希霍芬。德国地理学家李希霍芬（1833—1905年）从1868年9月至1872年5月在中国进行地质地理考察，回国之后发表了五卷带有附图的《中国——亲身旅行的成果和以之为根据的研究》。1896年10月，李希霍芬考察了江西景德镇和安徽祁门，并著文介绍瓷石和高岭，还根据汉语"高岭"一词的读音译成今天通用的英文Kaolin一词。由于作者是地质学者，该文又是西方地质界以岩石学角度介绍中国高岭的第一篇论文，所以后来欧美地质学者们使用的Kaolin，都来源于李希霍芬。

三是高岭土的开采与运输。

高岭山之高岭土最早开采时间历来为国内外陶瓷界所关注。许多专家学者根据他们各自的考察和研究结果，分别著文论述。就目前所见资料，大体上有以下三种说法：一是认为高岭土始掘于清代中后期；二是认为高岭土始掘于明代万历中期；三是认为高岭土始掘于南宋。[①]

自南宋至明代万历间，高岭土均为民采。自万历以后，因麻仓老土枯竭，开始列为御土。根据地质工作者对古矿遗址的调查和文献资料中的记载，明代万历中期至清代乾隆五十九年（1794年）是高岭山开采高岭土的兴盛期，这期间年均产量约9000吨。《玉岭冯氏宗谱》卷三"冯光发传"记述了清代乾隆五十七年（1792年）冯氏族

[①] 冯云龙：《高岭土的开采时间与运输方式》，《景德镇文化研究》（第一辑），中国文史出版社2017年版。

人与婺源县民在高岭山争夺山场纠纷，谓"土名麻石坳等处之山，被婺邑在山搭蓬厂数百，人数千余，强取瓷土"，可见当时高岭山开采高岭土之盛况。

通过文献检索，自清代乾隆五十九年（1794年）之后，高岭山已不见大量开采高岭土的记载。乾隆时期以后虽有开采，但为数不多，应为衰落期。清代同治、光绪年间至民国又一度有小规模复采。新中国成立后至1968年，虽有开采，但因交通不便，成本过高，再度停产。以后，也就只剩一些供人凭吊的采掘遗迹。

高岭土从采掘，到入景德镇的瓷厂制瓷，要经过多种运输方式才能实现。

一是挑运。这是人类最古老、也是最为常见的一种运输方式。从高岭古矿区到东埠码头有2.5公里的山路，古代这一段山路的运输完全靠人工挑运。挑运工具非常简单：一根扁担、两只筐。高岭土作成不（音dǔn，加工后的高岭土块）子晾干后，以竹编的笋筐从矿区挑运到东埠码头。劳力好的挑土工一天挑3担，每担30块，每块不子4斤，每担120斤，全天可挑90块，360斤。高岭土不子运到东埠后，不是立即装船，而是进入瓷土商的不厂。购不款及脚力钱也不是马上兑现，而是由坑道业主与瓷土商结算，瓷土商只是出具一张验货单给挑土工。

二是车运。在近现代交通运输工具普及之前，独轮车是一种轻便的运物、载人工具。独轮车俗称"鸡公车""二把手"。独轮车的发明使用将人类从繁重的体力劳动中初步解脱出来。但独轮车的使用是有条件的，它仅供在较为平坦的地区使用，如从瑶里将釉土运到东埠码头，或将高岭土不子挑至山脚，再用独轮车运至码头。如果从高岭山将土不用独轮车运下山来是十分困难的。

三是船运。从东埠至景德镇有45公里的水路，高岭土到了这里再运往景德镇靠的是船运。东埠古称鸿潭，宋元以后，运销高岭土船只多在此河边停泊，商业繁荣昌盛，渐成埠头集镇。除高岭土运输外，东埠街的繁华还有另一大原因，那就是东埠以上的东河河道变得狭小，湾多，且水流湍急，所以东埠以上沿河两岸的物产如粮食、油料、茶叶、瓷土、釉土等，多是用独轮车运到这里装船，再运往景德镇。

第三节　御窑春秋

自明代洪武二年朝廷在景德镇珠山设置陶厂（建文四年更名为"御器厂"，清代更名为"御窑厂"）专门烧造皇家用瓷起，直至清代最后一朝宣统止，历代都沿袭督陶制度，御窑厂或由地方官监管，或由皇帝亲自拣员派往督造。厂内集中了全国最优秀的制瓷工匠，按照宫廷的要求和所发给的设计样本，采用优质原料，大量烧造至精至美的御窑瓷器。御窑的设立极大地推动了景德镇瓷业集天下之大成，达到制瓷高峰，阔步行走于世界。景德镇御窑厂也因此在中国考古界和中华文化史上具有极为重要的历史地位、特殊意义和当代价值。

一、景德镇御窑的文化价值

2015 年、2016 年、2017 年，由故宫博物院和景德镇市人民政府联合主办的"明代御窑瓷器——景德镇御窑遗址出土与故宫博物院藏传世"之"洪武、永乐、宣德瓷器对比展""成化瓷器对比展""弘治、正德瓷器对比展"相继在故宫博物院开幕，使当年被人为分离的御窑瓷器再次相遇，共聚一堂，为人们全面了解这一时期御窑瓷器的生产情况提供了绝佳机会，对于深入研究明代社会的政治、经济、艺术和对外文化交流等均具有重要意义。[1]

由于烧窑是一项复杂的事情，致使每次烧造都会产生很多次品或废品，一些烧成难度较大的品种往往只能得到十分之一二、甚至百分之一二的成品。因此，御窑厂内制定了严格的拣选制度。从对景德镇明代御器厂遗址进行考古发掘的情况看，明代洪武至嘉靖时期对落选品的处理采用的是就地打碎后集中掩埋或打碎后倾倒在一处，其上覆盖杂色土和窑业废弃物等方式。

然而，瓷器毕竟属于易碎物品，虽然选中的瓷器被源源不断地运进皇宫，但在日常使用和朝代更替过程中，免不了会有不少瓷器被损耗掉。虽仍然有大量明清御窑瓷器被保存下来，现主要收藏在故宫博物院、台北故宫博物院，还有一部分暂存南京博物院，国内外其他博物馆或私人手中亦有不少收藏，但毕竟无法反映当时御窑厂生产的真实情况。

为此，人们寄希望于对景德镇明代御器厂遗址进行考古发掘。自 20 世纪 70 年代以来，景德镇市陶瓷考古研究所配合以珠山为中心的原景德镇市政府大院基本建设工程，先后发现了明代洪武、永乐、宣德、正统、成化、弘治、正德、嘉靖、隆庆、万历等朝御用瓷器落选品的遗迹、相关遗物和部分窑炉遗址，经抢救发掘，获得数以吨

---

[1] 吕成龙：《御窑出土与故宫馆藏瓷器对比展》，《景德镇文化研究》（第三辑），中国文史出版社 2018 年版。

计的御用瓷器落选后被打碎丢弃的残片,粘合复原出1400多件御窑瓷器,可被用作开展学术研究的标准器,这对于深入研究明代御窑产品和御窑生产制度具有非常重要意义。

这些考古发掘成果极大地推进了明代御窑瓷器相关问题的研究。随着出土实物资料不断增多,研究者们发现其中有很多与现收藏在故宫博物院和其他地方的传世品相同。因此早在20世纪90年代,故宫博物院就曾有意与景德镇市陶瓷考古研究所联合举办明代传世御窑瓷器与考古发掘品对比展。2014年,故宫博物院与景德镇市人民政府签署战略合作协议,其中一项重要内容是决定举办以故宫博物院藏传世明代御窑瓷器与景德镇市陶瓷考古研究所收藏的景德镇市珠山明代御器厂遗址出土御窑瓷器对比展为主题的系列展。

此举也充分说明,景德镇御窑厂遗址在中国考古界和中华文化史上所具有的极为重要的历史地位、特殊意义和当代价值。概括起来有四个方面。①

一是地位特殊。

如果把元代的浮梁瓷局算进去,景德镇御窑厂是元、明、清三代专为宫廷烧造和供奉瓷器的皇家瓷厂,是我国烧造时间最长、规模最大、工艺极为精湛的官办窑厂,在长达600多年的时间里,为"天下窑器之所聚",是中国陶瓷文化的杰出代表,是中华民族的文化符号,体现了当时世界制瓷业的最高水平,在中国及世界手工业史上具有特殊的地位。

二是价值唯一。

景德镇御窑厂遗址是我国唯一一处能全面系统反映官窑瓷器生产和文化信息的历史遗存。御窑厂遗址及其背景环境对于研究世界陶瓷历史、文化、工艺及窑业体系等具有非常重要的历史、学术和艺术价值,是江西省乃至全中国一笔宝贵的历史文化财富,也是江西省重要的文化旅游资源。

三是活化标本。

据考古资料分析,御窑厂每100件成瓷可能仅有4件能入宫使用,而绝大多数瓷器次品、试制品和贡余品,按照制度都必须集中砸碎后埋藏在窑厂内,以禁绝流入民间。所以,遗址中发掘出来的瓷片、修复件以及极少的完整器,为研究陶瓷文化、陶瓷技艺、陶瓷材料等提供了实物依据,也成为鉴定传世品真假的最有说服力的参考,

---

① 朱虹:《御窑——中华民族的文化符号》,江西风景独好,2018年6月16日。

具有标本性意义。可以说御窑厂遗址是中国陶瓷文化的活化石。

四是填补空白。

已发掘出土的瓷片修复件中,有一部分未见于以往的考古发掘品、传世品中,如永乐青花釉里红云龙纹梅瓶、永乐内红釉外釉里红赶珠龙纹大碗等,均属首次发掘,是极为珍贵的佳作。之所以遗址中出土罕见珍品,原因可能是多方面的,但当时生产量小、成品率低可能是一个重要原因。像这些梅瓶、龙纹大碗等,可能从来都没有达到入选御用瓷器的标准,所以才没有传世品。御窑厂遗址中的许多发掘品填补了陶瓷发展史上的空白,解决了学术领域的诸多重大问题。特别是首次发现了完整反映明代官窑釉上彩制作过程等,在陶瓷史乃至人类文明史上都具有不可替代的价值。

二、明代官窑的设置和停烧时间

关于明代官窑的设置时间有明洪武二年与三十五年之说。

明初景德镇在元代官窑浮梁瓷局的基础上,在珠山设置陶厂烧造宫廷用瓷。关于明代官窑的设置之年,文献记载有明洪武二年(1369年)与三十五年(即建文四年,1404年)之说,过去学术界多数人偏向洪武三十五年说。[①]

近年景德镇考古人员在明清御厂故址发现了一批明代早期遗物,有白瓷砖、琉璃瓦、白瓷水管等建筑构件,有青花、釉里红大盘、罐等残器,以及白瓷印花小盘、碗与印有"官匣"字样匣钵片等。其出土的砖和瓦曾见于安徽凤阳明中都遗址,而青花与釉里红残器则与学术界公认的洪武瓷器相同。

其中出土的一块用铁料书写题记的瓦特别重要,瓦长38厘米,宽27.5厘米,上半部用书写题记:"寿字三号,人匠王士名,浇釉凡(樊)道名,风火方南,作头潘成,甲首吴昌秀,监工浮梁县丞赵万初,监造提举周成,下连都。"其中"浮梁县丞赵万初"题记可与《浮梁县志》中的记载相印证。康熙二十一年《浮梁县志》卷五"官制"洪武县丞条下刊有"赵万初,陈登",赵无传,仅小字注为咸阳人。陈登有传,为洪武后期县丞,那么,名列陈登之前的赵万初当为洪武早期的县丞。根据瓦上的题记可印证该地层出土的遗物为洪武早期官窑遗物。

因此,文献中的"洪武二年设置官窑说"是可能的,而绝不会是洪武三十五年,

---

① 江建新:《景德镇明清官窑杂识①》,《景德镇文化》(第1期),中国文史出版社2014年版。

因为洪武三十五年为建文四年，此时建文帝刚被推翻，永乐政权刚刚确立，要设置官窑当是永乐朝的事了。从洪武官窑的设立，历经永乐、宣德、正统、景泰、天顺、成化、弘治、正德、嘉靖、隆庆、万历等，为历代皇帝烧造了无数精美绝伦的瓷器，现已被人们视为拱璧而收藏在世界各代博物馆以及被收藏家珍藏。

关于明御厂的停烧之年，有天启、崇祯之说。

传世官窑遗物中万历款为多，而天启、崇祯款瓷器稀少。中国硅酸盐学会编的《中国陶瓷史》认为天启、崇祯有官窑烧造。但根据景德镇陶瓷馆藏《关中王老公祖鼎建贻休堂记》碑文，似可得出结论。碑文说："我太祖高皇帝三十五年改陶厂为御器厂，钦命中官一员，特董烧造，肃皇帝（嘉靖帝尊号）命中官，而任复归捕臣，显皇帝（万历帝）十七年复命中官为政，三十六年辍烧造而撤中官，因革不常。"该碑结尾署"崇祯十年岁次丁丑孟夏日之吉"。

从碑文我们可知，万历三十六年（1608年）至崇祯十年御厂没有烧造，而崇祯十年（1637年）之后，李自成农民军兴起，女真人入侵，天下大乱，崇祯帝惶惶不可终日，无暇顾及官窑烧造，明官窑在万历三十六年（1608年）便停烧了，而传世的几件天启、崇祯款瓷器当为伪托款。近年御厂考古发掘也出土个别崇祯款青花碗残片，从形制和质地上看，当属于民窑产品。

综上可知，明洪武二年（1369年）明太祖延续元官窑制度在景德镇珠山设立御器厂，至万历三十六年（1608年）停烧，明官窑为宫廷烧造瓷器约240年。

三、清代官窑的继承和发展

清代初期，景德镇御窑瓷器可谓登峰造极。

景德镇的优质制瓷原料的使用、督陶官的管理、政治安定、经济繁荣、皇帝的爱好与提倡，使得清代初期的瓷器制作技术高超，装饰精细华美。清代官窑瓷器采用西洋原料及受外来技术的影响，使瓷器装饰更为丰富多彩。但是也由于瓷器装饰上的仿古成风，画风追求工细纤巧，使产品缺少创意而流于匠气。①

清代顺治二年（1645年），清王朝正式颁布废除匠籍的命令，结束了明代不合理的编役制和官办官烧制。因此清康熙十九年（1680年）恢复御厂后，御厂300多名工

---

① 江建新：《景德镇明清官窑杂识②》，《景德镇文化》（第2期），中国文史出版社2014年版。

匠与其他"办事人役"一样，都"支领工值食用"，"向有上工夫派饶州属邑者悉罢之"。编役制的废除，增加了工匠们的独立性，获得较多的自由，提高了他们的主动性和积极性。这是清代官窑瓷器的生产技术得以不断提高的原因之一，而不像明代"趋辩塞责"，烧造难成。①

这种情况的出现与两个朝代的政治有关。明末政治极腐败，清初制度较严，于是促进了瓷业生产的发展。清代"官搭民烧"制度的施行，没有明代对民窑的限制性禁令，普遍地提高民窑对精细瓷器的烧造技术，民窑也因此而得以发展。在清乾隆期间，"官民竞市"的局面表现得更为突出。它们互相影响，促进了整个瓷业的发展。清代瓷器"超越前朝"，这是主要原因之一。

根据文献记载：清兵于顺治二年（1645年）九月定饶州，顺治八年正月，"江西进额造龙碗"，顺治十一年奉旨烧造龙缸，十六年烧造栏板，说明至迟于顺治七年饶州经济尚未恢复时，清廷便已经在景德镇烧造御器了。乾隆时期的《浮梁县志》卷五"陶政"记载，御窑厂于顺治十一年（1654年）开始烧造瓷器。清代顺治时期延续明官窑制度，在景德镇珠山设置御窑厂，"厂跨珠山，周围约三里许"，与明代御厂范围基本相同。

康熙十九年（1680年）以后，政局稳定，御窑厂开始了正常生产。清代前期，御窑厂在明后期管理形式变化的基础上，全面实行雇役经济管理形式，提高了烧造效率，有利于民窑的发展。清代官窑多余品、次品瓷器不再像明代官窑做砸碎、掩埋处理，而是变价出售。据《唐英集·陶人心语》，雍正六年（1728年），唐英协理御窑厂，奏请将次色脚货，"于每年大运之时一并进呈，交贮内府，有可以变价者即在京变价，有可供赏赐者即留备赏赐"。

康、雍、乾三代官窑瓷器生产臻于鼎盛，达到了历史上的最高水平。

康熙时不但恢复了明代永乐至宣德以来所有精品的特色，还创烧了很多新的品种，并烧制出色泽鲜明、浓淡相间、层次分明的青花。郎窑的高温铜红釉、缸豆红的烧制技术，独步一时。还有天蓝、洒蓝、豆青、娇黄、仿定、孔雀绿、紫金釉等都是成功之作。另外，康熙时创烧的珐琅彩瓷也闻名于世。雍正珐琅彩、粉彩非常精致，制瓷工艺达到了登峰造极的地步。乾隆的单色釉、青花、釉里红、珐琅彩、粉彩等品种在继承前朝的基础上，都有极其精致的产品和创新的品种。

---

① 轻工业部陶瓷工业科学研究所：《中国的瓷器》，轻工业出版社，1983年修订版。

清代御窑瓷器流行年款、堂名款，是这一时期的一大特色。清代御窑厂的生产，根据考古出土资料，在御窑厂遗址内曾出土有清代顺治、康熙、雍正、乾隆、嘉庆、道光、咸丰、光绪、宣统年款的瓷器。清代官窑随着清廷覆亡而停烧，之后又由官助民办的江西瓷业公司在御窑厂所在地继续生产瓷器。

四、规制完备的窑场和特殊的工匠

明代的官窑窑场设置在景德镇珠山一带，据近年来考古调查发现，明御器厂的分布范围约5.7万平方米。清代御窑厂的规模大致与明代御器厂相似。从整个御厂布局来看，其生产功能全面，分布合理，规模宏大。近年来考古人员在明御厂北麓发掘出6座明初葫芦窑、陶瓷作坊、院墙遗迹，在明御厂西侧东司岭发掘出明代宣德、正统时期的缸窑、青窑炉十余处，这些遗迹可与文献相印证。①

明代嘉靖时期景德镇民窑开始出现"官搭民烧"的制度。

据记载，明代嘉靖以后，因厂官裁革不常，除厂内自烧官窑若干座以外，余者均散搭民窑烧制。当时御瓷烧造有两种：一种是钦限瓷器，另一种是部限瓷器。官窑烧的是部限瓷器，民窑烧的是钦限瓷器，部限瓷器解运无常，生产出来的瓷器带有商品性质。"官搭民烧"，不是任何窑都可以搭烧，而是要经过选择，当时叫"青窑"。据文献记载，"厂器尽搭此窑烧，民户亦有搭烧者"。官搭民烧，本有赏给银两、定烧赔造等规定，在搭烧时，"其能成器者，受嘱而释之。不能成器，责以必办，不能办，则官窑高价以市之"。

明代后期御器厂工匠怠工，其劳役经济的落后管理形式难以完成官窑烧造任务，御器厂开始招募民窑高手，其中的大碗、酒盅、锥龙、画作等依赖民窑。为了完成烧造任务，"官派民烧""官搭民烧"由"一时之权法"成为制度。明代万历《江西省大志》卷七"陶书"记载："旧厂本长凡遇部限瓷器，照常烧造，不预散窑。惟钦限瓷器数多限逼，一时凑办不及，则分派散窑，择其堪用者凑解，固一时之权法也……今遇烧造，官窑户辄布置民窑。""隆万时，厂器除厂内自烧官窑若干座外，余者已散搭民窑烧。"

---

① 江建新：《景德镇明清官窑杂识①》，《景德镇文化》（第1期），中国文史出版社2014年版。

这种官搭民烧制度一直延续到清代。

明代御器厂工匠实行轮班匠，其人身依附关系有所减轻。明代后期，御器厂的匠役制由轮班匠制向雇役匠制转变。轮班匠制是御器厂劳役制的基本形式，班匠来自"籍匠户例派"。万历时期的《江西省大志·匠役》中记载，"上班匠，籍匠户例派，四年一班，赴南京工部，上纳班银一两八钱。遇蒙烧造，拘集各厂上工，自备工食"。除班匠制度外，明正德以后还实行编役匠，这是劳役制的一种变型。所谓编役其实是正德间雇募的工匠被编强迫服役。班匠只有月银，雇募匠有雇值。

清代雍乾时期，御窑厂全面施行雇役经济管理形式。

围绕贯彻按工给值、按价支赏的原则，其内容主要为建立比较完整的瓷务清册制度、窑工银的专项保证、雇役匠的全面实行、次品御瓷的变买、官搭民烧制的施行。这种不同时期实行的特殊的官窑工匠管理制度，对官窑的生产起到一定的促进作用。这些官匠在这种特殊的管理制度下从事烧造活动，在产品中也留下了他们智慧创造的印记。

明清官窑对产品有严格的拣选与管理制度。

明代早中期官窑对落选或多余产品实行严格摧毁制。近年来考古工作者对明清御厂遗址进行过多次清理发掘，发现明代多处官窑瓷器集中摧毁与掩埋坑遗迹。清代以后御窑厂对贡余品处理方式有所改变，清代雍正六年（1728年），督陶官唐英奏折，请求皇上批准多余贡品折价变卖，皇帝批准除黄色和龙纹等瓷器外，均可变卖，这时的官窑部分产品才有可能流到民间。

五、景德镇明清时期官民窑并盛

景德镇从宋代开始向皇帝进贡瓷器，到明代初年正式建立为宫廷制作瓷器的官窑，一直延续到清代末年。因此，在景德镇的历史上曾有官窑、民窑之分。但宋元时期的官窑，实际上是从民窑中"百中选一、千中选十"，挑选烧造精良的瓷器作为贡品的，一般是"有命则贡，无命则止"，并没有设置生产御器的专门机构和窑场。可以说，这种官窑实际上是寓于民窑之中的。《元史》记载，至元十五年（1278年）曾在景德镇设立"浮梁瓷局"。这个瓷局还不是专门生产御器的机构，其职能主要是负责向各窑场推派、收购、输送、检查等，是官府对窑场进行征派的机构。因此，真正在景德镇设置官窑是从明代才开始的。[1]

宋元时期，景德镇制瓷业虽已经相当发达，但还不具备工场手工业存在的条件，基本上是"陶氓食工，不受艺佣"，属于独立手工业者经营的小手工业作坊和家庭作坊。而明代御器厂的出现，才是景德镇工场手工业的诞生和开始。御器厂有雄厚的经济来源，有在匠役制下众多的轮流执役的手工劳动者，而它的组织者则是朝廷和官府。

御器厂的组织分工是相当完备和细密的，有许多局部操作都由专业性很强的工匠担任。如画青（即用青花色料绘瓷），"每晨午二次。集工役分青染渍。择愿朴者二人，一绘大，一绘小。看画完，察其多寡同异，付窑带烧，合格者为样器，给画工。凡绘器颜料加减，色泽程度，悉以此器为准"。其分工是，"画者画而不染，染者则染而不画，所以一其手而不分其心"，"器上边线青箍，原出旋坯之手；底心之识铭书记，独归落款之工"。真可谓应有尽有，无所不备，在御器厂内部把与制瓷业有关的各种手工业行当包揽无余。从这个意义上来说，御器厂具有非常明显的以分工为基础的工场手工业的性质。

御器厂与资本主义萌芽时期的欧洲手工业工场最根本的区别在于工匠来源和待遇不同，这也就是后来它很难与民窑竞争的一个原因。御器厂工匠的来源，大部分是通过编役、上班等形式，小部分是通过雇募的形式而来的。名列匠籍的工分两类：一类长年供役，免除其家的赋役；一类轮流上班，下班以后的时间自谋生计。匠役制度是封建统治超经济强制、直接占有剩余劳动的一种方式，在籍匠人没有人身自由、世代不变，它保证朝廷控制大量的手工业劳动力和劳动力的再生产。御器厂的编役匠和上班匠，都是基于匠役制被强制在御器厂内进行无酬劳动的。

如果单纯从御器厂的生产组织来看，它应属于工场手工业的性质。但从那些生产劳动者的社会地位来看，他们仍然处于封建制度之下严酷的被统治和从属的地位，受着匠役制的羁绊。御器厂中所存在的这种生产机体和生产者之间的对抗，决定了御器厂是匠役制下的工场手工业性质。

前文我们说到，明代供御瓷器一为钦限瓷器，系供御用；二为部限瓷器，系供赏赐。御器厂没有在景德镇建立以前，定期性的贡运仍未开始。御器厂建立后，起初由于烧瓷量不算大，所以除部限瓷器之外，钦限瓷器还比较少。但是嘉靖以后，随着海外市场的开放，官窑的生产也产生了变化，商品经济的迅速发展，高额的赢利使朝廷

---

[1] 方李莉：《飘逝的古镇：瓷都旧事》，群言出版社2001年版。

对陶瓷生产的需要逐渐增加。

需求增加和大量的定制，而且还始终要求优质，这无形中给景德镇的瓷业加重了压力。在官窑无法承担如此繁重的烧造任务的情况下，便采取了由工部颁发烧造瓷器的额定任务，即部限瓷还是由官窑烧造，但除这之外的钦限瓷则实行"官搭民烧"制，分派给民窑完成。

"官搭民烧"的制度，曾使景德镇民窑的窑户和瓷工们苦不堪言。尽管如此，"官搭民烧"制度的实行还是对景德镇民窑生产的发展起了很大的推动作用。"官搭民烧"制度的实行，使景德镇的民窑由生产日用粗瓷，提升到为宫廷生产精品瓷的生产地位，不仅使其技术水平和烧造质量得到迅速提高，而且使他们有了制作和烧造与官窑同等水平的优质瓷的声誉。而且在国内外市场上引起了商人们的注目，到景德镇来购买和订制民窑瓷器的商人络绎不绝。

"官搭民烧"制度也迫使景德镇民窑不得不在制作技术、工具和制作工序方面进行一系列的改革，从而达到了与官窑生产瓷器的同等水平。为提高生产效益，民窑采取了严格的分工制，使工人的技艺单项发展，精益求精，然后进行一条龙式的流水作业。这种分工合作的生产手段使民窑的生产无论是数量还是质量都产生了极大的变化，同时也有利于手工业制瓷生产力的提高和发展，成为工场手工业内部分工的历史前提，具备了资本主义手工工场的性质，是当时最先进的生产方式。

"官搭民烧"制度的实行，还使长期被官府垄断的制瓷原料流入民间。景德镇制瓷的原料，自元代开始就被官府垄断。实行了"官搭民烧"后，为了保证民窑的生产质量能达到官窑的水平，不得已官窑只有把优质瓷土和青料部分地出售给民窑。当然这个数量是受控制的，只限于在为官窑生产时使用。尽管如此，对原材料来源的垄断总算是开始松动了，这也是当时民窑烧造质量得到大幅度提高的原因之一。

明清时期景德镇官民窑并盛，瓷业生产达到前所未有的高峰，这与瓷器大量出口国外，在国外有着广阔的商品市场是分不开的。宋元时期，中国的瓷器就大量地输出国外，从东南亚到非洲、欧洲，受到人们的欢迎。明初，郑和下西洋标志着中国海外瓷器贸易进入了一个新的阶段，景德镇青花瓷是郑和带到国外的一个重要瓷器品种。但郑和下西洋是官方的一种"朝贡贸易"，并未形成大规模商业活动。

明初，朝廷采取了很严厉的禁海政策，束缚了商船贸易的发展。尽管如此，商船贸易还是在暗中进行，猛烈地冲击着明政府的"海禁"政策。到隆庆时，"海禁"终于废除。随着海外市场的开放，海外的瓷器贸易成为一项得利甚厚的买卖。这种商品经济的发展极大地刺激了景德镇民窑的生产,到嘉靖年间,民窑数量达900余座,不仅有国外市场,在国内也已形成了"利通十数省,四方商贾贩瓷器者萃集于斯"的局面。

◎ 思考题

1. 在哪个朝代,景德镇终于成为中国制瓷中心并奠定了天下瓷都的地位?
2. 哪个窑址将景德镇的制瓷历史向前推进了200年?
3. 国际通用术语"Kaolin"的首创者是哪位地理学家?
4. 景德镇御窑厂有哪四个方面的历史地位、特殊意义和当代价值?
5. "官搭民烧"制度对景德镇民窑的发展起到了哪些推动作用?

第四章

匠来八方

前文提到，古代景德镇"工匠来八方""产瓷不产手"，是典型的古代移民城市。景德镇人的本源其实就是工匠人群，景德镇就是四面八方工匠聚集的街区、因工匠需求而形成的市镇。只不过这是一群非同寻常的工匠，他们把一门制瓷技艺做到了极致，做到了后人津津乐道的"千年古镇""文化名城""世界瓷都""国际手工艺之都"。工匠技工到了极致，到了境界，直至到了精神层面，就成为了一种文化，我们称之为"工匠精神"和"工匠文化"。

当然，我们也没必要把工匠们理想化、道德化、神圣化，更不应该有那么多田园牧歌般的诗意。其实瓷业工匠们非常艰辛，社会地位也非常低，而且受森严行规的束缚，是最底层的劳苦大众。他们就是当年的农民工，因为家乡的穷困，不得不背井离乡来到景德镇谋生，在社会最底层苦苦地挣扎。正如宋代梅尧臣《陶者》中形容的一样："陶尽门前土，屋上无片瓦。十指不沾泥，鳞鳞居大厦。"但是他们也实在伟大，竟把一门手艺做到了极致，做到了全国之最，从而奠定了瓷都的基础，所以用"极品工匠"来形容他们毫不为过。

景德镇还有一个有趣的现象：景德镇自古就是学艺挣钱的去处，却不是读书求学的地方。在老城区内，没有看见过一栋进士宅第。这似乎验证了晚明王世懋《二酉委谭》中描述景德镇时所说的"民既富，子弟多入学校，然为窑利所夺，绝无登第者"。当然，可能还有一个原因：明清以来，景德镇老城区的居民大多是非本地户籍的旅景客籍人士,他们独自来景德镇务工经商,若不是赚到很多钱,是很少会携家带眷的。当然即使他们的子弟要参加科举考试,也要回原籍报考。更何况,高中者最终是要衣锦还乡的。

本章节我们就来解读创造了景德镇瓷业经典的"匠"们,其间充满着乡民与官家、民间与皇室、工匠与行帮等之纠结"悖论"现象的对立统一。当然,这个"匠"自然也是有狭义与广义之分的。狭义之"工匠"们当然指的是生产和生活在瓷业一线最底层的瓷业手艺人;而广义的"匠"们则指代的是所有为景德镇千百年瓷业兴旺作出贡献的人群,当然也包括官宦名士,他们同样是推动景德镇瓷业发扬光大的重要力量。

第一节 极品工匠

"景德产佳瓷,产瓷不产手。工匠来八方,器成天下走。"这是清代雍正年间,浮梁知县沈嘉徵在他的诗《窑民行》中所描写的各地瓷业工匠聚集景德镇的盛况。这首诗深刻地揭示了景德镇瓷业非常专业化和市场化的现象与规律,体现出景德镇"极品工匠"们的那份无奈,也包含着几分手艺人的自得。

一、产瓷不产手

景德镇工匠人群的来源与形成与北宋皇室南迁有关。

随着北宋皇室南迁,经济中心南移至江南一带,南北窑场的工匠迁居浮梁县景德镇,形成"工匠来八方"的情势。《浮梁县志》记载,南宋咸淳五年(1269年)浮梁县有38835户、130753人。这肯定不是自然增长,而是大量外来人口迁入的结果。①

元代初期,在战争中又有许多人逃亡而迁入位处丘陵山区的景德镇避祸。

其后,元代在景德镇设浮梁瓷局,入籍工匠增多。可以说制瓷技艺人才都汇集于此,有利于景德镇瓷器的发展。就以人口激增数量来说,从南宋咸淳五年(1269年)至元代至元十五年(1278年),浮梁县有户50786户、192148人,9年增加了11951

---

① 李景春:《景德镇城市起源与街巷布局》,《景德镇历史文化城区北部地区历史文脉调查成果汇编》,景德镇市文化广电新闻出版局2018年编。

户、61395 人，分别增长 31% 和 47%。

尤其是元代外贸发展，至元十四年（1277 年）在泉州置市舶司，在庆元、上海、澉浦也各立市舶司，"每岁招集舶商，于蕃邦博易珠翠香货等物。及次年回帆，依例抽解，然后听其货卖"。对外贸易的市场开发也促进了手工业的发展。这方方面面的原因，是景德镇的良好机遇，因而能够异军突起，成为全国具有时代特点的重要瓷器产地。①

明嘉靖年间，景德镇人口"主客无虑十万余"。嘉靖时期的《江西省大志》卷七"陶书"记载，"大之而两京、江、浙……诸省，次之而为苏、松……诸府、州、县，瓜洲、景德镇诸镇"。《明神宗万历实录》记载，"本镇统辖浮梁县里仁都、长芗都等居民，与饶州府所属鄱阳、余干、德兴、乐平、安仁、万年及南昌、都昌等县杂聚，窑业佣工为生"。万历后期，景德镇每日佣工不下数万人，已经成为一座以移民为主的手工业城市，所以景德镇也被称为"五方杂聚之薮"。

景德镇"产瓷不产手、工匠来八方"的情形在浮梁县湘湖镇的白虎湾、塘下、盈田一带窑场群兴衰中也有反映。这 3 个窑址群最早兴烧于五代，大规模的烧造在北宋时期，终烧于宋末元初。

元代，南河流域的窑业衰落，昌江东岸的景德镇窑业迅速崛起，在此地烧造瓷器 200 多年的窑工匠人也随迁景德镇，产业转移后，在湘湖一带留下大片窑业废墟。直到明初，徐氏从乐平迁盈田定居。明末，符氏从南丰迁来白虎湾定居，余氏从建昌迁来塘下定居，成为从事农耕的原住民。而之前废弃的宋代窑业遗址随着瓷业工人离去，连窑名都未留下。

一个有趣的现象是，许多景德镇人，少小离家上镇学徒，闯荡半辈子，或能混个身怀绝技、腰缠万贯，就驻足镇上成家立业、世代传承。而更多劳无所积的事业无望者，则回籍归田穷困一生。即使是求取功名的读书人，也多半回籍应考。所以，自宋代以来，景德镇非常重视经济和制瓷手艺，宗师良匠人才辈出，瓷器也越做越好，大师更是身价日涨，很奇怪的却是似乎文脉不张、宦途无痕。除去南宋曾有程晖与黄相两个进士之外，其后以诗文彰世者、举科进仕者，均史无载闻。直到民国，虽有几个留洋归来的富家子弟，但见到记载的只有民国政府统计次长刘南溟。②

经济的活跃、人口的流动、文化的开放，也带来了宗教的繁荣。景德镇不但有佛

---

① 林景梧：《瓷都史话》，百花洲文艺出版社，2004 年版。
② 郑鹏：《景德镇老城叙事》，江西美术出版社 2015 年版。

教、道教，还有外来的伊斯兰教、基督教，就连沿海城市特有的妈祖庙，景德镇也有。1949 年以前，景德镇有宗教寺庙 40 多座。

总体而言，窑匠瓷工们的待遇极其微薄，部分原因是劳工资源供应源源不绝，压低了工资。殷弘绪指出，"景德镇是附近村庄无数贫苦人家的庇护所"，工资以"孔方兄"方式发放，这是一种中有方孔的圆形铜钱，形制源自周代就有的中国宇宙天文观，意指天圆与地方。①

通常，一位普通的瓷工每制作 26 件一般器皿如碗、碟等，可赚 3 文钱，这个数量称作一"板"，窑厂方面预期他每天产出 100 件。瓷工勤勉点，每天如果出 6 板，一年可达 6 两半银子，约等同农夫一年所得。画工一年收入为 9 两，最上层的技术则为 12 两。对比之下，一只寻常瓷碗售价十分之一两，约合 100 文铜钱，上品甚至高达 2 两，大约 2000 文，也就是等于一个普通瓷工年收入的三分之一。

待遇严酷、工资吝薄，工匠们怠工、罢工、抗争的现象自不能免。15 世纪初，景德镇曾有 4000 名工匠试图逃离，终究被兵士拖回工棚。1540 年，一次严重的洪水之后，饥荒、暴动爆发，迫使窑厂停摆。接下来 1574 年、1597 年、1602 年陆续发生了抗争事件。1604 年，一度因为朝廷需求比惯常更高，民窑起而抗议，放火把窑给烧了。来自景德镇不同区域的工人之间也会爆发口角，有时演变成攻击窑主。准时付薪的要求，也会不时升高为罢工和暴动。

二、城镇居民的来源

景德镇自古以来就是一座充满魅力并能吸引外来人才的移民之城。

正如蓝浦在《景德镇陶录》中所说："利通十数省，无以加焉，毂击肩摩，四方云集，苍连鳞接，万户星稠，诚江右一大都会也。"自明代中期资本主义萌芽发展以来，景德镇的瓷器誉满全球，畅销海内外，并由此吸引了江西境内其他地区一些破产的工匠和贫困农民到此地谋生，为瓷器的大量生产提供了源源不断的劳动力。同时外地各省的商贩们为了赢利赚钱，也纷纷往景德镇汇聚。景德镇既有当地土著的痕迹，又有外地工匠和客商的影响。②

---

① ［美］罗伯特·芬雷著，郑明萱译：《青花瓷的故事：中国瓷的时代》，海南出版社 2015 年版。
② 方李莉：《飘逝的古镇：瓷都旧事》，群言出版社 2001 年版。

作为当时世界闻名的瓷业大都会，景德镇最大的特点就是外来人口流动性大，而且客籍人数量也超过本籍人。清人黄墨舫在其杂记中记载道："昌江之南，有镇曰陶阳，距都城二十里，而俗与邑乡异……延绵十三里许，烟火逾十万家，陶户与市肆当十之七八，土著居民十之二三。"

移民中以都昌人为最，清代龚鉽《陶歌》中所说的"廿里长街半窑户，赢他随路唤都昌"就是很好的说明。此外，移民较多的还有南昌、抚州、鄱阳、徽州等景德镇周边的县域，以及江浙、湖广等省。移民中汉族占绝对多数，也有一些少数民族的同胞，其中以回族为多，他们在镇上建了清真寺。个别外国侨民主要是西方传教士，在镇上建了天主堂、圣母堂、耶稣福音堂、圣公会堂。①

据统计，清末民初时，景德镇有全国18省68县的20余万人在此工作和生活。外来人口及后代占总人口的95%以上，而本地浮梁人占比很少，是全国少有的移民大大超过县域人口的市镇。

对此情景，清代文人墨客的文章和杂记中有所记载，诸如"浮处万山之中，而景德镇，则固邑南一大都会也，殖陶之利，五方杂居，百货具陈，熙熙乎称盛观矣"；"昌南镇陶器，行于九域，施及外洋，事陶之人动以数万计，海樽山俎咸萃于斯，盖以山国之险兼都会之雄也"；"景德江有一巨镇也，隶于浮梁，业制陶器，利济天下四方，远近挟其技能以食力者，莫不趋之如鹜"等。《浮梁县志》也记载，"豪商大贾，咸聚于斯"，"其民繁富，甲于一省"。民间也有"五方杂处""十八省码头"的说法。

景德镇人口流动性之大在当时的中国是很少见的。

景德镇这座典型的移民古镇，从独特的口音和没有定式的生活习俗即可略知一二。市镇的繁华与郊外的野趣并没有城墙的阻隔。自北宋皇室南迁，大批窑工南迁，至明清瓷业大发展时期，北有商业嗅觉灵敏的徽州人，西有食不果腹的都昌人，周边是饶州、抚州、南昌诸府的生民，都蜂拥而至，糊口淘金。无形中形成了都帮、徽帮和杂帮三大籍类，且按籍贯组成行业集团，俗称行帮。②

外籍客商和工匠激增，为景德镇名目繁多的行会组织的形成提供了充分的社会条件。这些外来人口、各地移民为了维护自己的利益，联络乡谊，都要借助于行帮的庇护，而这些行帮的活动和集会地点都集中在各地所建的会馆和书院中。这是因为景德

---

① 杨博：《景德镇的城镇居民》，《景德镇历史文化城区北部地区历史文脉调查成果汇编》，景德镇市文化广电新闻出版局2018年编。
② 郑鹏：《景德镇老城叙事》，江西美术出版社2015年版。

镇的行帮基本都是以地域和宗族来划分的，不同地域和宗族的人垄断着不同的行业。当一个外乡人来景德镇谋生，如果举目无亲，便要求助于本乡本土的会馆组织，为了谋生加入到其中的某一行帮，一旦成为行帮成员，就可以得到同行同乡的保护和困难救济。"亲不亲，故乡人"，这种下层社会原始互助的遗风，在瓷业行帮中表现得尤为突出。

反观景德镇的原住民浮梁人，随着移民的进入和优胜劣汰竞争的展开，他们逐步败下阵来，让出了瓷业这一方天地。清代郑庭桂的《陶阳竹枝词》中："蚁垤蜂窝巷曲斜，坯工日夜画青花。而今尽是都鄱籍，本地窑帮有几家。"后注："镇坯房皆矮屋，工作多都昌、鄱阳并客籍人，本地近少业陶者。"诗中指出的现象就是在景德镇制瓷行业中移民逐步淘汰本地人的真实情景。

清代龚鉽《陶歌》还记载："魏氏家传大结窑，曾经苦役应前朝。"说的是浮梁魏氏一家以砌结窑出名，世代相传。后来，因无继承人也被都昌余姓人所取代，浮梁本地人彻底退出了这一行。

其他各行各业也有类似情况发生，浮梁人退城返乡归田成了地道的农民。到清末民初时，景德镇就成了一座彻底的移民之城，"镇巴佬"渐渐成了景德镇镇上人的专称，而"乡巴佬"则成了景德镇郊区浮梁农民的专称，泾渭分明。

随着浮梁人的退城进郊、务农归田，浮梁话在景德镇城区也随之退出。来自全国60余县的客籍移民，操着不同的家乡方言在景德镇生活和工作。开始的时候互相交流是有困难的，时间长了，这些移民中逐步诞生了一种大家都认可的并能听得懂的话——"景德镇话"。虽然景德镇的移民中都昌人占了"半壁江山"，但都昌话并没有成为景德镇的流通话。景德镇话是以省城南昌话为基础，吸收了都昌话、抚州话、鄱阳话、徽州话等多地方言，以及景德镇周边县区方言的一些因素综合形成的一种新方言。它好学易懂，很快就在景德镇流行开来。

景德镇话中有一些土俗语只流行于景德镇的制瓷行业，在字书中都难以查到。郑庭桂在《陶阳竹枝词》中说："土物音操土俗余，官窑原起大观初。漫言须辩瓷磁字，不釉何从考字书。"说的就是这种情况。前文提到的"不"，特指做成砖块的瓷土块，是制瓷必不可少的原料，不是景德镇制瓷行业或接触过景德镇瓷器的人是很难知道这个字的。

像这样的字例，还有不少。这说明了景德镇话的一个鲜明特点：和瓷业生产活动紧密相连并为之服务。经专家研究，景德镇话属于赣方言语系，它和属于吴方言语系的浮梁话截然不同。这样,景德镇就出现了全国独一无二的奇特现象:景德镇一千多年以来一直是浮梁县的县辖镇,民国时更成为浮梁县的县城,但在县城却不流行本县的流通话"浮梁话",而是流行另一种完全不同的方言"景德镇话",这在全国2000多个县城中是绝无仅有的。因此,移民之城和景德镇话也成了昔日景德镇的两个重大文化特征。

三、著名工匠选介

赵慨。

字叔朋,河北滏阳(今河北省邯郸市磁县)人。晋代陶工,被奉为景德镇的制瓷师主。早年在福建、浙江、江西为官,因不趋炎附势,嫉恶如仇,得罪上司和僚属,遭奸臣所害,降职贬官,来到新平镇隐居。在浙江为官时了解和掌握了越窑制瓷技艺,对新平镇制瓷的胎釉配制、成形和焙烧等工艺作一系列重大改革,以提高当地制瓷技术水平和产品质量,对推动新平镇烧造制品由陶器阶段进入瓷器阶段起重要作用,受到后人尊敬爱戴,尊为"制瓷师主"。据《浮梁县志》记载:"道通神秘,法济生灵……镇民多陶,悉资神佑。"明代洪熙年间,在镇内御器厂建起了一座"师主庙",后又称"佑陶灵祠",尊赵慨为"师主""佑陶之神"。

何稠。

隋朝著名工艺家、建筑家,也精于制瓷。经他改进,提高了制瓷的烧造温度,使隋代瓷器质地坚固,远胜三国两晋时期。《隋书·何稠传》载,稠制瓷,自研究琉璃始。当时中国久绝琉璃之作,匠人无敢厝意,稠以绿瓷为之,与真无异。何稠为烧制琉璃曾到景德镇采办烧造绿瓷的瓷土,吸取制瓷经验,总结提高。何稠去景德镇,以绿瓷制琉璃的成功,又"别生良果,盖采其术以加精制于陶瓷,遂为中国名产,千年专大利于世界之市场,即食此役之赐"。

陶玉。

唐代武德年间(618—626年)景德镇人,他所烧的瓷器称"陶窑",瓷器的特色是"土惟白壤,体稍薄,色素润"。他把自己所烧制的瓷器运入关中,到唐代京都长安出售。由于瓷器质量好,不仅为市场购买者所钟爱,而且惊动皇宫,朝廷命他烧制瓷器贡献宫廷,作为皇家御用之物。因为瓷器秀美如玉,以致被称为"假玉器",于是"昌南瓷名天下"。

霍仲初。

景德镇本地人，他所烧制的瓷器称"霍窑"，瓷器的特点是"色亦素，土壤腻，质薄，佳者莹缜如玉"。唐武德四年（612年），皇帝下诏书，命他制造瓷器进御皇宫，当时有"霍窑"与"陶窑"并称。这两个制瓷能手由于技艺高超，不仅为自己创下了辉煌的事业，而且大大提高了景德镇地区瓷器的声望。

昊十九。

中国古代制瓷名家。生于明代嘉靖前期，卒于万历后期。本姓吴，一名吴为，别号十九，自号壶隐道人，景德镇人。出身于数代以制瓷为业的家庭，聪颖博学，工诗善画。他长期从事制瓷实践，隆庆、万历时期极负盛名，被誉作"天下驰名昊十九"。所制精瓷以流霞盏、卵幕杯两种最负盛名。盏色明如朱砂，杯薄如蛋壳，莹白可爱，一杯仅重半铢。因雅制各色壶类，作品亦被时人称为"壶公窑"。

周丹泉。

明代制瓷名手。字时道，苏州人氏，卒年九十三。明代隆庆、万历年间在景德镇烧瓷，是历史上制造仿古瓷的名家。他所制的仿古瓷往往到以假乱真的程度，因而客商多出重金争相购买，以至千金争市，供不应求。他仿制的宋代定窑的瓷器，不仅形象逼真，而且成色和质地也与定窑制品没有什么区别。他常携带自己仿制的产品到苏、杭、沪等地售给博古家，使那些善于甄别鉴赏的行家，也难以区分真伪。他还非常善于烧制陶印，陶印上的纹饰古朴典雅，形象逼真，文字也很苍古。周丹泉的仿古瓷，海内闻名，他烧制的瓷窑，被后人称为"周窑"。

崔国懋。

明代隆庆、万历年间人，善于制瓷，时人尊称为"崔公"，而不呼其名。他所制的瓷器，多半仿照宣德、成化的窑器，所制瓷盏，式样比宣德、成化的窑器稍大，但精美则一模一样。青花、彩瓷的花色，都与宣德、成化的窑器没有差别。人们认为他所制的瓷器已"青出于蓝而胜于蓝"。崔国懋的窑称为"崔公窑"，是当时民窑之冠。

童宾。

明末以来景德镇瓷业所崇拜的行业神祇，字定新，景德镇里村人，从小投师学艺，从事烧瓷行当。明万历二十七年（1599年），太监潘相奉皇命抵景德镇督造大龙缸，烧造许久，终不成功。潘相急煞，加倍逼迫和残害瓷工。童宾为抗议朝廷，一日纵身跳入烈火熊熊的窑内，以骨作薪。翌日开窑一看，龙缸竟出奇地烧成功了。瓷工们为纪念这位秉性刚直的英雄，称颂他为"风火仙师"，并在御器厂的左侧建了一座"风火仙庙"。因为烧造瓷器,火借风力,风与火最为关键,因此,景德镇民间也称之为"风火神""窑神"。

郑子木。

清代嘉庆年间(1796—1820年)的茭草工人。茭草行原来有个规矩:茭草工人吃的是白米饭,每逢阴历初一、十五,"一条凳"(5个人)每人一斤猪肉。但在嘉庆年间,老板在官衙的支持下把白米饭改成砻米(糙米),有时还掺入沙子,猪肉也取消了。为求得生存条件,以郑子木为首的茭草工人举行大罢工。官府把郑子木等10多个为首的工人抓起来,并一再出告示通令复工。老板也对工人威胁利诱,但未能成功。由于瓷器无人包装,不能运出,运输船停岸待货,外地瓷商和本地瓷行老板焦急万分,要求茭草行与工人代表谈判。经过协商,订出了复工条件,但是不久就撕毁了规约。工人重新罢工,衙门以维持秩序为由,逮捕了郑子木等人。郑子木最终被烧红的铁靴和铁帽酷刑杀害。为了纪念这位为大家的利益而宁死不屈的勇士,茭草工人就每人都系上一条白围裙,世代相传。

第二节 商帮人群

位于吴头楚尾的景德镇,是一座水土宜陶、以瓷立市、以瓷兴市的江南雄镇。交通虽不通畅,但相对安定,易于谋生发展,吸引了大量移民迁入,逐渐形成"镇巴佬"人群。这些"镇巴佬"按地域和行业,又逐步形成都帮、徽帮和杂帮三大帮派。为了维护自身的利益,帮派内部、帮派与帮派之间存在着激烈的争斗,但也因为有自己的行业自律,对景德镇的经济繁荣、社会进步和文化事业的发展产生了积极而重要的作用。

一、景德镇商帮的缘起

景德镇商帮缘起的前提是瓷业分工的日益发达。

宋元时期,景德镇制瓷工艺的突飞猛进,与制瓷业的生产形式和劳动组织形式的发展变化相互联系在一起。首先是制瓷业逐步从农业中分离出来,这是一个明显的发展变化,是制瓷业内部烧、做两行的分离,也就是烧瓷业和制坯业的分立。这是外部的社会分工进入了制瓷业的结果，也是社会分工的浪潮卷入制瓷业的表现。①

景德镇瓷业中烧瓷行帮和制坯行帮的分离，促使在制坯行帮中又分离出制圆器的行帮和制琢器的行帮。这样的分工，无疑对瓷业工人工艺水平的提高和技巧的熟练提供了有力的保证，也为新工艺的创造提供了更多的机会。正因为景德镇制瓷业生产形式和组织形式的发展变化和因此而出现的这三大创造，才使景德镇窑在与全国各大名窑的竞争中，逐渐取得中国制瓷业的首席地位。

宋元时期，蒋祈在《陶记》中说"陶工、匣工、土工之有其局"，表明在制坯业中已有明显的分工，制坯业出现了一分为三的局面，这标志着又一次分工的浪潮已经卷入或即将卷入制瓷业，预示着景德镇制瓷业中潜存巨大的发展势头。只要这种可能一旦成为现实，景德镇制瓷业就会由作坊手工业向工场手工业转变。尽管这个转变还有错综复杂、迂回曲折的道路要走，不可能一帆风顺地实现，但这是手工业历史发展的必然规律，是任何力量都阻挡不了的。历史已证明了一点。

到了明清时期，随着景德镇制瓷业的发展，大量外来移民涌入景德镇寻找机会，景德镇制瓷业生产开始向城区集中。这种集中一方面促进了制瓷业发展，形成了著名的制瓷和商业中心，另一方面也扩大了制瓷从业人员的范围和机会。这个标志就是形成了景德镇历史上著名的"都帮""徽帮""杂帮"。

景德镇商帮经历了一个建立、成长、壮大、衰败的历史过程。这些帮会组织在当时历史背景下对景德镇经济发展产生了多方面的影响，是近代社会中不可忽视的社会团体。②

据朱绍熹和俞昌鼎撰写的《景德镇的都帮、徽帮和杂帮》一文记载：景德镇从事制瓷业的，多属都昌、抚州人。都昌人多，势力也比较大，制瓷中的圆器业和烧窑业，纯系都昌人；琢器业则为抚州、丰城、南昌等地方的人，以抚州人为主；商业方面，绝大多数是徽州人。③

由于地域行业和利害关系的自然互相结合，逐渐形成的所谓都帮、徽帮、杂帮这"三帮"中，都、杂两帮把持工业（主要是瓷业），徽帮则垄断商业，势均力敌，鼎足而三。而浮梁本籍人，则多居乡务农，居住镇内的极少。由于五方人口杂处，加上封

---

① 周銮书：《景德镇史话》，江西人民出版社 2004 年版。
② 郑小平：《景德镇商帮的兴衰》，《景德镇文化研究》（第一辑），中国文史出版社 2017 年版。
③ 朱绍熹、俞昌鼎：《景德镇的都帮、徽帮和杂帮》，景德镇市政协文史和学习委员会编《景德镇文史资料（合订本）》（1~14辑），江西高校出版社 2018 年版。

建性的行帮又多，因此形成了外来人喧宾夺主的局面。景德镇虽属县治城镇，但为"三帮"把持，成了他们的天下。他们瓜分利益地盘，浮梁人反而受着排挤，无法染指。

此外，还有数以百计的比较小的各行业组织。他们立有各种传统规矩，维护自己人，排挤他人。这些小帮，仰承三大帮鼻息，倚仗三大帮的势力；而三大帮又以各小帮为基础，彼此勾连。

都帮纯属都昌人，所有旅镇的都昌人为一帮，并集资建有宗族组织的都昌会馆，为祭祀、聚会、议事场所。他们以都昌县的冯、余、江、曹四大姓为首，联合张、王、刘、李等各姓推选首士，总理一切，过去曾有"冯余江曹大似天，张王刘李站两边"的说法。都帮绝大对数是经营瓷业圆器窑厂和烧窑，俗称窑户。

景德镇制瓷业分为两大类：圆器类，即制造碗杯盘碟等；琢器类，即制造壶、缸、针匙、雕塑、人物等。都昌人专业圆器，生产的品种是人们所需要的日用瓷，如蓝边器、灰可器等，畅销全国各地。特别是产品价格便宜，经济适用，深受广大农民的欢迎，销路最广。高中档日用瓷，即白釉脱胎等，价格比较高，适合一般的人们使用，每年销路也很广，因此一度业务鼎盛，获利较多。

经营瓷业的窑户老板，都不同程度地发了财。当时他们自己评论，以资产的大小分等级，称号有"三尊大佛""四大金刚""十八罗汉""半折观音"，所以都昌人在景德镇人多财广。而景德镇是以瓷业生产为主的城镇，瓷业兴，百业兴。都帮掌握和把持全市大部分制瓷业务，是三大帮中最大的一帮。

徽帮是徽州府所属六县旅镇人士结成的一帮，也就是歙县、休宁、绩溪、祁门、黟县、婺源（后划入江西）。他们集资建立了新安书院（即徽州会馆），为宗族春秋祭祀、聚会、议事、办学场所。他们绝大多数人都经营商业，如钱庄、布店、南货、百货、油盐、粮食、银楼、药业以及瓷用原料的瓷土、颜料等行业，可以说掌握了全镇经济命脉，把持了全镇金融。徽帮人数最多的来自黟县，其次是婺源、祁门，再次是休宁、绩溪和歙县。

在清末民初时期，景德镇的经济命脉几乎都掌握在徽帮和钱庄手里。当时景德镇钱庄和钱店多达七八十家，分福、禄、寿等级排列，即资金大、中、小之分。福字钱庄有何广有、大有恒、桓大、怡和昌、吴隆元等。他们能办理全国各地银元汇兑，便利于各地瓷商来镇购瓷，又繁荣了景德镇的瓷业生产，更取得了换汇的利息，可谓一举三得。徽州地处山区，人多田少，无法生活，因而自动出外学商谋生，以致遍布各地。过去有句俗话说"无徽不成市",说明徽州人很会做生意,在景德镇也不例外。

杂帮就是除都帮和徽帮以外的统称,由于过于广泛,以抚州、南昌、丰城、鄱阳、吉安等县的人数多,为核心,其他外省各地区人也属杂帮。他们所属行业,主要是琢器业。琢器的品种也多,如壶、盅、瓶、罐、雕塑、人物、走兽、艺术瓷等类别。琢器窑户绝大多数是抚州人,少数是南昌人和丰城人。

在杂帮中经营陶瓷行业的又称"窑帮"。由于圆器窑户和烧窑户都是都昌人,称都帮,琢器窑户行业就改称"窑帮"。而抚州等地人,都属杂帮,因此又有杂帮和窑帮的区分。杂帮所属行业,有外地瓷商,虽然人数不多,但财力很大,是杂帮中较有势力一派。

杂帮还包括制瓷服务行业的瓷行、看色(选瓷)、茭草、红店(瓷器加工)、搬运、包装、木箱、篮篓、花篾等,还包括商业的土仪、棕棉、雨伞、烟酒等小行业。杂帮虽然是综合起来的,但财力、人数亦不亚于都帮和徽帮。

二、商帮文化对景德镇的影响

都帮、徽帮与杂帮之间表面上是团结的,但是貌合神离。

在生产经营的过程中,他们大都以自身利益为前提,因而矛盾重重,有时甚至很激烈。如窑帮雇工较多,大厂有百余人,小厂也有数十人不等,粮食对他们是主要的。有时粮食闹荒,粮商趁机涨价,闹得激烈时,窑帮的头目就鼓动工人上街打米店,损害徽帮利益,因而产生矛盾冲突,有时久久不能平息。

杂帮和窑帮也存在矛盾。如琢器窑户,本属窑帮,但绝大多数又是抚州人,抚州人又属杂帮,都是中小户,多数无力自建柴窑自烧,因为建一座窑需要上万银元资本。而烧窑户都是都昌人,建有大中窑厂。于是,杂帮的小窑户只有向都帮的大窑户搭坯烧炼,这就要受到都帮窑户的限制。

窑帮包括都帮和抚帮两个帮派,都帮的财力人力,占全镇的首位,大中小窑户千余家,烧窑大户,均属都帮,圆器业也是都帮,所以形成了都帮控制整个烧窑业和圆器业的局面,别人不准插手。而琢器业的劳资两方绝大多数是抚州人,属于杂帮。这两帮除了业务上存在着不可调和的矛盾之外,也还存在着宗族县界的矛盾。

景德镇是以瓷业为主的地方,所以为瓷业服务的行业亦属不少。如选瓷(即看色)、瓷行、茭草、包装、把桩都有帮派,都是为外来瓷商服务的。瓷商来镇必须要落瓷行或挂瓷行的执照，才能采购瓷器。有的瓷商也住在瓷行内，但从第一次开始，住在哪个瓷行，雇佣哪个选瓷、茭草、把桩、包装的，就永远固定下来，瓷商无权更换，并且还是世袭的，只要这个瓷商在景德镇办瓷，他的子孙也成了法定的继承人。

清末民初，三帮联合成立了景德镇"总商会"，是三帮联合的一个总体。由于当时的各项捐税多如牛毛，完全是全镇各商户负担，于是由商会统一分配，按营业大小、资金多少，协商分别负担。虽然此举表面上是比较合理，但在黑幕下，也是尔虞我诈。三帮的头目都是商会的领导层人物，他们不但不要缴纳捐税，而且在摊派捐税时，都要多摊一些，美其名曰"留有余地"，以防他用，实际上都被他们下了腰包。而一般中小商人，就要如数如期缴纳，免吃逾期受罚的苦头。

商会选举会长任期4年，以三帮轮流坐庄，平分秋色。商会到选举会长时，大家都到处钻营，请客送礼，四处拉票。得选会长一席，既可炫耀门第，又可发大财。总商会名为维护工商，繁荣市场，实为他们追求名利的场所。

尽管如此，这些帮会在当时的历史条件下，对景德镇的经济繁荣、社会进步和文化事业的发展还是产生了重要作用：一是加强内外经济和物资的流通，推动了景德镇瓷业的发展。如外来人口涌入促进了景德镇人口的剧增，为景德镇瓷业发展补充了大量的劳动力，同时活跃了瓷器市场自由竞争，繁荣了市场；二是促进了景德镇制瓷技术的进步，制瓷生产技术和工艺的改进使瓷器品种更为丰富，为市场带来了生机和活力；三是各商帮通过讲忠孝信用、讲和气生财、讲艰苦创业、讲团结互助、讲回报社会来营造文化氛围，对景德镇文化事业产生了很大的影响。尤其是举办公益慈善事业更为突出，如办学校、兴教育、设义渡、投入市镇建设等。同时在方言、饮食、民俗、文化艺术等方面也产生广泛的文化交融。

所以，商帮对景德镇文化的形成具有积极的促进作用。

新中国成立以后，国家从企业所有制、生产布局等方面对景德镇陶瓷工业进行大刀阔斧的改革，不久就成立了第一家国有建国瓷业公司。原先各帮会的从业人员也逐步分流到新的生产和经营机构中去，从此开始了他们在新社会的新生活。

三、业缘与志缘下的瓷业发展

如果说，景德镇历史上形成的"都帮""徽帮""杂帮"显示的是"血缘"与"地缘"交织下的景德镇瓷业生产组织形式，这两种社会关系构成了景德镇民窑生产的基本单位，对景德镇瓷业的发展产生了重大影响，那么"业缘"与"志缘"关系下的景德镇瓷业则呈现出新的发展。①

同血缘和地缘相比，虽然不能认为业缘是一种社会组织的进步，但这种关系在一定程度上打破了地域的限定，为景德镇瓷业生产带来了一种新的运营方式。血缘、地缘和业缘在景德镇瓷业生产中很难明确地区分开来，尤其是某些行业本身就是按照地缘和血缘来组织的，但大多情况下，业缘和地缘还是有着明确的区分。在景德镇瓷业生产中，有8行36业之说，分工很细。在各行业相互合作分工过程中，很难形成某个地缘组织对所有行业的垄断。

尤为值得一提的是，业缘组织在调节劳资关系中具有重要作用。

如果按照业缘来划分的话，景德镇民窑生产分为手工业主行帮、工人行帮和商人行帮。即使有地缘关系上的因素，瓷业工人和手工业主在某种意义上也有不可调和的矛盾。为了维护工人的利益，工人行帮按照工种组织行业帮会。著名的代表是"五府十八帮"，它的办公地点是佑陶灵祠——风火庙对面的戏台上。成立的目的是为了保证工人利益的满足，加强对手工业主的约束。

比如，写车簿就是工人行会对窑户的约束。窑户老板起牌号开始生产之前，必须向这个行业总组织（五府街师傅）登记，街师傅用一种红格账本记载窑户牌号和经营品种等项目，然后盖上"五府十八帮"的长条木印，并缴纳4~5元的费用。写车簿的时候，窑户老板请用介绍的装坯工属于哪一帮的或者那一坯头，窑户今后雇用装坯工，永远属于这个帮，不能自由过帮雇用。相反，这个帮窑户的受雇权可以转让给其他帮，叫作卖帮。就是说工人可以卖窑户，但窑户不能选择工人，这在一定程度上维护了工人的权益。

业缘关系的另外一个重要标志是商人行帮在景德镇的成立。

它的目的自然是为了维护各地商人的利益。明末清初，来自全国各地的瓷商联合成立了瓷商"八帮公所"。民国初年，由于瓷商的增多，"八帮公所"改为"全国旅景瓷商联合会"，办公地点在苏湖会馆，主要作用是缴纳瓷税，以及约束来景德镇从事瓷器贸易的商人，避免发生不必要的冲突，引起纠纷。缴纳瓷税通常由政府制定，按照各帮进行。

瓷商联合会的另一个功能是约束本地商人按瓷业贸易规矩进行经营。景德镇也曾

---

① 李松杰、李兴华：《地缘、血缘、业缘、志缘对景德镇的影响》，《景德镇文化研究》（第一辑），中国文史出版社2017年版。

经出现过由于外地瓷商过于炫耀和张扬,与景德镇本土人发生冲突的情况。如,苏湖会馆为了扩大建筑面积,与黄家洲的民众发生械斗,结果被刑部判了重刑,从此势力大大削弱,慢慢退出景德镇瓷器贸易市场,而湖北帮则迅速崛起。因此各帮在景德镇从事瓷器贸易的时候,均需按照联合会和各帮的安排,遵守景德镇的习俗,避免发生冲突。

所谓"志缘",是因为具有共同的爱好、共同的兴趣,立志于学习、研究、弘扬某种文化或者知识,按照一定的兴趣形成的独特而固定的群体。志缘群体是对血缘、地缘和业缘关系的突破与发展。

瓷业美术研究社是其中的经典案例。

1916年,为了振兴日益衰落的景德镇瓷业,浮梁县知事陈安联合吴霭生、王琦组建了瓷业美术研究社。研究社的主要负责人有实业家吴霭生、饶华阶,美术家王琦、张筱耕、汪大沧、冯完白、汪晓棠、王大凡、汪野亭、毕伯涛等。吴霭生任社长,王琦和汪晓棠任副社长,社址在景德镇新邑公园的景德阁。

按照美术研究社的规定,入社社员必须交送代表作品1~2幅,陈列于社内,社员们相互学习和参考。1916年冬天,美术研究社举办了首次作品展,在景德镇产生了很大的反响。此后还举行了多次师生作品展,使美术研究社的影响越来越大,会员也逐渐增加。社长吴霭生的贡献最大。他以自己全部家产作为投入,在研发和生产方面不惜工本,生产出新的产品以后,马上向全镇瓷器生产者公开,供大家模仿,促进了景德镇瓷业向前发展。

1926年,吴霭生去世。1927年,一支溃败的军阀部队从景德镇经过,将美术研究社洗劫一空。美术研究社再也无法恢复往日的辉煌,很难组织像样的活动。成立十余年后,美术研究社宣告解散,景德镇陶瓷实业家和艺术家联盟促进景德镇瓷业振兴的愿望也停滞了。

另一个经典案例是"珠山八友"。

1928年,随着政局的稳定,由王琦发起,一直为瓷业美术研究社解散感到可惜的几位艺术家自发地走到一起,相互学习,史称"珠山八友"。他们的聚会和交流没有具体的约束和限制,约定农历每月十五为聚会日,会员轮流做东。为了答谢,宾客需带字画一幅,既作为大家相互观摩学习之用,又可以作为答谢主人之物。"珠山八友"这一志缘群体的特点,在王大凡的诗句中有明确的表达:"道义相交信有因,珠山结社志图新。翎毛山水梅兼竹,花卉鱼虫兽与人。画法唯宗南北派,作风不让东西邻。聊将此幅留鸿爪，只当吾侪自写真。"

"珠山八友"是景德镇陶瓷千年发展史上志缘关系的杰出代表。首先，"珠山八友"是在景德镇大兴粉彩瓷背景下出现的著名瓷板画家，他们相互学习和交流，促进了景德镇瓷版画的迅速崛起；其次，"珠山八友"摈弃了景德镇传统制瓷业行规的约束，自由地发展自己的思想，是社会转型时期特有的现象。

第三节　官宦名士

在为景德镇千百年瓷业兴旺发达作出过贡献的人群中，我们也不能忽略了一个重要的群体，那就是官宦名士，他们同样是推动景德镇瓷业发扬光大的重要力量。而且，在相当大的程度上，他们代表了古代社会的主流阶层，对瓷业的定位与发展拥有很大的话语权。他们中有监镇官、督陶官，也有瓷界名人雅士。他们还为瓷业著书立说，记录和传承了景德镇悠久的陶瓷历史文化。

一、景德镇监镇官选介

宋代洪迈在《夷坚志》中对景德镇有两处记载，一则是"鄱阳萸冈民黄廿七，作小商贾，绍兴元年（1131年）到景德镇贩陶器，过湖口，往岳庙烧香"；另一则是"饶州市民张霖，居德化桥下，贩易陶器，积以成家"。

文人笔下所描述的是随着瓷业生产的发展，商品流通领域的扩大，吸引了到景德镇谋生的人群，商贩也随之增加。一些农民弃农务工经商，有的则干脆迁居于镇。北宋时，商品经济有了进一步发展，南方大片地区的经济发展很快，已成为商品资源的主要供应地，是全国经济和赋税的重心。经济的发展，商业城市也随之增多。商业城市的增多，南方占了主要地位，这是全国经济重心南移的反映。①

当时浮梁县、景德镇的经济情况是怎样的呢？

据《宋会要辑稿》记载，宋熙宁十年（1077年），浮梁县商税为5475贯957文，景德镇3337贯957文。这里虽然没有说明浮梁县的商税是包括景德镇的，还是分别计

---

① 林景梧：《瓷都史话》，百花洲文艺出版社2004年版。

算的，但总的来看，是在全国 35 处之内。如果县含镇，则景德镇的商税为县的 60.99%；如果分别计算，则景德镇的商税占两者总和的 37.87%。这也可以看出当时景德镇市场的繁荣程度和它在全县经济中的重要地位。

这个时候，景德镇的商税已达到 3300 多贯，说明景德镇的坐商占有了相当的比例，已有固定的商业街道，成为浮梁县商税的重要税源地。虽然镇与县治分离，相距 10 公里，但镇在经济上却远远超过了县。在行政上，镇仍隶属于县，这只是地理环境所造成。

据《宋史·食货志》记载，按宋室规定，凡州县皆置务，关镇亦有之，大则专置官监临，小则令、佐兼领，诸州仍令都监、监押同掌。所以当时官府很看重景德镇这个既产名瓷、又能征收可观商税的陶瓷手工业小镇。于是饶州府和浮梁县具文上奏皇朝，言及景德镇上介徽、池，下控鄱、乐，人居稠密，商贾喧阗，市井错综，物货荟萃，隐然有都会风，几与通都大邑相近，宜设立机构以资管理。

终于，宋神宗元丰五年（1082 年）八月，获准"置饶州景德镇瓷窑博易务"。博易即交易、贸易，务是宋代管理贸易及税收的机关。务不设在县城而设在景德镇，并且标明是瓷窑博易务，足见当时景德镇商品经济已有相当的发展，瓷器则是主要产品和商品。所以后来清代修撰的《浮梁县志》上有"宋设监务厅，在县治之南""宋设景德镇监务"的记载。

监是宋代特别行政区划名，于铸钱、牧马、产盐等地区设置。其中有一种与县同级，隶属于府州。景德镇监务从字面上说是监督陶务（瓷窑博易）之意，因陶瓷而设与县同级的监务，可见当时官府对景德镇的重视程度。

自宋真宗开始，终宋一代，宋王朝都在景德镇设置税收机构，即所谓"监镇"，系官府所派，官监民烧。可见宋代景德镇的制瓷业是民营手工业，它的发展情况也就是宋代社会商品生产发展情况的反映。①

有专家对宋代朝廷在景德镇所设的"监镇官"进行梳理，并按照年序将已检索出的宋代景德镇监镇官员编成了《宋代景德镇监镇官员汇总表》。②

---

① 轻工业部陶瓷工业科学研究所：《中国的瓷器》，轻工业出版社 1983 年修订版。
② 黄康明：《宋代景德镇镇市初步研究》，《景德镇文化研究》（第二辑），中国文史出版社 2018 年版。

序号	姓名	官阶	任职起始年	任期（年）	家庭背景	备注
1	齐護		1036	9	工部尚书 齐士宽叔叔	卒于任上
2	余尧臣	宣义郎	1082	1	尚书左丞相 余靖孙子	卒于任上
3	尚大伸	承务郎	1155	1月	左丞相 周必大姐夫	终于武昌签判任上
4	莫濛	户部员外郎（从六品）	1159	19月	刑部员外郎 知常州莫伯虚子	
5	罗愿	承务郎	1161	待考	吏部尚书 罗汝辑子	后升鄂州知事
6	赵善应	忠训郎	1164	待考	宋太宗七世孙 尚书右丞相 赵汝愚父	终于通直郎
7	庞谦孺	文林郎	1167	几天	宰相庞籍曾孙	卒于任上
8	潘岱	待考	1168	3	中书令 潘美八世孙	
9	万俟传	承事郎	1169—1175	3	尚书右丞相 万俟卨孙	
10	李齐愈	待考	1194—1200	待考		
11	周颢	宣义郎	待考	待考	左丞相 周必大孙	
12	赵与恪	秉义郎	1228—1233	3	宋太祖十世孙	终于承事郎
13	强子魁	州通判（从六品）	1230—1240	3		

我们重点介绍一下齐護。

齐護（998—1045年），江西德兴县（今德兴市）人。北宋仁宗景祐三年（1036年），以春秋明经请浙江举入仕，曾任景德镇窑丞，历时9年。他是目前史料可考的景德镇首位窑务官员，也是一位令后人景仰和怀念的忠义志士。①

景德镇在景德元年置镇并设监镇官一员，负责治安管理、防火防盗，并兼窑业税务。《宋会要辑稿》"职官·四八·镇将"记载："诸监镇官掌擎逻盗窃及烟火之禁，兼征税榷酤则掌其出纳会计。"但随着窑业的快速发展，仅一位监镇官已难应付，于是至迟于1036年增设了窑丞之职以辅佐监镇官，专司窑业管理、课税、派烧并护送御器等。齐護即担任窑丞一职。

在《婺源嵩峡齐氏宗谱》和各个版本的齐氏族谱中，均有多处关于齐護的记载，且内容相同，清楚地表明：北宋德兴体泉人齐護，生于998年，卒于1045年。1036年在浙江中举人，即任景德镇窑丞，连续9年忠于职守，尽心窑务。他在行从误毁御器后吞器而亡的壮举，可谓尽忠尽义，因而受到朝廷表彰、立庙祭祀并安葬于婺源金村段。

齐護的忠义精神，在婺源影响深远，代代相传，当地百姓把他当作窑神立庙供奉了近千年。遗憾的是，他的事迹在景德镇却尘封了近千年。镇人供奉的窑神是明代万历年间（1573—1620年）舍身投窑的义勇志士童宾。童宾是值得纪念的，而齐護也不应当被忘却。

二、御窑厂督陶官选介

督陶官贯穿于整个官窑烧造活动，与官窑制度相始终，它是整个官窑史乃至整个中国陶瓷史的重要组成部分。它深厚的历史文化内涵，可以成为一个独立的学术领域和特殊的文化现象，以备学者进行深入发掘和探讨。②

明清两代朝廷均派遣督陶官来景德镇督陶不辍，其中陆续有中官（太监）、地方官员和朝廷工部及内务府官员前来御厂监督和管理烧造活动，这是明清御厂一项重要制度。督陶官对御窑生产发挥了重要的作用与影响。

一是督陶官直接受命于朝廷，是皇帝意志的传递者。

由他们督造的产品，自然反映了皇帝个人的审美情趣和需求。比如，永乐甜白瓷

---

① 黄康明：《关于北宋景德镇窑丞齐護的史料考》，《景德镇文化研究》（第一辑），中国文史出版社2017年版。

② 江建新：《景德镇明清官窑杂识①》，《景德镇文化》（第1期），中国文史出版社2014年版。

是由于永乐帝曾长居故元大内，受元人"国俗尚白"的影响而烧造大量精美白瓷；据称成化斗彩瓷则由于成化帝受万贵妃的影响，而命御厂开始大量烧造精致小巧的斗彩瓷。御窑烧造的许多产品均出于皇帝个人的喜好，这些珍贵的资料为我们研究中国陶瓷科技史、艺术史、文化史、宫廷史提供了实物佐证。

二是督陶官奉命督烧，不惜工本。

为迎合皇帝需要，督陶官督烧的官窑产品精益求精，从而提高了制瓷工艺水平，带动了整个制瓷业的进步与发展。有些精美的产品，融入了督陶官个人的心血和智慧，为中国陶瓷史增添了华彩乐章。有的督陶官事迹虽无可稽考，但他们督造的旷世杰作留存于世，被后人称誉、欣赏、研究，成为不朽的艺术珍品而被后世追仿，如著名的"唐窑""年窑""郎窑"等。

三是历代督陶官有的对官窑生产起到促进作用，有的则是负面影响。

历史上有的督陶官在督陶过程中作出了贡献，从而彪炳千古；有的则贪渎酷虐，从而遗臭万年。这可以看作一笔丰厚的精神与文化财富留给了后人，给人们以警示和启迪。随着官窑制度的确立，官窑的最高管理者督陶官应运而生，他们伴随着官窑制度的存在而始终，并对官窑的烧造产生重大影响。历代督陶官虽然史载不详，但我们也可根据相关文献和资料勾画出大致面貌。

最早记录督陶官的文献是宋人叶寘的《坦斋笔衡》，书中记载了南宋时期"有邵成章提举后苑，号邵局"，督理南宋修内司官窑情况。元代景德镇"浮梁瓷局"存在约 74 年，其间见诸文献记录的督陶官有元人俞希鲁编的《至顺镇江志》，书中记载了饶州路总管府推官堵闻，他于至顺二年（1331 年）七月奉命督陶器于饶（浮梁瓷局）。

入明以后，随着官窑制度的不断完善，督陶官来景德镇督陶日益增多和频繁，文献反映的督陶官情况也较为丰富。据载，洪武三十五年（1402 年），命工部员外郎段廷珪督理窑务。根据考古资料获悉，明洪武时期有浮梁县丞赵万初、监造提举周成督理官窑烧造。

明代，督陶官多由中官（太监）担任。明洪熙年间（1425 年），中官少监张善"始祀佑陶之神"，建师主庙于御窑厂内，宣德二年（1427 年）张善"往饶州监造瓷器，贪黩酷虐，下人不堪，上命斩于市，枭首以殉"（《明实录·宣宗实录》）。宣德官窑烧造规模宏大，产品精美，成为一代名窑，这可能与宣德帝整肃督陶官贪渎，罢中官督陶，改由营缮所丞监陶，专督工匠烧造有关。正统元年（1436 年），罢营缮所丞，以饶州知府佐理窑务。而天顺年间（1457—1464 年），又复为中官督陶。成化时期"饶州（御窑厂）烧造御器，必命内臣监督"。正德初，由中官专督御器烧造，正德十六年（1521年），以梁太监督陶作，官窑烧造有所复兴。正德、弘治官窑烧造未辍，而中官督陶如前。

明嘉靖以后，督陶官一改前代督造制度，由中官和地方官轮番佐理窑务，监督烧造御器。嘉靖四十四年（1565年），曾有南康通判陈学乾驻厂督造，并由他编撰《陶政录》，为明代最早的陶瓷专著。该书后由王宗沐悉数编入万历二十五年的《江西大志·陶书》中，成为当今最权威、最完整、最详实的反映官窑情况和陶瓷工艺的著作。

明隆庆间（1567—1572年），有太监崔敏督造鲜红器，烧造量大且瓷器较好。后又复于各府选员管理。万历时期，先由饶州督捕通判改驻景德镇，兼督陶事务。万历二十七年（1599年），江西矿税使太监潘相兼镇窑务。潘相在任，为害最烈，为督造龙缸，致使陶工童宾赴火而殁，由此激起民变，烧毁御器厂。童宾的自我牺牲精神为后人敬仰，清代雍正间修风火神庙以祀其，著名督陶官唐英为之作传。

清代鉴于明代以中官督陶"借以上供名，分外苛索"之弊而革除，由朝廷直接派员充当督陶官，选派督陶官也较为慎重，督陶官因此而有所作为，成就斐然。史有臧窑（臧应选）、郎窑（郎廷极）、年窑（年希尧）、唐窑（唐英）之说，在官窑烧造史上留下许多著名产品，如郎窑红等，其中尤以唐窑称著。乾隆以后，以榷九江关使管理，并以饶州同知，景德镇巡检司监造督运，遂成定制。

乾隆以前，督陶官或置或否，有据可查的督陶官有：顺治时工部理事官噶巴，工部郎中王日藻，江西巡抚郎廷佐。康熙时有内务府广储司郎中徐廷弼，主事李延禧，工部虞衡，司郎中臧应选，笔贴式车尔德，江西巡抚郎廷极。雍正时则有内务府总管年希尧督理淮安板闸关兼景德镇事务，唐英以内务府员外郎奉命驻厂协理窑务。下面重点介绍几位清代有成就的督陶官。

臧应选。

工部郎中。康熙十九年至二十七年（1680—1688年），清朝廷派遣臧应选等人驻景德镇御窑厂督造御器。这段时间，由于官窑瓷器由他负责督造，因此习惯上把这时的官窑称为"臧窑"，首创以督陶官姓氏称呼窑的先例。

臧窑单色釉成就最大，最大特点是质地莹薄，诸色兼备，以蛇皮绿、鳝鱼黄、古翠、黄斑点四种釉色最佳，淡黄、淡紫、淡绿、吹红、吹青等品种也很美。臧窑的青花五彩器，多仿造明朝的精品，大有青出于蓝而胜于蓝的气势。《景德镇陶录》记载臧氏曾得力于神助，才烧出如此精美的窑器。当然这只是传说。

郎廷极。

清代隶汉军镶黄旗,奉天广宁(今辽宁北镇)人。湖南布政使、山东巡抚郎永清之子。康熙间以门荫授江宁府同知,迁云南顺宁知府,累擢江西巡抚。康熙四十四年到五十一年(1705—1712 年)在景德镇督造瓷器,称"郎窑"。

郎窑釉色以宝石红、宝石蓝、宝石绿最佳,宝石红有"郎窑红"之称。此时创制了在素胎上施黄、绿、茄紫三色而外不罩釉的素三彩,青花和斗彩也很有名。品种有郎窑红釉、绿郎窑、郎窑兰釉及描金、郎窑青花、郎窑五彩等。器型有观音樽、荸荠瓶、油槌瓶、胆瓶、双耳瓶、天球瓶、花觚、洗、炉、碗、盘等。郎窑仿烧明代宣德、成化年的器物也非常成功。

年希尧。

先后担任过工部右侍郎、景德镇督陶官、内务府总管、管理淮安板闸关税务等职务。管景德镇厂务,以制瓷得名,称为"年窑"。

年希尧在任景德镇督陶官的 9 年中,实验过各种的新技术,以及发掘传统工艺,解决了清代珐琅彩瓷器彩料要靠进口的难题,还使清代珐琅彩在进口的颜色的基础上增多了十几种颜色,并引进烧制成功了"胭脂水"。《景德镇陶录》上称他管理窑务时"选料奉造,极其精雅"。

唐英。

沈阳人,能文善画,雍正六年(1728 年)奉命兼任景德镇督陶官,在职 20 多年,先后为雍正和乾隆两朝皇帝烧制瓷器。由于唐英潜心钻研陶务,并且身体力行,从而积累了丰富的制瓷经验,由他主持烧制的瓷器无不精美,深受两朝皇帝的赏识,因此,乾隆年间的官窑也被人们称为"唐窑"。

唐英的世家,据《八旗满州氏族通谱》记载:唐应祖,正白旗包衣鼓人,廿居沈阳地方,来归年份无考。其曾孙唐英现任员外郎兼佐领,玄孙德格,现任品官。据唐英自述,"七龄入乡塾",康熙三十六年(1697 年),16 岁,"供役于养心殿",雍正元年(1723 年),42 岁,为内务府员外郎;雍正六年(1728 年)春,因招募艺匠,办事干练,为主管内务府的怡亲王赏识。秋八月,怡亲王口宣圣命,唐英以内务府员外郎衔驻景德镇厂署,年希尧只是遥领,一切烧造事宜,均由他一人主持。①

唐英在督理景德镇官窑期间,"杜门谢交游,聚精会神,苦心戮力,与工匠同其食

---

① 陈宁:《著述丰富的陶瓷文献编撰家唐英》,《景德镇文化研究》(第三辑),中国文史出版社 2018 年版。

息者三年","向之唯诺于工匠意旨者,今可出其意旨唯诺于工匠矣"。唐英是我国陶瓷史上重要的陶瓷专家,雍正十三年(1735年),他撰写《陶成纪事碑记》,全面精确地记载了历代名窑名品釉色,装饰及工艺,所述57种陶瓷品类,堪称"有陶以来,未有今日之美备"者。唐英奉乾隆帝旨意编纂的《陶冶图说》图文并茂,详尽地展示了制瓷工艺过程,被后世誉为"集厂窑之大成",是中国陶瓷史上一部划时代的陶瓷工艺学著作。唐英在督陶过程中,自己掌握陶冶技术,实行了比较进步的陶务政策和管理方法,所以在官窑烧造技术提高的带动下,刺激了景德镇整个制瓷技术的发展和城市的繁荣。

三、瓷界名人雅士选介

瓷业先贤。

张浩(1876—1954年),字犀候,江西新建人。年轻时留学日本东京高等工业学校窑业系,学习窑业。1906年学成回国。辛亥革命后,江西陶业公司在鄱阳分厂停办,1912年陶业学堂被江西省接办,校名改为"江西省立饶州陶业学校",校长改由张浩担任。张浩在原来鄱阳分厂的基础上,开始试制煤窑,创建了一座10个火门的倒焰式煤窑。1913年,煤窑试烧成功,是景德镇第一座煤窑。1915年,"江西省立饶州陶业学校"改名为"江西省立甲种工业学校",张浩任校长。该校是当时全国唯一的陶瓷专门学府,学员来自全国各省区,毕业后担负各地工业试验所和工厂窑业技术的革新改良工作。1925年,在景德镇设立江西陶务局,张浩任局长。1935年任江西省陶业管理局局长。1944年,在江西省立陶业学校任教。张浩通过办学堂、设试验厂进行工艺革新,获得一定进展。

康达(1877—1946年),字特璋,安徽祁门礼屋人,自幼丧父,由叔祖父康移山抚养。12岁到祁门县城应童子试中秀才,17岁到省城安庆大书院就读,光绪二十三年拔贡授内阁中书。不久,因"维新变法"有牵连,康达被贬往江西景德镇监制御瓷。1904年,在许世英的资助下赴日留学,并在日本参加了同盟会。1907年,协助于右任在上海创办《神州日报》。1909年,参与筹建景德镇总商会,担任第一任会长。1910年,先后创办江西省瓷业公司和中国窑业学堂,培养新型技术人员,并且采用机器制瓷方法。辛亥革命爆发后,被推举为饶州知府,并参加在上海举行的"南北议和"谈判和孙中山领导的"讨袁"战争。1916年后,先后在家乡投资二万多银元,在祁门礼屋、倒湖等地造林万余亩。1922年，因双目失明辞归故里。1946年，病逝于景德镇。

吴霭生（1886—1926年），名毓麟，字霭生，广东南海人。原系南洋华侨，随叔父到景德镇经商，1909年在景德镇创办合兴瓷庄。吴霭生在景德镇的17年中对制瓷屡有创新，所制的白釉瓷器、花釉瓷颇负盛名。吴霭生做的白釉瓷器，釉层肥厚、柔润，当年景德镇绘瓷名家汪晓棠、潘匋宇、王琦、王大凡等所用的瓷胎，多为吴霭生所制。他还不断改良造型、革新画面、试制新的颜色釉品种，博得国内外人士普遍赞扬。1912年，吴霭生受浮梁知县陈安委托，创办了景德镇瓷业美术研究社，任社长。

杜重远（1898—1943年），吉林怀德人，著名的实业家、政论家。1917年以官费生留学日本，入东京高等工业学校专攻窑业。1923年夏回国，集资在奉天兴办肇新窑业公司。九一八事变后，任东北民众救国会执委会常委兼政治部副部长。1933年12月8日，《生活》周刊被查封后，于1934年2月10日在上海创办《新生》周刊，任主编。1934年受江西省政府之邀，来江西改革瓷业。同年8月，亲临景德镇考察，写出《景德镇瓷业调查记》，所陈主张得到江西省政府采纳，被委任为江西陶业管理局局长。1935年，在景德镇推行了一系列的瓷业改革，并在九江集资创办了新式的光大瓷厂。

绘瓷名家。

程门，字松生，又名增培，号雪笠、笠道人，安徽歙县人。清光绪年间客居景德镇，从事瓷绘。他工书善画，尤以画著称，山水、人物、花卉以至鱼、虫、鸟、兽皆能。他是最早从事浅绛彩绘瓷的名家。"浅绛"原是借用中国画的概念，指以水墨勾画轮廓并略加皴擦，以淡赭、花青为主渲染而成的山水画，起源于元代，其画家代表人物是黄公望。晚清至民国初，景德镇由于浅绛彩瓷极盛，而造就了一批专画浅绛彩绘的名家。

金品卿，名浩，号寒峰山人，安徽省黟县人。清同治元年至光绪三十四年间（1862—1908年），供职景德镇御窑厂，为光绪初年的浅绛彩绘名家。其擅长浅绛山水、花鸟和人物画，山水画多仿南宋名家及明代沈石田的画，花鸟画宗华新罗派，人物画有黄慎笔意，工行草有董其昌遗风，作品还受到西洋水彩画的影响，后人称他是景德镇文人派画瓷先驱之一。

汪晓棠，又名汪棣、汪棣华，字晓棠，号龙山樵子，江西婺源县人。少时在杭州以绘制纸绢扇为生。光绪、宣统之际至景德镇自学彩瓷，不到数年即名闻遐迩。他以人物画最著名，所画仕女，俏丽妩媚，极见功力。1922年，被推选为瓷业美术研究社副社长。

潘陶宇,字鼎钧,又名古欢,号詹湖外史,江西鄱阳人,为清末民初的绘瓷名家。1911年后,任江西省立甲种工业学校的图画教师,曾培养了不少优秀绘瓷弟子,如"珠山八友"中的汪野亭、程意亭、刘雨岑等。潘陶宇及弟子精制的陶瓷作品,参加在美国芝加哥、费城博览会并获奖,赢得国际声誉。

"珠山八友"。

王琦(1886—1933年),字碧珍,别号陶迷道人,祖籍安徽,后迁居江西新建县,其为"珠山八友"之首。王琦幼年曾读私塾,酷爱绘画。偶遇一位捏塑面人的艺人,于是从其学艺,以捏面人为生。1919年到景德镇雕塑菩萨,后改习瓷上画像,仿扬州八怪之黄慎写意法画衣纹,并学西洋画技法,以粉彩画人物脸面,有立体感、富有新意,被称为"西洋头子"。浮梁县知事陈安曾题"神乎技矣"四字匾额赠与王琦。他曾发起创办景德镇历史上第一个瓷业美术研究社,后又组织月圆会,终成"珠山八友",为促进景德镇瓷艺发展作出了很大贡献。

邓碧珊(1874—1930年),字辟寰,号铁肩子,江西余干人。曾是清末秀才,科举废除后,在余干县从事教学,后来到陶业学堂任教。擅长粉彩鱼藻,所画鱼藻真实、生动、活泼,常画游鱼数尾,三三两两组合,相互联系,来往有势,细腻的笔调、优雅的笔趣明显受日本写实画风影响。因为他的鱼藻画得好,在景德镇享有"鱼王"之称。

田鹤仙(1894—1932年),原名田青,号荒园老梅,祖籍浙江绍兴。他从小喜爱艺术,在抚州随人习画,20岁时来景德镇,曾在江西省陶业公司夜校任教,逐渐与景德镇美术界名画家交流习画。后弃教专门从事陶瓷绘画,专攻粉彩梅花,独具风韵,技艺高超。他画梅用笔苍劲挺拔,用色淡雅绝俗,作风大胆,构图形式活泼,疏密有致,层次适当,表现出梅花的高雅气质。

何许人(1882—1940年),字德达,乳名花子,后改为华滋,安徽南陵人。他少时学画青花,后改为粉彩。民国初年,赴北京学仿古瓷,得见故宫历代名画名瓷,技法大为进步,后专攻彩绘雪景。何许人的雪景山水画的技法,远承宋人造景取势之长,又有明代宫廷院画风格,近受清初王石谷山水影响,用笔精到,工丽严谨,法度整饰。

汪野亭(1884—1942年),名平,号元鉴,别号传芳居士,斋名平山草堂,江西乐平人。曾就学于江西省立陶业学堂,初期师从张晓耕、潘陶宇学画花鸟,后改学画山水。他酷爱明代沈周、清代王石谷的画,对国画造诣颇深,是"珠山八友"中最精山水画者。汪野亭的山水画被人们称为"汪派青绿山水"，具有独特的画风和个性化的工艺技巧，有着很强的文人画的特征。

程意亭（1895—1948年），字甫，别号泊山山民，斋名佩古斋，江西乐平人。16岁入江西陶业学堂图画科，师从张晓耕学画山水花鸟。由于他勤奋好学，具有坚实的国画基础功力和娴熟的绘瓷技巧。毕业后先到九江"普芳居"瓷店画瓷，不久又到上海，拜海派名家程瑶笙为师，习花鸟，技艺大进。1920年到景德镇开业，并潜心攻习花鸟画。1940年前后进浮梁陶瓷职业学校任教员。程意亭擅长画花鸟，深得师传，向以严谨工秀而著称。作画构图独特，运笔传神，既注意写实，又善于夸张，笔调丰富而不粗俗，淡雅而不浅薄，画面古朴端庄、清新俏丽。

徐仲南（1872—1953年），名陔，艺名竹里老人，江西南昌人。10岁时，入南昌一家瓷器店学徒、研习绘画。数年后，经人介绍，到汉口经营瓷画店，自画自售。1918年，受江西瓷业公司的聘请来景德镇，开始在公司主持陶瓷美术工作，不久辞职，专心陶瓷美术创作研究，并与王琦等结识，一同组织月圆会。在"珠山八友"中，他年长望重，画技也高，深为画友所敬佩。徐仲南竹石苍松、山水人物俱善长，青年时画人物，中年专攻山水，晚年偏爱松竹。

王大凡（1888—1961年），号黟山樵子。原籍山西太原，后迁居安徽黟县，出生于江西鄱阳。12岁时，随父母来景德镇学绘瓷。期间，师从瓷画名家汪晓棠。擅长陶瓷人物画，兼写山水、花鸟，画风古朴，用笔细腻、构思严谨、气势洒脱。1915年，所绘人物画《富贵寿考》大瓷瓶在巴拿马国际博览会上获金质奖章。1939年，在浅绛彩画法的基础上，创造了"落地粉彩"技法。1959年，被景德镇市人民政府授予"陶瓷美术家"称号。

毕伯涛（1885—1961年），名达，别号黄山樵子，祖籍安徽歙县，寄居江西鄱阳，清末秀才。早年曾师从鄱阳画家张云山，后居景德镇专攻粉彩，擅长翎毛花卉。毕伯涛的陶瓷花鸟画，承传清代画家新罗山人一派传统，创作的花鸟画风格俊逸清新，极富生活气息而又能力脱时习，画无俗态，作品具有文人画的韵趣，彰显其深厚的艺术功底。

刘雨岑（1904—1969年），曾用名玉成、雨城，斋名觉庵，别号澹湖渔，祖籍安徽太平县，后迁居江西鄱阳。刘雨岑是"珠山八友"中最年轻的成员。他经多年试验，摒弃了先勾画花头轮廓、再用油料多层次洗染的传统技法，而直接用"玻璃白"点出花的形象，然后以含彩料的水笔加以点染，使彩料浓淡自如。这是他吸取清代花鸟画家恽南田、任颐的"没骨法"而改创的"点水法"。用此法绘出的桃、梅、牡丹、月季、紫藤等花卉艳丽鲜活，别具神采，而尤以"水点桃花"运用流传最广。1959年，被景德镇市人民政府授予"陶瓷美术家"称号。

第四节 陶人心语

由于瓷器自身所具有的物质存续的特性，其本体就蕴藏着大量的历史密码与文化符号，便于人们品鉴和研究。但是，我们在关注器物本身的研读之外，还应重视对器物进行解读的历史文献载体，其中所包含的许多历史与文化信息对我们梳理、提炼景德镇文化精妙之处大有裨益。特别是，这些陶瓷著述的作者皓首穷经，字里行间寄寓着他们的"陶人心语"。研讨它们，也是一种深厚的人文体验。

一、蒋祈与《陶记》

蒋祈的《陶记》是世界上最早记述瓷器生产的专文。

20世纪70年代，景德镇市图书馆在整理收藏的古籍时，首次发现了本市的一部康熙二十一年（1682年）版《浮梁县志》。嗣后于1980年11月20日，经江西省古籍善本书目验收小组鉴定，认定是国内的一部珍本的地方志。这部孤本、善本地方志书，内分舆地、天文、建置、赋役、官师、选举、人物、艺文及续志九卷。全志对浮梁（景德镇）的历史沿革、政治、经济、文化艺术、风土人情、陶瓷生产都有具体记载。这本志书的特别之处，是其中附有一篇蒋祈《陶记》，是景德镇也可说是全国最早系统地、全面地记述陶瓷的专著，为研究景德镇的瓷业发展史乃至中国17世纪手工业发展史和世界陶瓷发展史，提供了极为珍贵的史料。[①]

蒋祈《陶记》全文只有1000多字，但其内容丰富，涉及面广，因而引起国内外陶瓷专家学者们的极大兴趣。据有关资料介绍，《陶记》早已传至国外。1910年，英国牛津大学出版的巴沙尔《中国的陶瓷》曾作过英文的节译。1937年，日本《陶瓷》杂志第九号发表了尾崎洵盛的日文译注本。在国内也有些专家、学者对此作了研究。

---

① 林景梧：《瓷都史话》，百花洲文艺出版社2004年版。

专家认为,《陶记》这篇内容宏大的千字文,是中国陶瓷史上一部划时代的著作。30多年前,刘新园对景德镇图书馆发现的康熙版《浮梁县志》所载蒋祈《陶记》内容进行深入研究之后,对《陶记》作于"元代之说"提出质疑,指出《陶记》著作年代为南宋嘉定至端平之间。随后,熊寥对刘新园的"南宋说"进行商榷,并坚持传统"元代说"的观点。之后两位学者就此展开热烈辩论,引起国内外学术界广泛关注,至今蒋祈的《陶记》的创作年代仍然是受人关注的学术课题。

2014年10月20日至21日,蒋祈《陶记》暨景德镇宋元窑业国际学术研讨会在景德镇市举行。来自中国内地(大陆)、香港特别行政区、台湾地区,以及英国、日本、澳大利亚等国家的100多位代表出席会议,提交论文25篇,21位代表作大会发言。就此专题举办一个大型国际学术研讨会,在国内外尚属首次。①

此次研讨会不仅对《陶记》的著作年代进行了深入讨论,更重要的是对《陶记》所涉时代窑业的情况进行了广泛探讨。将《陶记》放在宋元时空框架内,对其陶瓷工艺史、文化史、科技史多方面进行客观探索,加深了对中国宋元窑业,尤其是景德镇地区宋元窑业的认识。

二、宋应星与《天工开物·陶埏》

《天工开物》与景德镇瓷业有什么关系?我们从《陶埏》卷找答案。

宋应星(1587—1666年),字长庚,江西奉新人,明末清初著名的科学家。宋应星一生致力于对农业和手工业生产的科学考察和研究,收集了丰富的科学资料。宋应星的著作和研究领域涉及自然科学和人文科学的不同学科,其中最杰出的作品《天工开物》用大量精美插图和通俗易懂的文字,全面反映了当时中国农业、手工业生产技术的最高水平,是一部比较全面地记述我国传统农业和手工业生产工艺和技术成就的科技著作,被誉为"中国17世纪的工艺百科全书"。

宋应星于明代崇祯七年(1634年)起在分宜任教谕3年,大约在此期间曾到过景德镇作了仔细考察。在这部著作中,有专写陶瓷烧造的《陶埏》,列为该书的第七卷。在这一卷中,又有专述《白瓷》并附"青瓷"一节,插有5幅有关瓷器烧造的绘图。

---

① 江建新:《〈陶记〉:世界上最早记述瓷器生产的专文——蒋祈〈陶记〉暨景德镇宋元窑业国际学术研讨会综述》,《景德镇文化》(第5期),江西高校出版社2015年版。

这些文图都与景德镇瓷器有关，是景德镇陶瓷文化中的宝贵历史资料。①

《白瓷》记述了白瓷、青花、红釉、碎器、千钟粟、褐色杯等瓷器的烧制，还谈到了窑变产品。宋应星在作出多方面的比较后，推崇景德镇瓷器，说："合并数郡，不敌江西饶郡产。"这里的饶郡，指的是饶州府，明代景德镇属饶州府浮梁县。他接着指出："若夫中华四裔驰名猎取者，皆饶郡浮梁景德镇之产也。"

与此同时，他还科学地分析了制瓷技术。他说："商周之际，俎豆以木为之，毋亦质重之思耶！后世方土效灵，人工表异，陶成雅器，有素肌、玉骨之象焉。"是说商周时代，礼器用木制造以示庄重。后来才发现了陶瓷土，人工又施展各种技巧，制造出各种陶瓷器皿。这些器皿有白绢似的肌肤，玉石般的质地。

宋应星在观察景德镇工匠造瓷之后，作了具体记述："凡造瓷坯有两种。一曰印器……一曰圆器……"他还详述了陶车："车竖直木一根，埋三尺入土内，使之安稳。上高二尺许，上下列圆盘，盘沿以短竹棍拨运旋转，盘顶正中用檀木刻成盔头冒其上。"他观察入微，计算准确，如说一器之成："一杯工力，过手七十二方克成器。其中微细节目尚不能尽也。"讲碎器的制造是："利刀过后，日晒极热，入清水一蘸而起烧出自成裂纹。"

三、唐英与《陶成纪事碑记》《陶冶图说》

唐英是我国清代雍乾时期杰出的陶瓷专家。

据《清史稿》载："唐英，字俊公，汉军旗人。官内务府员外郎，直养心殿……英继其（年希尧）后，任事最久，讲求陶法，于泥土、釉坯胎、火俱有心得，躬自指挥。又能恤工慎帑，撰《陶成纪事碑记》。"②

唐英的陶瓷文献编撰成果包括两个方面。一是制瓷专论文献。主要包括《陶冶图说》《陶务叙略碑记》《瓷务事宜示谕稿》及各种督陶奏折等。这些制瓷专论文献是中国古代极其珍贵的陶瓷史料，对于了解和认识清初景德镇制瓷业的生产历史及其成就，尤其是对于研究清初景德镇御窑厂的制瓷工艺及其成就，具有极高的参考价值。二是自撰诗文。唐英所撰诗文主要收录于《陶人心语》及其《续选》中。其

---

① 林景梧：《瓷都史话》，百花洲文艺出版社2004年版。
② 江建新：《景德镇明清官窑杂识②》，《景德镇文化》（第2期），中国文史出版社2014年版。

内容大多朴实无华，恬淡自然，与他督陶制瓷的经历密切相关，包括记述陶事、颂扬陶人、怜爱百姓、寄情山水、思乡念亲、叙史言志等。唐英在自制的瓷器上也常题有他自撰的诗文。

雍正十三年（1735年），经8年协理窑务，又因用心钻研，唐英写成《陶成纪事碑记》。这是篇陶瓷工艺学著作，详尽记述了雍正时期官窑生产的概况，有关烧造经费、工匠待遇、包装解京等，其中说到"仿古采今，宜于大小盘、杯、盅……等，岁例贡御者五十七种"。这其中有创新仿古品种，有依据宫中旧藏照样仿烧，有的是采集窑址标本加以研制烧成，有的则根据文献记载反复试验烧制，有的则是督陶官在烧制御器的过程中创新的品种。《陶成纪事碑记》是一部清初御窑烧制的瓷器品种最完备的记录，是反映当时制瓷工艺水平的重要陶瓷文献，是清初以后官窑生产的重要参考资料。

乾隆八年（1743年），唐英奉旨编撰《陶冶图说》（也称《陶冶图编次》）凡二十则，图依次为"采石制泥""淘练泥土""炼灰配釉""制造匣钵""圆器修模""圆器拉坯""琢器造坯""采取青料""拣选青料""印坯乳料""圆器青花""制画琢器""蘸釉吹灰""旋坯挖足""成坯入窑""烧坯开窑""圆琢洋采""明炉暗炉""束草装桶""祀神酬愿"。《陶冶图说》全面系统地总结了景德镇制瓷工艺，其按成型方法介绍的景德镇瓷器分类——圆器和琢器，对景德镇陶瓷生产有现实的指导意义，并一直沿用至今，为景德镇手工制瓷提供了技术规范。

除此之外，唐英还喜欢钻研，在书法、绘画、篆刻、戏曲、文字学等方面也有颇深的造诣，留下了相关的编撰成果。如唐英改编的戏曲曲目主要有《虞兮梦》《英雄报》《女弹词》《长生殿补阙》《十字坡》《三元报》《佣中人》《梁上眼》《天缘债》《巧换缘》《芦花絮》《梅龙镇》《面缸笑》《双钉案》《转天心》《清忠谱正案》《笳骚》等，后来大多收录于《古柏堂传奇》（又名《灯月闲情》）中。唐英改编剧本，犹如他督陶制瓷一样，不拘束缚，勇于革新，在中国古代戏曲发展史上具有一定的影响力。唐英还编有字书《问奇典注》六卷，辑刻我国现存第一部专收琵琶亭题咏的诗集《辑刻琵琶亭诗》等。①

可见，唐英确实是一位兴趣广泛、著述丰富的陶瓷文献编撰家。

---

① 陈宁：《著述丰富的陶瓷文献编撰家唐英》，《景德镇文化研究》（第三辑），中国文史出版社2018年版。

四、朱琰与《陶说》

朱琰的《陶说》是中国第一部有关陶瓷器的专著。

《陶说》的作者朱琰，字桐川，别号笠翁，海盐人，乾隆三十一年（1766年）丙戌科进士，曾任直隶富平知县。后为江西巡抚吴绍诗的幕僚，时间大约在1766—1769年。朱琰能诗善文，又是一位画家及博古之士，著作丰富，在江西时留心瓷业，写出著名作品《陶说》。该书叙述了我国陶瓷的历史，详尽地说明陶瓷制作的源流和各种器物制度，侧重于实用，并着重近代和当代。①

全书分六卷：卷一为《说今》（饶州窑、陶冶图说）；卷二为《说古》（原始、古窑考，附"我国古代烧造瓷器重要地区表"）；卷三为《说明》（饶州窑、造法）；卷四为《说器上》（唐虞器、周器、汉器、魏器、晋器、南北朝器、隋器）；卷五为《说器中》（唐器、宋器、元器）；卷六为《说器下》（明器）。书前有尚书裘曰修的序；书后有朱文藻、鲍廷博、黄锡蕃、魏经腴分别写的四个跋。序与跋均认为"夫陶之为器，切于日用，前人未有专书"，"自有明以来，惟饶州之景德镇独以窑著"。

《陶说》全书原文包括译注共268页，其中说景德镇瓷器的有120页，而且在其他篇中也偶有提及，也就是将近一半的篇幅说景德镇瓷。除古瓷外，今瓷是以景德镇瓷为主的。但是它毕竟不是写景德镇的专书，正如清嘉庆时浮梁知县刘丙所说，《陶说》中的《说古》，"自唐虞以来，说器详官、哥、定、汝，博考群书，足无挂漏；独《说今》景德镇陶，情惜犹多所未备。盖其制器之委曲精洋，诚有非采访纪录可得而尽也"。卷三《说明》"饶州窑"叙述道："饶州府浮梁县西兴乡景德镇，水土宜陶。镇设自宋景德中，因名。置监镇，奉御董造，饶州窑自此始。"

五、张九钺与《南窑笔记》

《南窑笔记》是清代早期出现的一部陶瓷札记类著作。

《南窑笔记》采用一条一记、随写随录的撰述方式，其内容对于探究明清两代景德镇的制瓷工艺流程及其方法具有十分重要的参考价值。该书也是继督陶官唐英《陶

---

① 林景梧：《瓷都史话》，百花洲文艺出版社2004年版。

冶图说》之后的又一部陶瓷工艺学力作，在学界影响力颇大。

但长久以来，对这本书的著作者及成书时间，一直是个谜。为此，有研究者从史料记载、正文内容、编排体例以及稿本的流藏经过、装帧形式、书法风格等多方面考证该书的著者及成书时间，认为该书"当由清代学者张九钺编撰而成，初稿于乾隆四十二年（1777年）"，并对张九钺的生平事迹作了详细介绍。①

张九钺，字度西，号陶园，又号紫岘山人、罗浮花农、梅花驿使等，湖南湘潭人，1721年8月30日出生于当地一个望族家庭，出身书香门第。张九钺7岁读《楚辞》，12岁入县学，被视为"神童"。15岁时，被选拔为贡生。1742年4月，京城朝考，试太和门，张九钺中一等一名，入太学肄业，并考取正黄旗官学教习。1745年，教习期满，本该外用充任一地知县，他却请辞归里。

此后10余年间，张九钺大部分时间在家著述，相继完成了《历代诗话》《双虹碧传奇》等书。1758年，张九钺再次入京，次年考补正红旗官学教习。1762年，参加顺天府乡试，中举人；次年又参加会试，中明通榜第三名，被选拔江西任知县。张九钺曾在南丰、峡江、南昌等江西多地任知县，任职期间颇有政声，百姓歌功称颂，还有立祠祀之者。1768年，因政绩卓著，被擢升为吉安府莲花厅直隶同知，但因守孝归里，未能赴任。3年后，被重新启用，仍以知县调任广东，亦有政声。后因海阳盗案牵连落职，辞官归里。

"官既罢，贫不能自存。"橐笔游历于南昌、扬州、徽州、杭州、开封、洛阳等地，著述甚丰。其中，张九钺于1777年再次回到南昌，于乾隆四十二年（1777年）撰成《南窑笔记》一书。此后数年，相继完成《晋南随笔》《山川考略》等多部著作，并受多地官员之聘，纂修地方县志，在周南、临淮、昭潭等书院主讲，"作育人才，一时称盛"。1803年9月19日，张九钺因病不治，卒于家中，享年83岁，敕授奉政大夫。

《南窑笔记》全书共34条，除"引言"外，每条内容前都有标题，分别是柴窑、汝窑、官窑、哥窑、定窑、龙泉窑、钧窑、永乐窑、宣窑、成宏窑、正德窑、嘉万窑、厂官窑、釉炉、配釉、坯胎、圆器、琢器、雕削、印器、镶器等。其中，涉及景德镇仿制的古名窑7条、明代窑6条，记述景德镇瓷器制作的胎、釉、彩、窑等21条。

---

① 陈宁：《〈南窑笔记〉著者之秘探析》，《中国文化报》，2017年11月2日。

六、蓝浦与《景德镇陶录》

写景德镇瓷器的专著，当然首推《景德镇陶录》。

《景德镇陶录》为浮梁县景德镇人蓝浦、郑庭桂著辑。本书原名叫"录"。原著者为蓝浦，字滨南，号耕余，做过郑庭桂的老师。蓝浦生长在景德镇，耳濡目染，熟悉景德镇瓷器生产过程，看到没有专门记述景德镇瓷器的书，感到可惜，便想到博采众家的说法，结合景德镇当时制作的技艺编辑在一起。可是没等到他编完，就因病逝世了，书稿放在书箱中 20 多年。蓝浦的妻子汪氏曾找丈夫原来的学生郑庭桂，要他想办法续成。①

郑庭桂，字问谷，居景德镇南门。嘉庆戊寅二十三年（1818 年）的副贡生。在此以前，家境困难，对师母汪氏所托办的事没有力量完成，感到十分歉疚。幸好在嘉庆十六年（1811 年）有了一个意想不到的机缘。那年浮梁县来了一位知县刘丙，字克斋，安徽广德县人，是一位进士出身的文官。他在公余常到陶瓷作坊去考察，很想对景德镇瓷写成专书，可是没有空暇。

刘丙有个小儿子，正是读书的年龄。刘丙听说郑庭桂是个有学之士，便聘请他为儿子的老师。郑庭桂任教后，二人常有机会接近，郑庭桂便趁机将先师蓝浦的《陶录》遗稿请问于刘丙。刘丙看过后，十分高兴，认为该书稿所记载的东西都是他耳目所未及的，便要郑庭桂把它续写完，以便付梓刊刻成书。于是，郑庭桂便着手修订增补，并按刘丙的意见，把书的总题定名为《景德镇陶录》。《景德镇陶录》原来只有六卷，经郑庭桂调整补充，为十卷，其中卷首《图说》、卷尾《陶录余论》是郑庭桂收集整理和补辑的，二至九卷，则基本上是蓝浦的原作。

卷一《图说》，《景德镇图》叙述景德镇简史，附景德镇地图，《御窑厂图》叙述景德镇御窑厂的位置、建筑，列举 23 种陶务作坊、厂内外神祠和御窑厂的供应，附御窑厂图，叙述取土、炼泥、修模、洗料、烧炉等 14 道工序。卷二《国朝御窑厂恭纪》，简述御窑厂历史，年产量，工人数目和组织；《镇器原始》列举景德器、宋器、湘湖器、湖田器、洪器、永乐器、宣德器、成化器、正德器等 37 种御瓷。卷三《陶务条目》，陶有窑、窑有户、户有工、工有作、作有家，镇瓷花式。卷四《陶务方略》。

---

① 林景梧：《瓷都史话》，百花洲文艺出版社 2004 年版。

卷五《景德镇历代窑考》。卷六《镇仿古窑考》,定窑、汝窑、官窑、龙泉窑、哥窑、钧窑。卷七《古窑考》,洪州窑、越窑、柴窑、邓州窑、建窑等。卷八《陶说杂编上》。卷九《陶说杂编下》。卷十《陶录余论》。

七、龚鉽与《陶歌》

《景德镇陶歌》是一部诗集。

《景德镇陶歌》(简称《陶歌》)为清嘉庆道光时人龚鉽所著。该诗集共收入作者60首诗,全部是记述景德镇窑业的,其内容涉及政治、经济、艺术、民俗、历史等方面,具有较高的文学和历史价值。

作者龚鉽,字适文,南昌人。据其书自序,他曾于嘉庆十九年至二十二年(1814—1817年)在浮梁县衙做过4年秘书一类的工作。在此期间,他经常在景德镇办事,留心陶业,与工人聊天,"谒御窑工,探坯房窑户,看满窑辄经日"。天长日久,他交上了不少瓷工朋友,工人见他平易近人,便将许多烧瓷的艰辛和要领向他倾诉。"二三朋好多土著,为指窑瓷工,皆一一穷其原委"。

龚鉽将这些均写成诗,有100余首,时间当在1817年,后诗稿失散。1823年,龚鉽从友人处复得旧稿,于是从中精选60首,题曰"陶歌"。《景德镇陶歌》中的60首诗每首均无题,全系七言四句,每首诗后均有简短的说明注释,对了解诗的内容有很大的益处。

记述景德镇历史的有:

江南雄镇记陶阳,绝妙花瓷动四方。
廿里长街半窑户,赢他随路唤都昌。

诗后注曰:离镇五里观音阁下有江南雄镇,坊窑业多都昌县人。

记述陶瓷工艺的诗有20余首,约占全诗的三分之一。从原料、成型、烧成、上釉、彩绘等工艺细节,几乎均有专诗描述,如记述原料的第三首:

在山石骨出山泥,水碓舂成自上溪。
要是高庄称好□,□船连载任分携。

描述陶瓷艺术的也有几首，有的叙述作者个人的美学观点，有的则描述历史上的名瓷佳作，如第三十九首，记述象声瓷，同时也反映了作者的审美观：

雕作从来枉作劳，更嗤桃核刻牛毛。
圣朝器服惟坚朴，不使矜奇到若曹。

◎ 思考题

1. "景德产佳瓷，产瓷不产手"的含义是什么？
2. 景德镇历史上的"都帮""徽帮""杂帮"分别指的哪些人群？
3. 目前史料可考景德镇的首位窑务官员并当窑神立庙供奉的人是谁？
4. "珠山八友"群体是八个人吗？都有哪几位？
5. 写景德镇瓷器的专著《景德镇陶录》是何人所写？有多少卷？

第五章

器走天下

瓷器与国齐名，作为中国贡献给世界伟大发明的瓷器，已成为中国联系世界的重要载体，可谓"中国通过瓷器走向世界，世界通过瓷器认识中国"。中国瓷器曾经在过去1000多年的时间里，始终是"文化大循环"的中心主角，在欧亚大陆进行远距离的文化传播，而且深入所到之处的原有生活。

通过瓷器这一物质载体，不同国度的制作者、购买者和欣赏者的风俗信仰与文化心理等精神层面的东西，都化作具体的器型、图案和绘画，非常清晰地流露和表达在瓷器之上。从西方的角度来看，到东方寻求瓷器，则是促成全球化壮举的伟大开篇。

千年瓷都景德镇不熄的窑火，曾经引领着世界陶瓷的发展。可以肯定地说，世界上可能找不出哪样东西，能够像景德镇瓷器一样，成为多民族、多宗教、多习俗、多文化共同参与创造的载体。精美的景德镇瓷器为中华优秀陶瓷文化作出了自己独有的贡献。

纵观中国陶瓷发展历程，在由"北白南青"发展到"青白并举"，进而演绎到黄金时期的青花瓷过程中，景德镇一代又一代瓷工们继承与探索，创造并丰富了瓷器的表现词语，形成青花、粉彩、颜色釉、青花玲珑等丰富多彩的装饰手法，并运用到陈设艺术陶瓷、日用陶瓷甚至建筑、卫浴陶瓷领域，影响了近六个世纪世界陶瓷的装饰艺术与表现手法。

伴随着历史车轮驶入新的世纪，景德镇人承前启后，继往创新，无论是立足传统工艺制造，还是融入现代美学理念，一直在探索中前行，在前行中发展，在发展中收获。从原燃材料、生产装备、工艺技术到经营理念和产业结构都有了新的发展。艺术陶瓷领域百花齐放、大师云集、人才辈出，日用陶瓷产业异军突起、创新引领、规模发展。

本章，我们从"行于九域""施及外洋""丝路瓷韵"几个方面来描述景德镇瓷器"器成天下走"的历史概况、时代风格和文化特征。

第一节 行于九域

前文已述，虽然文献记载说，景德镇制瓷业"始于汉世"，以后各朝均未间断，但从考古资料来看，瓷器的始烧时间最早不会超过晚唐。唐五代景德镇的黄泥头、白虎湾、杨梅亭、湖田等窑址主要生产灰胎青瓷和白胎白瓷两大类。而宋代的青白瓷正是从五代白瓷的基础上发展起来的。景德镇青白瓷以其具有的"薄如纸、明如镜、白如玉、声如磬"的显著特点，成为中国陶瓷的标志性产品。元代兴起的青花瓷被欧洲人认为是中国人送给欧洲文艺复兴的礼物。近 600 年的景德镇御窑更是创造了无以计数的瓷器瑰宝。当然，新中国成立后的"厂瓷"也不应被遗忘。本节中我们选取青白瓷、青花瓷、明清御瓷和"厂瓷"等具有阶段性和代表性的景德镇瓷器几大品种展开叙述。

一、景德镇青白瓷

我们可以把瓷器的发明简要地作如此概括：瓷器是古代劳动先民通过长期的生产实践，在制作陶器的基础上，积累了丰富的经验，然后在一定的历史与地域条件下，选用了优质黏土矿物原料，改进操作技术，使产品发生质的变化，最后形成一套完整的制瓷工艺。这中间，存在着一个由低级到高级、由量变到质变的过程。瓷器的发明无疑是无数不知名的瓷工们长期进行辛勤劳动的结晶。[1]

中国的"原始瓷"自商代中期产生以来，历经一千多年的岁月。到东汉晚期，终

---

[1] 轻工业部陶瓷工业科学研究所：《中国的瓷器》，轻工业出版社 1983 年修订版。

于在我国南方出现了划时代的飞跃，产生真正意义上的瓷器。浙江东汉晚期的瓷器已相当成熟，基本符合近代瓷器的标准。所以，我国最早的瓷器是青瓷。

而景德镇典型的青白瓷大量出现于宋代中期，接近现代细瓷的水平。由于瓷质的纯净，映衬出釉色的"光致茂美"、白里泛青、温润如玉，迎合了宋人尚玉的美学趣味。景德镇得天独厚的优质制瓷原料和不断改进的制瓷技艺，青白瓷在全国的影响越来越大。宋代景德年（1004—1007年）中，"景德"置镇，就与北宋王朝"遣官制瓷贡京师"有关。①

前文已述，"青白瓷"，也称作"映青""隐青""影青"。景德镇青白瓷具有"薄如纸、明如镜、白如玉、声如磬"的特点，自成体系，经历了创烧期、繁荣期、发展繁荣期以及衰落期等不同阶段。②

宋太祖建隆元年至宋真宗乾兴元年（960—1022年）。

五代晚期至北宋前期是青白瓷的创烧期。南方地区相对安定，社会经济整体平稳。景德镇在承袭五代窑业基础上，创烧了一种釉色青中闪白、白中泛青的青白釉瓷。北宋建国之初，经济开始复苏，伴随制瓷原料、窑业技术的改进，景德镇瓷业发生了根本性的变化，完全抛弃五代时期传统的青瓷和白瓷，大量生产青白瓷。这时的青白瓷器类简单，多为日常生活用器，造型继承晚唐五代风格，稳重敦实，朴实无华，器物多仿金银器，作瓜棱、葵口式，器身浅矮，瓷胎白净，胎体较厚，胎质较粗，器体装饰较少。

宋仁宗天圣元年至钦宗靖康二年（1023—1127年）。

这是青白瓷的繁荣期。这段时期政局稳定，经济发达，直接促进了手工业的发展。青白瓷造型多样，种类繁多，每种器类的造型款式复杂，呈现出精巧轻盈、挺拔秀丽、玲珑剔透的特征，真正达到了"薄如纸、明如镜、白如玉、声如磬"的"饶玉"标准。器物胎质细薄透光，有的碗盘碟口沿薄如蛋壳，烧成后釉色纯正温润，晶莹淡雅，光亮透明，犹如青白玉质。

南宋高宗建炎元年至宋恭帝德祐二年（1127—1276年）。

这是青白瓷生产的发展繁荣期。南宋初期受当时纷乱政局的影响，加上景德镇窑业面临较严重的原料危机，青白瓷的生产出现衰弱迹象，产品质量下降，生产规模缩

---

① 罗学正：《陶林撷翠：中国古陶瓷史话百题》，五行图书出版有限公司2004年版。
② 张文江、赖金明：《景德镇的宋元青白瓷》，《景德镇文化研究》（第二辑），中国文史出版社2018年版。

小，走向低谷。尽管如此，偏安江左的南宋在政权得到巩固后，大力发展经济，积极鼓励海外贸易，面对国外市场需求的激增，窑工很快通过改进装烧技法来扭转低迷的局面，生产又重新走上兴旺发达的景象。

南宋德祐二年至元末（1276—1368年）。

这是青白瓷生产的衰落期。元初青白瓷生产沿袭南宋时期，造型、装饰和胎釉特征一如前期。但不久在继承宋代的基础上形成自己独特的风格。瓷胎采用瓷石加高岭土的二元配方法，胎中氧化铝含量明显增加，烧成温度相应提高，减少了器坯在焙烧过程中的变形，使元代青白瓷由原来软质瓷演变成硬质瓷，大型器物的烧制成为方便可行。元代青白瓷的风格由宋代的轻巧挺拔演变为厚重饱满，胎体厚重，器类比宋代增多。

景德镇青白瓷一出现就深受人们的喜爱，在市场上成为十分畅销的商品，东到东海之滨，西至四川，南达南海西沙，北到大漠均有青白瓷的身影。在南宋都城就有青白釉瓷器的专卖店，南宋周密的《武林旧事》、耐得翁的《都城纪胜》以及吴自牧的《梦粱录》等书均记载南宋都城临安有专卖青白瓷的店铺。

考古调查研究表明，在河北、山西、山东、辽宁、吉林、陕西、河南、江苏、浙江、安徽、湖北、湖南、江西、福建、广东、广西、四川、内蒙古、新疆19个省（自治区）的106个县、市、乡出土有宋元青白瓷器。青白瓷流通地域如此广泛，几乎达到了全国的三分之二的省份，除个别省出土的青白瓷为本省产品，绝大多数青白瓷都是景德镇窑产品。任何一个宋代瓷窑产品都远不及景德镇青白瓷的流通区域广泛。

青白瓷还是宋元时期瓷器中大宗出口商品，是古代丝绸之路的重要商品，在外销瓷器中占有重要地位，大量远销亚洲、非洲的许多国家和地区。南宋赵汝适在《诸蕃志》中提到用瓷器贸易的地方有亚洲15处地区和国家，即现今的越南、柬埔寨、马来西亚、印度尼西亚、菲律宾、印度等，明确提到青白瓷和白瓷各1处。元代航海家汪大渊在《岛夷志略》中也有多处关于青白瓷贸易的记载，如"罗卫，贸易之货用……青白碗"，"班达里，贸易之货用……青白瓷"等。

二、景德镇青花瓷

我们从意大利画家乔凡尼·贝利尼的画作《诸神的盛宴》说起。

《诸神的盛宴》是由意大利文艺复兴时期威尼斯画派的乔凡尼·贝利尼于1514年

创作的，描绘了奥林匹斯山的众神在夏日的午后参加了一个慵懒的聚会。画面中，这群神仙沐浴着午后的阳光，收起了武器，拿着酒杯与水果。他们没有了盛气凌人的神性，在聚会中放松了身心，享受着这一刻的宁静与恬淡，如普通的农家聚会一般温馨随意，折射出威尼斯人享受人生、自由狂欢、无拘无束的社会风尚，展示了美丽的生命诗意和彼岸世界的诱人图景。但是，我们更要关注的是：画面中点缀着的青花瓷器，显示着中国明代青花瓷出口欧洲的影响，是神们都使用的器皿。①

我们还要关注当时欧洲贵族曾经患过的"瓷器热症"。

萨克森尼选帝侯兼波兰国王奥古斯都二世，外号"强王"，是个狂热的瓷器藏家，同时也拼命想破解制瓷的秘方。这位波兰王染患了亚洲奢侈品反对者所称的"瓷器热症"，就像高烧般发狂地想要拥有瓷器，而且是最出名、最显赫的患者。他派驻荷兰的代理，在荷属东印度公司的拍卖会上为他购下巨量的中日瓷器，一车车、一船船运回德勒兹登。奥古斯都甚至梦想出一些超出瓷质能力范围之外的庞大计划，比方说建造一座全部由瓷烧成的宫殿，包括墙壁、御床、御座，以及一间瓷造的小礼拜堂，搭配瓷制讲坛、风琴和圣坛。其子奥古斯都三世继承王位后，也继承了其父对瓷器的热爱。

中国青花瓷在欧洲的辉煌事迹还有许多，最知名的例子就是1715年奥古斯都二世与普鲁士腓特烈大帝之父腓特烈·威廉一世做了一笔交易，把600名萨克森尼龙骑兵换了151件康熙时期的青花瓷。这些瓷瓶都有盖，几乎高达1米，从此被世人称作"龙骑兵瓶组"，被波兰王卖到他国的骑兵，编入普鲁士（即日后的日耳曼）陆军，组成萨克森尼九十四步兵4师，绰号"瓷器兵团"。这支番号劲旅的最后重要一役，是1942—1943年的斯大林格勒之役。当时他们依然佩戴着代表奥古斯都二世身为神圣罗马帝国元帅的纹章：双剑十字交叉，亦是麦森瓷器的标记。②

欧洲人曾认为，青花瓷是中国人送给欧洲文艺复兴的礼物。

在景德镇瓷器珍品之中，恐怕没有比青花瓷更有历史和现实地位的了，它甚至成为国际视野里的中国元素，中国文化的显著标志。我们从历年国际上的天价拍卖行情中就可以一窥见其价值：2005年，元青花"鬼谷子下山图"罐以2.3亿元的天价拍出；2007年，"元青花龙纹四系扁瓶"以9790万元成交；2012年，"元青花鱼藻纹折

---

① ［美］罗伯特·芬雷著，郑明萱译：《青花瓷的故事：中国瓷的时代》，海南出版社2015年版。

② ［美］罗伯特·芬雷著，郑明萱译：《青花瓷的故事：中国瓷的时代》，海南出版社2015年版。

沿盘"以 6888.5 万元成交；2011 年，"元青花龙纹大罐"以 5376 万元成交。①

青花瓷是中国瓷器的主流品种之一，属釉下彩瓷，是用含氧化钴的钴矿为原料在陶瓷坯体上描绘纹饰，再罩上一层透明釉，经高温还原焰一次烧成。钴料烧成后呈蓝色，具有着色力强、发色鲜艳、烧成率高、呈色稳定的特点。成熟的青花瓷出现在元代景德镇湖田窑，明代青花成为瓷器的主流，清康熙时发展到顶峰。

有学者认为，原始青花瓷应在唐宋已见端倪。在青花瓷的成熟之前，应该有一个发生和发展的阶段，即通常所说的"草创"阶段。从草创到成熟，有一个复杂的演变过程，促使其演变的动力，既有内在因素，也有外来影响，而且外因总是通过内因起作用。昙花一现的唐代青花与成熟的元代青花之间，因为时间的跨度太大，表面看来并无继承关系，但是促使唐代青花的产生与元代青花的成熟，二者之间的外因却极为相似，即它们都是外销刺激下的产物。②

元青花瓷在景德镇横空出世，并且高质量地大量生产，主要是满足外贸市场的大量需求。当时，元代宫廷用瓷和国内市场需求，远不及官营和民营海外贸易的出口量，而且销往西亚、西南亚、东非的产品质量最好，甚至超过宫廷用瓷的质量。从海上陶瓷之路与陆上丝绸之路沿线各国遗址，以及海底出土、出水的元青花瓷也充分证实了这一点。③

海外贸易的高额利润大大促进了景德镇元青花瓷的生产发展和质量的迅速提高。景德镇元青花瓷窑址不仅在离镇区内约 5 公里的湖田、浮梁县旧城出现，而且沿昌江东岸，北自观音寺，南到小港嘴，绵延几千米，东西前街、后街之间宽约 1 公里的镇区内，元青花瓷窑址一个接一个。可以想象，当时的景德镇，来自波斯的商人与元朝的官商、民商走街串巷，大量收购元青花瓷，来自八方的官匠、民匠与作坊主日夜忙碌，加紧生产，窑场"火光烛天，夜不能寝"，呈现出一派繁华景象。

不过，有趣的是，很长一段时间内，人们对元代景德镇有没有青花，元代青花又是一个什么样子曾经迷雾重重，语焉不详。因为元代的正史文人笔记中几乎只字未提，而元代人汪大渊《岛夷志略》中所记销往国外的瓷器中有"青白花瓷器"，到底是指青花瓷还是刻印青白瓷，至今学术界都没有统一的意见。清代乾隆版《浮梁县志》中记载所谓"元代蒋祈《陶记》"中也只提青白瓷，而不见青花以及枢府瓷的记载。

---

① 《景德镇元青花瓷器历年成交记录》，企汇网，2014 年 10 月 26 日。
② 罗学正：《陶林撷翠：中国古陶瓷史话百题》，五行图书出版有限公司 2004 年版。
③ 黄云鹏：《元青花探究与工艺再现》，江西美术出版社 2017 年版。

最早提及青花瓷的文献是刊刻于明洪武二十五年的《格古要论》，曹昭在"古饶器"中提到"近时有青色及五色花者者，且俗甚"，即使成书时间可以上推到元代后期，一句"且俗甚"却使后人谈瓷避而远之，所以明清的许多志书、文人笔记和陶书中，谈及青花瓷多言必称"永乐、宣德"。对于元代的青花瓷直到20世纪40年代以前一直是迷雾一团。多亏了元代江西上饶玉山县的一位名叫张文进所提供的一条信息，才使元代青花瓷拨开迷雾见青天。①

这位张文进于元代至正十一年（1351年）四月，特地到景德镇订做了一副供器，包括香炉和花瓶，供奉于某地的一个寺庙，并在花瓶的颈部题写了一段话："信州路玉山县顺城乡德教里荆塘社，奉圣弟子张文进，喜舍香炉、花瓶一副，祈保合家清吉，子女平安。至正十一年四月良辰谨记。星源祖殿，胡净一元师打供。"这些供奉于寺庙的青花瓷其中的一对青花云龙象耳瓶，在鸦片战争以后被一位名叫大维德的英国收藏家收藏。

大维德收藏的这对元代青花瓶，在中国被称作"至正瓶"，西方称之为"大维德瓶"（The David Vase）。因为这一对瓶子，中国找到了元青花，意义非常重大。在20世纪50年代之前，欧洲和中国都不知道元青花和明代早期、中期青花有什么区别。因为这对瓶子上有至正十一年（1351年）的铭文，因此才让学者认识到什么是元青花，什么是标准的元青花。②

1929年，一个名叫霍布逊的英国学者在大德基金会的大批藏瓷中发现了这对元青花瓶。因为纹样排列形式与装饰风格比较独特，又有元代的确切纪年，霍布逊作为重大发现而撰文对外发表。但没有引起当时人们的重视，直到50年代初才被美国一位名叫波普的学者所注意。波普博士反复研究这对花瓶，并以此为标准器，对照伊朗阿特别尔寺及土耳其伊斯坦布尔博物馆所藏同类青花瓷，在传世品中找出一批所谓"至正型"的元代青花瓷，并写出两本著作。从此，人们才开始认识元代青花瓷的真实面貌，同时掀起了元代青花瓷的研究热潮，并涉及国内的古陶瓷界。

新中国成立以来，陶瓷文物考古工作者根据已取得的研究成果，对照我国元代居住遗址、元代窖藏、元墓及明初墓中出土的瓷器，找到了一大批元代青花瓷。其中如北京元大都后英房遗址、北京旧古楼大街窖藏、河北省保定县窖藏、江苏省金

---

① 罗学正：《陶林撷翠：中国古陶瓷史话百题》，五行图书出版有限公司2004年版。
② ［英］柯玫瑰：《欧洲人收藏的中国瓷器》，《景德镇文化研究》（第一辑），中国文史出版社2017年版。

坛窖藏、湖南省常德元墓、江西省高安窖藏和波阳元墓以及南京明初墓葬等，大大丰富了世界之青花瓷的藏品数量，特别是景德镇湖田窑刘家坞、市区珠山北麓、落马桥、中渡口等处元青花窑址和残片标本的发现，为元代青花瓷的研究提供了丰富的一手资料。

元青花的发现，让人们惊喜地看到成熟青花瓷的本来面目：素肌玉骨的白瓷胎、浓艳的钴蓝呈色和精美的纹饰、白里泛青的高温颜色釉、釉下青花纹样清晰、幽倩明快的青花色泽与精美瓷质所构成的美学韵味。

三、景德镇明清御瓷

自元代算起，经明清两代，历代帝王在景德镇设立御窑达 600 年之久。景德镇御窑，不仅书写了中国陶瓷历史上最为辉煌的篇章，也创造发明了极其精湛的制瓷工艺技术。千百年来，一代又一代景德镇制瓷技艺人员，为皇室宫廷创造了无以计数的瓷器瑰宝，同时也创造了灿烂辉煌的御瓷文化，更为后世留下了十分丰富而又极其宝贵的非物质文化遗产。[1]

下面我们分几个阶段来概述景德镇明清两代的御窑瓷器。

明代前期的御窑。

明洪武时期，御器厂始创。凭借皇家特权，景德镇御器厂汇聚了全国瓷艺资源，极大地推动了瓷器工艺的革新。洪武瓷器，土质细腻，釉分青、白二色，以纯素者为佳。器型硕大的青花釉里红大盘、大碗、大罐，素朴雄浑粗豪而不失民族文化风韵，形成了洪武官窑气度雄浑的独特风格。

但有专家认为，洪武官窑瓷器总体来说，无论器形与纹饰都与元代的区别不大。其胎体大多厚重，少数较薄。器型以碗、盘、梅瓶、玉壶春瓶、执壶等为主。碗一般侈口、圈足较高。梅瓶小口、丰肩。釉色有白釉、青花、釉里红、釉上红彩（矾红）等。白釉白度较低，泛青或灰。青花使用国产钴料，发色泛灰，笔画中也有黑斑。纹饰以缠枝花卉和云纹为主，元瓷纹饰层次多的风格仍在延续，但拥挤的现象开始改变。花卉、云朵等纹饰留白边。龙纹身体细长，除三、四爪外，出现五爪，爪子呈风火轮

---

[1] 肖振松：《景德镇文化产业化与产业文化化辨析——以御窑为核心的制瓷工艺技术是景德镇的宝贵资源》，《景德镇文化》（第 3 期），中国文史出版社 2014 年版。

形。元代器物中常见的人物故事和瑞兽纹饰，在洪武瓷器中却极少出现，未出现年款。①

如果说洪武御瓷与元代瓷器的风格由于"相近关系"而有些形似，那么，宣德与永乐瓷器则因为这种"关系"而显得更为形神相似。

譬如，一些无款宣德青花瓷与永乐青花瓷便难以区分开来。宣德与永乐官窑瓷器，其胎、釉和纹饰没有多少区别，宣德器型也多沿用永乐形制，但也存在差异，不过差异不大，故有"永宣不分"之说。②

永乐、宣德时期的青花瓷器，以胎釉精细、青色浓艳、造型多样和纹饰优美而久负盛名，被称为我国青花瓷器的黄金时代。根据出土和史志记载，明永乐元年御器厂便开始为朱棣烧造宫廷用瓷，出土的永乐官窑瓷器中以白瓷最多。

根据这些出土的永乐甜白瓷器来看，明成祖朱棣似乎对甜白瓷甚为青睐，如《明太祖实录》永乐四年（1406年）十月丁末条记："回回结牙思进玉碗，上不受，命礼部赐钞遣还，谓尚书郑赐曰：朕朝夕所用中国瓷器，洁素莹然，甚适于心，不必此也，况此物今库亦有之。"③

史载"宣窑器，无物不佳，小巧尤妙，此明窑极盛时也"。宣德官窑以其产品量多与质优而被称为历代官窑之冠。据《大明会典·工部十四·陶器》卷一百九十四记载，宣德八年，一次"往饶州烧造各样瓷器，四十四万三千五百件"，其产量十分惊人。如果根据现今传世与出土资料来看，这一记载似乎可信。宣德官窑不仅产量大，其品种之多也是空前的。永宣至明中期，官窑对贡余品、次品管理近乎苛刻。

宣德以后，景德镇瓷业进入空白期，又称黑暗期，泛指明代正统、景泰、天顺三朝，因早年未发现带官窑年款的瓷器存世，因而称作"空白期"。三朝实际上均有官窑出品，只因外族入侵，皇室冲突，所以景德镇官窑生产的瓷器不便书写年款。其实空白期官窑瓷器与宣德、成化时期的官窑瓷器拥有明显不同的风格，近年来景德镇的考古发现就逐步证实了这一特点。

在明代早期至中期，御器厂最突出的特点就是垄断性。它不仅垄断了最熟练的工

---

① 黄静：《洪武官窑瓷器的艺术特色》，《景德镇文化研究》（第二辑），中国文史出版社2018年版。

② 江建新：《宣德官窑对成化官窑的影响》，《景德镇文化研究》（第一辑），中国文史出版社2017年版。

③ 江建新：《关于永乐官窑》，《景德镇文化研究》（第二辑），中国文史出版社2018年版。

匠，还垄断了最好的制瓷原料，"陶土出浮梁新正都麻仓山，曰千户坑、龙坑坞、高路陂、低路陂，为官土"，这些官土仅供官窑使用。而且官窑器在生产时只求质量、不计工本，因而此时官窑器在精美程度上与民窑器有着天渊之别。民窑瓷业在此时是备受束缚的阶段。①

明代中后期的景德镇御窑。

景德镇瓷业生产中的明中期类型主要是指成化、弘治、正德这个时间段。这一时期是中国陶瓷烧造史上的重要历史时期，瓷器质量很高，被称为"青花瓷的振兴期"。成化瓷器被推为明代之冠，青花淡描、斗彩绝伦。官窑产品质量极其讲究，民窑产品也很精细。

并且成化官窑的成就和影响，似不亚于宣德官窑。明代鉴赏家沈德符《敝帚剩语》有评价："本朝窑器，用白地青花，间装五色，为古今之冠。如宣窑品最贵，今日又重成窑，出宣窑之上。"综览传世与出土物，可见其评论是恰当的。②

明弘治、正德（1488—1521 年）前后 33 年。文献记载，其时官窑的烧造活动不多。从历年来御器厂出土的弘治官窑瓷器看，其产品种类很少，器型不是很丰富，与传世弘治官窑瓷器可相互印证。弘治官窑瓷器装饰纹样基本沿袭成化官窑瓷器的纹样，较为简单，缺少变化。从出土的正德官窑瓷器看，产品种类和器型略比弘治官窑丰富，正德官窑瓷器以八思巴文、阿拉伯文装饰最具特色。③

弘治、正德朝的官窑瓷器继承了成化时期的遗风，并处于明代中晚期交替的过渡时期。嘉靖以后，景德镇官窑开始施行"官搭民烧"制度，促进了民窑制瓷技术进步，缩小了官窑器和民窑器之间的差别。

明末清初的景德镇瓷画。

中国瓷器长久以来以追求釉色之美为主流，彩绘装饰并不受到特别关注。但元代以后，随着青花技艺的发展，绘画大规模进入瓷器装饰领域。瓷画和绘画并行不悖又殊途同归。明清文人情趣逐渐融入瓷画，艺术文人画对明清瓷器艺术的发展有着至关重要的影响。同时清初御窑瓷样也潜移默化地影响了这一时期的瓷画，《清史稿》记

---

① 黄静：《洪武官窑瓷器的艺术特色》，《景德镇文化研究》（第二辑），中国文史出版社 2018 年版。

② 江建新：《宣德官窑对成化官窑的影响》，《景德镇文化研究》（第一辑），中国文史出版社 2017 年版。

③ 江建新：《御窑厂遗址出土的弘治和正德官窑瓷器》，《景德镇文化研究》（第三辑），中国文史出版社 2018 年版。

录:"时江西景德镇开御窑,源呈瓷样数百种,参古今之式,运以新意,备诸巧妙,于彩绘人物、山水花鸟,尤各极其胜。"

清代前中期。

清代景德镇瓷器可谓登峰造极。宋代以来数百年积淀的制瓷的经验,加上景德镇的天然原料和督陶官的管理,清代初年的康熙、雍正、乾隆三代,因政治安定,经济繁荣,皇帝重视,瓷器的成就也非常卓越。皇帝的爱好与提倡,使得清初的瓷器制作技术高超,装饰精细华美,成就不凡,是悠久的中国陶瓷史上最光耀灿烂的一页。清代前期,景德镇瓷器代表了国内乃至世界制瓷的最高水平。随着国内外及宫廷对景德镇瓷器的需求量的激增,康、雍、乾三代景德镇的瓷业进入了历史高峰,当时的景德镇可谓瓷业兴、百业兴。

康熙时期是中国陶瓷承上启下的重要阶段。康熙二十年(1681年)以后,康熙皇帝逐渐开创了清代鼎盛局面。与之相适应,景德镇御用瓷器烧造因明末清初战乱影响而停烧,进而时烧时停的局面宣告结束,生产步入正轨。在臧应选、刘源、郎廷极、安尚义等人的督导和参与下,景德镇的瓷器烧造在继承传统的基础上,不断创新,为雍正、乾隆时期景德镇瓷业生产臻达顶峰奠定了基础。①

雍正皇帝即位以后,曾多次颁旨规定瓷器的造型、纹饰等,强调注重产品的神韵和气势,对于御用瓷器,必须经他亲自审定后方可烧造。雍正时期瓷器的造型,一改康熙时浑厚古拙之风,代之以轻巧俊秀、工丽妩媚。器型装饰以绘画为主,兼用刻、印、堆塑和镂雕工艺。瓷器胎体坚白细润,成型规整,胎薄体轻。

乾隆时期的景德镇瓷业制作水平和质量都达到前所未有的高度。瓷器装饰仅高、低温颜色釉就有57种,彩绘方面,"山水人物花鸟写意之笔,青绿渲染之制,四时远近之景",无所不有。而且"规抚名家,各有原本",造型设计上,则从"古札器尊鼎卣爵之款制,到瓜瓠花果象生之作",应有尽有。清代中期,景德镇陶瓷发展达到历史鼎盛。

清代中后期。

清代嘉庆时期,国家太平,各行承袭旧制,不思进取。景德镇御窑厂已无督陶官,改由地方官员兼管。嘉庆后期开始,工艺日趋衰落,产品多显粗糙笨拙之象。道光时

---

① 吕成龙:《康熙朝景德镇窑瓷器概述》,《景德镇文化研究》(第二辑),中国文史出版社2018年版。

期的陶瓷业随着国势衰微，其生产规模也大大下降，产品质量亦不如从前。咸丰时期，国力衰败之极，连年兵变，百业俱废。光绪年间，又遭八国联军入侵，国家受到巨大损失，制瓷业也难逃厄运，总体上看这一时期的产品更加粗糙轻率，胎体厚重且疏松，表面施釉厚薄不一，还常出现桔皮状坑凹。

四、景德镇"厂瓷"

从 21 世纪初开始，对新中国成立以后国有瓷厂生产的"厂瓷"的收藏热悄然兴起，呈现勃勃生机，并且由景德镇起源逐步蔓延到全国各地。收藏热使人们对"厂瓷"的时间划定、生产单位、产品品种、生产工艺特别关注。有研究者就认为，对此进行研究既是陶瓷文化研究的重要内容之一，也是国有陶瓷研究的应有之义。①

一是时间划定问题。

时间划分应该要有标志，这个标志就是以国有企业的诞生以及它最后的停产作为标准。按此推论，建国瓷厂是景德镇最早的国有瓷厂。建国瓷厂于 1950 年 4 月 1 日正式成立，成立之初就开始生产民用瓷、国家用瓷和出口瓷。也就是说，厂瓷的时间上限应为 1950 年 4 月。1995 年下半年开始，景德镇所属国有瓷厂先后停产，根据宇宙瓷厂提供的原始资料以及时任厂领导和工人的口述事实，最后停产的国有瓷厂是宇宙瓷厂，具体时间为 2002 年 9 月。所以得出结论："厂瓷"生产的时段范围是 1950 年 4 月至 2002 年 9 月。

二是生产单位问题。

20 世纪 50 年代以来，景德镇地区国有瓷厂的建立是逐步的。其实在 50 年代中期，向国有厂过渡期间的"私私联营厂""公私合营厂"已经在行使国有企业的职能。在管理体制上，它们隶属于当时的"江西省陶瓷工业公司""工业交通局""瓷业联社"等官方机构，生产的产品、劳动力分配管理、工资管理都是高度的"计划管理"。1958 年 9 月 1 日，国有陶瓷企业体系基本建立，企业规模日益扩大。60 年代初期，又对特别大的瓷厂进行调整分解，把几家国有企业转为市属集体所有制企业，如雕塑瓷厂、红光瓷厂、曙光瓷厂、新风瓷厂。80 年代，又新建华风瓷厂。为民瓷厂通过技术

---

① 刘火金：《对"厂瓷"的若干考辨》，《景德镇文化研究》（第一辑），中国文史出版社 2017 年版。

改造派生出了"4369 工程"和玉风瓷厂。

按此发展轨迹,"厂瓷"的生产单位涵盖这期间的全民所有制陶瓷企业及其同时代的集体所有制企业 20 家左右。前提条件是:有一定的生产规模,产品有特色,品种多且配套,产品出口等。有些科研院所虽不是纯生产单位(如部陶研所),但他们经常参与一些重大国家用瓷的制作或协作工作,比如"7501 瓷""毛主席纪念堂用瓷""国庆用瓷""国徽瓷"等。因此这些院所也属厂瓷生产单位。

三是产品品种问题。

根据江西省陶瓷工业公司提供的资料表明:其所属陶瓷生产企业几十年来生产的产品有 200 多个系列,2000 多种器型,7000 多种花面。这是"厂瓷"品种的基本概念。"厂瓷"以生活日用瓷为主,陈设艺术瓷次之。据推算,厂瓷的总量约 100 亿件,这其中约 50%出口到世界各地,20 世纪 50 年代主要出口到苏联、东欧、朝鲜等社会主义阵营的国家和地区,也有一定数量的对香港地区及资本主义国家的出口。70—80 年代主要出口到中东、东南亚、日本、港澳地区以及欧美等市场。

四是生产工艺问题。

"厂瓷"的生产前后经历了半个多世纪,其间生产工艺不断改进变化,这也是判断厂瓷年代早晚的主要依据。其中,烧成工艺是极为重要的。20 世纪 50—60 年代初,以槎窑、柴窑烧成为主;60 年代中期至 70 年代中后期,以煤烧为主(园窑和煤烧隧道窑);70 年代中后期至 80 年代后期,以油烧、煤烧为主;80 年代末开始,煤气烧成逐步代替油、煤烧成。由于烧成工艺及其燃料的不同,瓷器的釉面发色及其亮泽度都带有特定的印记,这也是区别厂瓷年代的重要标志。

第二节　施及外洋

伴随着"陆上丝绸之路"的驼铃和"海上丝绸之路"的波涛,景德镇瓷器离开故土,自豪地走向西方、北方、东洋、南洋。它就像一条联接东西文化的纽带,更像一座沟通东西陶瓷文化的桥梁,把中国同亚洲联系起来,同世界各国联系起来。景德镇瓷器在中外文化交流中占有重要的地位,承载着推进中外文化互动之责,也在一定程度上改变了世界的生活方式。

一、景德镇瓷器在中外文化交流中的地位

中国陶瓷文化对东西方文明都产生了重要影响。

汉武帝时期,通过丝绸之路,含有先进技术的中国陶瓷传播到沿线各国。同样,海上丝绸之路的开辟与持续发展,与中国陶瓷生产技术的发展及文化的丰富、中国航海技术的不断攀升同步,为中国陶瓷文明影响世界创造了更加有利的条件。中华民族的船舶航行到哪里,中国陶瓷产品就跟进到哪里,中国陶瓷文明的种子就播撒到哪里。[1]

如果说唐代中央政府在番禺(广州)设置市舶司是中国海上贸易的投石问路,那么,明代郑和下西洋之后所形成的对外文化贸易格局便是这种贸易的大展宏图。明代以来,中国海上商品贸易达到历史最高水平。通过海上丝绸之路输出的商品和陆地丝绸之路的商品大致相同,包括丝绸、纸张、漆器、陶瓷器(主要以瓷器为主)、茶叶。

在输出的商品中,作为大宗商品当然非瓷器莫属。中国瓷器输出因时代不同体现着不同产品与不同的文化特色,也可以说,它是各具时代特征的完美体现。从青瓷开始,到青白瓷、青花瓷、白瓷、彩绘瓷等,都在陶瓷文化交流中粉墨登场,具有不同的时代个性。

景德镇有两千年的治陶史,一千年的官窑史。景德镇窑自唐五代烧造青瓷,宋代烧造青白瓷,元代烧造青花瓷、釉里红瓷、卵白釉瓷、蓝釉瓷,明清两代烧造青花、青花红彩、五彩、三彩、珐琅彩、纹章彩,千年窑火不断,延续到今天,是中国陶瓷文化的重要组成部分。[2]

景德镇瓷器集中国陶瓷文化之大成。

景德镇的杨梅亭、白虎湾和黄泥头等地在五代时期就生产青瓷和白瓷,是目前南方地区所发现较早烧造白瓷的窑址。北宋,景德镇新创烧出独具风格的青白瓷,形成宋元时期庞大的烧造青白瓷窑系,在中国陶瓷文化史上占有重要的地位。

---

[1] 孙新明:《海上丝绸之路上的中国陶瓷文化影响力》,《景德镇文化研究》(第二辑),中国文史出版社2018年版。

[2] 叶文程:《景德镇在中外陶瓷文化中的地位》,《景德镇文化研究》(第二辑),中国文史出版社2018年版。

在青白瓷的基础上，元代景德镇烧制出青花瓷，受到人们的普遍珍视和喜爱。它的笔墨韵味犹如一幅中国传统的水墨画作品，具有一种独特的艺术魅力，是中国陶瓷文化最具生命力、最引人入胜的瓷器品种。

明清时期，景德镇青花瓷成为中国瓷器的主流。青花瓷的盛行，改变了中国一千年来以青瓷为主的格局。景德镇青花瓷是中国陶瓷文化宝库中一颗璀璨的明珠，也是中国陶瓷文化百花园中的一朵奇葩。它独具特色，影响面大，也是流传最广泛的一个品种。

到了明代，景德镇烧制彩瓷品种很多，取得了较大的成就。清代，景德镇瓷业生产达到了中国陶瓷生产的黄金时代。值得注意的是，景德镇作为中国的瓷都，重要的原因是明清两代的官窑设在此地，专门烧造供宫廷、官府使用的优质高档瓷器。官窑瓷器气派华贵、精工细作，不计成本、工费，与民窑瓷器迥然不同，代表着中国的最高制瓷水平。

总之，千年瓷都景德镇的陶瓷生产，历史悠久、品种多样、内涵丰富、底蕴深邃，在中外陶瓷文化交流中贡献很大、影响深远，是集中国陶瓷文化之大成者。

景德镇瓷器在中外陶瓷文化交流中占有重要地位，发挥着重大作用。

景德镇烧造的各类瓷器曾经远销到东亚、东南亚、西亚、中东、非洲和欧洲、美洲，受到各国人民的极大欢迎和喜爱。特别是明清时期，在世界陶瓷文化史上都占据引领和领先地位，也占据主流和主导地位，彰显出景德镇陶瓷文化的无穷魅力和旺盛的生命力。不论是作为日常生活用的瓷器，还是作为艺术品用的陈设品，它传播到世界各国之后，深受各国人民的喜爱，它所承载的实用价值、历史价值、艺术价值和科学价值，在世界历史上的大宗贸易商品中，几乎没有任何一种别的产品可以与之媲美。

当今，在美国纽约大都会博物馆、英国大英博物馆及维多利亚和阿尔伯特博物馆、法国吉美博物馆、土耳其托普卡比博物馆、伊朗国家博物馆、德国柏林夏洛滕堡宫、荷兰瓷器博物馆、日本东京国立博物馆等世界各地公私博物馆所收藏的瓷器，是景德镇千年璀璨陶瓷文化辉耀古今的真实体现和生动表征，至今仍然受到世界各国民众的珍爱。

景德镇瓷器走出国门、传播到世界各地，极大地改变了当地人们的生活方式和审美情趣，其作用是巨大的，其影响是深刻的。它像一条纽带，更像一座桥梁，把中国同亚洲联系起来，同世界联系起来。它是联接东西文化的一座桥梁，更是东西陶瓷文化交流的一座桥梁。

　　景德镇瓷器的烧造历史，代表了中国瓷器走向海外的进程，也是中外制瓷工艺技术和中外文化交流融合的过程，在人类文明史上书写了灿烂的篇章，推动了世界文明的进程。

二、景德镇瓷器呈现中外文化的互动

　　中国是世界上最早发明瓷器的国家。

　　中国对世界人们的生产和生活方式的影响，莫过于瓷器输出及其文化影响。中国瓷器通过丝绸之路，尤其是通过海上丝绸之路输往世界各地所形成的重大影响，不仅是中华民族古代造物的简单输出，更重要的是一种不间断的创造方式，特别是一种创造精神的输出。由此所产生的影响，具有深远的历史意义与巨大的现实意义。[1]

　　在人类造物历史上，中国是世界上陶瓷生产及陶瓷文化不间断发展的唯一的国家。中国不仅有源远流长的陶瓷文化史，而且富有先进的陶瓷生产技术及其持续发展与逐渐累积起来的厚重的陶瓷文化。瓷器物廉价美：与青铜器相比，它制作工艺相对简约，造价低廉；与铁器相比，它轻便、耐用和易洗；更重要是不同品质的瓷器具有不同的审美价值。因此，中国瓷器一经在世界市场上出现，便掀起了一股文化热。这股文化热经久不衰，随着海上丝绸之路的开辟而不断发展。

　　历经千百年积淀而成的陶瓷文化，成为中华文明的显著标志之一。它所形成的文化影响力巨大，不仅成为中华民族的自豪和骄傲，也成为激励人类进步的催化剂。陶瓷以商品媒介的形式出现，在引起世人惊讶不已并改变了人们对于异己民族认识的同时，也促进了双方贸易及文化交流的进一步发展。

　　从东汉开始，中国瓷器走向成熟，在唐代被销售到世界各国。

　　在1000多年的历史中，中国瓷器始终居于世界文化交流的中心，是全世界最受喜爱、羡慕，也是最被广泛模仿的产品。它还有一项特殊之处：丝绸之路上的茶叶、香料、丝绸，走的都是单向旅程，自东而西，最后在终点处被人消费使用而难以留下踪迹；只有瓷器，不仅历时长久，还被永远保存在博物馆和家族的传承中，由此在文化

---

　　[1] 孙新明：《海上丝绸之路上的中国陶瓷文化影响力》，《景德镇文化研究》（第二辑），中国文史出版社2018年版。

的相互影响上发挥着长久的核心作用。①

在17—18世纪，没有哪一座城市比景德镇在世界上的知名度高。

即使没有到过景德镇，但是它的名字是随着它所生产的瓷器而传遍世界的。景德镇掌控了全球瓷器市场，不仅因为产品精良，也因为生产规模与组织先进。景德镇代表了在蒸汽带动的机器年代来到之前，手工艺产业的最高峰、大规模集中制造生产最壮盛的成就。

前文已述，殷弘绪笔下景德镇夜间景象"全城犹如一座熊熊燃烧的巨炉"并不只是幻象错觉，而是如实地反映了每日生产运作的真实景象。虽然广东、福建沿海数百座窑也产制了相当数额的瓷器，供应朝鲜、日本和东南亚等地，欧洲市场上的瓷器却大部分来自于景德镇。这也是景德镇在欧洲知名度高的缘由。

当时为了获得中国景德镇的瓷器，欧洲大量的银元流入到中国，因为当时的欧洲人还没有独立生产瓷器的能力。于是景德镇就成为急于掌握中国制瓷技艺的欧洲人的探访之地，他们需要在这座城市了解到中国的制瓷秘密。于是，在1698年，法国耶稣会派遣殷弘绪来到中国景德镇昌江边的一所教会担任传教士，其目的就是为了获得有关景德镇瓷器生产方面的技术资料，而殷弘绪的确不辱使命，出色地完成了这一任务。

1712—1722年的10年间，殷弘绪把观察和学习到的知识如实地记录下来，写成一封封长信向中印传道事务部的司库欧里汇报景德镇的制瓷方法，这些信函很快就被收入到《耶稣会士中国益智奇闻书简》一书中。全书三十四卷，是第一部可供欧洲人广泛取得中国相关知识的巨著。这份资料后来又收入《中华帝国全志》，作者赫德曾任路易十四的专职司铎，伏尔泰和其他多位哲学家大力推崇中国，就是深受此书影响。

前面我们多次说到，在宋应星的《天工开物》中记录景德镇瓷器"共计一杯工力，过手七十二，方克成器"。在18世纪，如此分工细致的流水作业线是非常先进的。殷弘绪看到如此的场面后，在信中写道："看到这些器皿如此快速地经过如此多人之手，真是令人惊奇。"

在元代，景德镇一代又一代不识字的画工，为了应付来自伊斯兰国家的青花瓷订货，一笔一笔忠实地描摹着那些复杂美丽的植物图案，还有那些看不懂的阿拉伯书法。同样的，为西方订单绘饰瓷器，中国画工必须解读一大堆令他们困惑不解的图像，来

---

① 方李莉：《"丝绸之路"上的中国瓷器贸易》，《景德镇文化研究》（第一辑），中国文史出版社2017年版。

源五花八门：罗马神话、圣经故事、欧洲当前时事，不一而足。诸如手执三叉戟的海神，维纳斯自海中诞生，在伊甸园内的亚当和夏娃，穿着裙子、挥舞着剑的苏格兰人，荷兰城镇暴乱的场面，甚至还包括阿姆斯特丹一间瓷器铺的景象。①

累积到16—18世纪，这份经验派上了用场。此时，中国所面对的市场不仅有欧洲，还有东南亚、西南亚、东亚、北非、东非等，但景德镇已经没有精力再接受这些比欧洲次一等市场的需求，因而这些市场的需求就让位给了福建及广东一带沿海的窑口。

在此，我们看到了文明反复利用的过程：印刷术是来自中国，但从15世纪50年代开始，印刷术在欧洲盛行起来，印书商们在不同国家的首都汇集了各方专才：画工、手稿饰工、雕工、金工、金属工以及学者，共为同一种产品效力，最后在全欧创造了所谓的"知识共同体"；17世纪后期，欧洲的这些冒险创业家们，又开始将这些印制的不同图谱送往中国不同的产瓷区以及景德镇，作为外销的瓷器纹饰参考；经景德镇瓷工们描绘的这些图谱被送到世界各地以后，又成为大家争相学习的对象。

由此，源自于世界各个不同文化的图案、纹饰与符号开始进入了大规模的全球化交换混合时代，也由此训练了景德镇一代又一代具有精湛绘画能力的瓷工。这种传统一直延续到今。

三、景德镇瓷器改变世界生活方式

在今天人们的眼中，瓷器是一个再平常不过的物质产品。殊不知，中国瓷器的发明却是中国人对世界文明的一大重要贡献。中国瓷器的输入改变了许多地方的生活方式、卫生习惯和文化礼仪。②

在中国瓷器输入之前，东南亚一些国家没有理想适宜的饮食器具。

据宋代赵汝适的《诸番志》记载，在马来半岛洛坤附近、印度尼西亚爪哇岛中部、文莱一带的古国，"饮食以揆叶为碗，不施匙筯，掬而食之"；有的"饮食不用器皿，缄树叶以从事，食已则弃之"；"以竹编、贝多叶为器，食毕则弃之"。

---

① ［美］罗伯特·芬雷著，郑明萱译：《青花瓷的故事：中国瓷的时代》，海南出版社2015年版。
② 方李莉：《"丝绸之路"上的中国瓷器贸易》，《景德镇文化研究》（第一辑），中国文史出版社2017年版。

所以，当中国瓷器一经输入，就成为了他们理想的饮食器具。这种器具因卫生、实用、便于清洁等优越性而被广泛接受和使用，以致东南亚"寻常人家……盛饭用中国瓦瓮"。中国沿海一带烧制的粗瓷常常销售到那些相对比较贫穷落后的地方。

欧洲的生活方式也因为中国瓷器的输入得以改变。

在17世纪之前，欧洲很少有人单独进食，当时的勺子、杯子、盘子都非常稀有。所以，用餐是一种社会性的群体行为，即大家共用碗盘。在当时的风俗画中，我们可以看到，集体共食是常态：众人共享一杯、一碗、一盘、一勺吃喝。

当中国的瓷器进据餐桌成为普遍现象之后，欧洲集体共享的进食风俗开始从上流阶层撤退，此时卫生观念、自我节律、社交礼节也同样发生改变。来自中国的全套瓷器餐具的出现，不仅为每个人的进餐空间划出范围，促使同桌互动遵守自制，同时餐桌礼仪的重点也开始从如何共享公碗转向如何正确地用刀叉按住烤牛肉。单独使用属于个人的整套杯盘刀叉的餐桌文化，使欧洲人的饮食文化进一步走向高雅化和卫生化。

瓷器不仅是一种用于日常生活的器具，同时还具有文化的象征意义。

当中国瓷器进入到东南亚的一些区域时，那些地方还处于原始的部落状态。作为从中国一个如此高级文化中输入的瓷器，被当地土著赋予了一种高深莫测的神秘色彩。这些中国瓷器被土著们用作巫术仪典上摆放高级供品的器具，举行仪典或给人治病时，少不了使用这些瓷碗、瓷碟。他们一边舞动，一边敲击，或把治该病的符写于瓷器上，置水饮之，以求神灵的到来，让百病远离。这种将中国的瓷器赋予神性的习俗，不仅是在东南亚，在非洲的一些国家也一样，他们用青花瓷装饰城门、墓壁以及墓柱。

瓷器还是一种文化的礼仪用品。

当中国的瓷器到达邻国日本时，连同茶叶及禅宗一起，形成了茶道文化。直到今天，日本仍然遵循着唐宋旧制的点茶法：以竹筅将茶膏搅成绿色汤花，再端给客人饮用。整个过程和技巧费时、费工，需要大约30种茶具，遂成为"茶之汤"或谓"茶道"的中心焦点。这种茶道是唐宋时期的中国文化，在其本土的中国，这套高度结构化的社交与精神仪式已经消失了，却完整地保存在了日本。今天，它已成为地地道道的日本传统文化。

瓷器发明于中国，传播于世界，又将世界的文化带回来，滋养了中国；瓷器代表的是中国历史上的最先进手工劳动，是农业文明的高峰之作。今天许多的传统，包括手工艺，在新的历史阶段又在萌发它们新的生命力。

第三节 丝路瓷韵

唐代国威强盛,民间贸易往来也随着历史的发展而繁荣起来。特别是海上交通有了重大进步,出现了"海上丝绸之路"。因为在海上丝绸之路上搭载的商品中,物美价廉的瓷器既是海外市场的热销商品,又可以代替压舱石增加运输船舶的稳定,所以出海的运输船必定会装载一定数量的瓷器。从此,瓷器成为与丝绸、茶叶并重的我国古代外贸三大商品之一。因此,唐宋以来的"海上丝绸之路"又常被称为"陶瓷之路"。正如日本的三上次男所说,"在中世纪时代,东西方两个世界之间,连结着一根坚强有力的陶瓷纽带,它同时又是东西方文化交流的桥梁。对于这条连结东西方的海上航路,我就姑且称它为陶瓷之路"。

一、景德镇瓷器的出海商路

瓷器是人类第一个通过技术手段改变自然材料理化属性的工业制品。

丝绸、茶叶、瓷器,这是中国通过丝绸之路向国外输出的三大主要商品。但是丝绸和茶叶都被消耗掉了,瓷器虽然也因其易碎而损失了不少,但毕竟因材质的坚硬而大量保存下来,成为丝绸之路最重要的物证。①

瓷器是 19 世纪前最高精尖的科技产品,是天地间唯一融合了金、木、水、火、土"五行"之气的人工制品,是硬度、密度、耐磨度、光洁度最高的生活器具,是最早采用精细分工与流水线作业生产出来的产品,是器型、色彩、装饰、绘画最丰富多样的工艺品,是改变了人类生活方式并提升了人类生活品质的生活必需品,是美化人居环境、提升生活品味的艺术品,是承载了东亚文明、西南亚文明和欧洲文明相互影响作用的"天下之器"。

国威强盛的唐代出现了"海上丝绸之路"。

人们一般把海上丝绸之路的起始时间定在 9 世纪中期的唐代中后期。至于海上丝绸之路的结束时间,一般定在 19 世纪中期的鸦片战争爆发之时。因此,海上丝绸之路

---

① 王鲁湘:《瓷行天下:景德镇的外销瓷》,《景德镇文化研究》(第三辑),中国文史出版社 2018 年版。

在世界上存续了约 1000 年的时间。海上丝绸之路是自唐宋时期开始中国瓷器由海上销往国外的一条国际性商道。通过这条商道,中国瓷器源源不断地销往世界各国,极大地促进了中国与世界各国的文化交往。①

景德镇虽然地处江西省东北部与安徽、浙江三省交界处的山区,但濒临的昌江是鄱阳湖五大水系(赣江、抚河、信江、饶河、修河)之一的饶河上游段,发达的水运可以将景德镇瓷器很方便地顺流而下运送到鄱阳湖,再经过鄱阳湖的其他水系转运到全国各地。

江西地处浙江、福建、广东等东南沿海省份内陆腹地的区位优势,为景德镇等地的古陶瓷外销创造了先天的优势。再加上江西的河流水系发达,与浙江、福建、广东的水系源头往往只有一山之隔,为瓷器外运创造了条件。最迟在宋元时期,江西的景德镇等窑口的瓷器通往沿海港口的外销路线就有六条。

这六条外销路线呈扇形向东南沿海打开。

第一条向东线路为鄱阳湖—长江—上海线路。宋元时期的景德镇窑瓷器从昌江顺流而下,吉州窑和赣州七里镇窑瓷器则从赣江顺流而下,到达鄱阳湖后,再顺流出湖口入长江,顺长江干道而下至长江入海口,或从扬州转入运河,分运南北。

第二条向东线路为鄱阳湖—信江—衢江—富春江—杭州、宁波线路。景德镇窑瓷器沿昌江顺流而下到达饶州府(鄱阳县),经饶河(又称鄱江)入鄱阳湖,再转余干溪(今信江下游),溯余干溪而上,经信江至玉山县,陆行一段河谷低地即至浙江省常山,转入江山溪(今江山港),再汇入衢江、富春江,顺流而下到达南宋行在临安(杭州)以及外销港口明州(宁波)。

第三条向东线路为鄱阳湖—信江—闽江—福州、泉州线路。有学者认为,宋元时期景德镇至泉州的运输线主要有三路:一路由信州铅山过分水关,至崇安,南下至南剑州剑浦(今福建南平);一路由信州广丰至建州浦城,再顺建溪至剑浦;一路由抚州至邵武军,再至剑浦。到剑浦后,可以顺闽江至福州,再泛海转抵泉州,或沿闽江而下转大漳溪,经永福(今永泰)入德化之涌溪和浐溪,至德化县,再达泉州。在这条线路上,江西省铅山县的河口与福建省的南平是其中两个最重要的商品码头。

第四条向东线路为鄱阳湖—抚河—九龙江—漳州线路。在这条线路上的抚河源头——广昌县驿前镇是一个重要码头。明代隆庆元年(1567 年),漳州月港开放海禁,

---

① 肖发标:《景德镇是海上陶瓷之路的不变起点》,《景德镇文化研究》(第一辑),中国文史出版社 2017 年版。

是中国唯一合法化海上贸易港口。也就是说，月港开放，其他港口仍在禁止之列。景德镇青花瓷要想出口贸易就必须运抵漳州月港。途经福建出海的路线有两条，这两条路线均以广昌为交汇点，水陆路兼程，出海港口为漳州月港：一条是广昌—永安—漳平—海澄（月港）；另一条是广昌—长汀—大埔镇—漳州—海澄（月港）。

第五条向东南线路为鄱阳湖—赣江—韩江—潮州、汕头线路。这是一条"粤盐赣米闽茶"的千年商道，上通广东平远、江西寻乌、赣州等地，横接福建武平、上杭，下至广东蕉岭、潮州、汕头，可谓"一线牵三省"。在这条商道上，江西省会昌县的筠门岭与福建省武平县的下坝是连接武夷山两侧水系的重要水运码头。

第六条向南线路为鄱阳湖—赣江—大庾岭—浈水（北江）—珠江—广州线路。这是自隋唐开始，直至明清，长达千年的全国南北交通大动脉的南线部分。北线是赣江—鄱阳湖—长江—大运河。在这条线路上只有全长12.5公里的梅岭古驿道需要肩挑马驮，其余全是水运。

明代中晚期至清初的200余年是海上陶瓷之路的黄金时期。

这一时期海上陶瓷之路输出的瓷器主要是景德镇青花瓷、彩瓷，广东石湾瓷，福建德化白瓷和青花瓷及安溪青花瓷等。其中比较精致的外销瓷多是国外定烧产品，其造型和装饰图案多属西方色彩，还有些在纹饰中绘有家族、公司、团体、城市等图案标志，称为纹章瓷。这时期的外销瓷数量很大，17世纪每年输出约20万件，18世纪最多时每年约达100万件。

随着18世纪末西方仿烧瓷器的成功，进入19世纪之后，海上陶瓷之路开始衰落，到1840年第一次鸦片战争的爆发，海上陶瓷之路也走到了历史的尽头。

二、景德镇是海上陶瓷之路的不变起点

追根溯源，说"丝绸之路""海上陶瓷之路"，绝不可不说景德镇。

"丝绸之路"是发端于汉代长安的陆上交通要道，在近千年的中外交流史上发挥了重要作用。这条以传播丝绸、茶叶等商品为主的道路，也是瓷器外销的陆上通道，对中国陶瓷器的发展有着重要影响。

唐代中后期从中国东南沿海出发远抵非洲的海上商路，是以"陶瓷之路"为名让世界知晓，其沿途洒落的中国各朝的瓷器，宛若璀璨的群星，而其中数量最大的就是景德镇瓷器。

"丝绸之路"与"陶瓷之路"是东西方交流的大动脉,"陶瓷之路"或称之为"海上丝绸之路",则是以其巨大的商业财富而显示其地位的,对世界经济、文化产生巨大影响。景德镇瓷器从宋代开始源源不断地输往海外,元代以后,景德镇瓷器统领中国瓷器江山近700年,在"陶瓷之路"上成为中国瓷器贸易的最主要资源。①

从唐宋到元明清,在长达千年的时间,景德镇一直为海上陶瓷之路提供稳定的货源,是不变的货源供应站。没有景德镇出产的瓷器,海上陶瓷之路就会成为无源之水、无本之木。所以,从中国古代陶瓷外销的历史变迁角度看,景德镇虽然地处内陆没有出海口,但它却是海上陶瓷之路的不变起点。②

第一,唐代,江西各窑口是陶瓷之路起点广州外销瓷最主要供应站。

唐代由于大庾岭路的拓修,打通了珠江和赣江之间的通道,江西洪州(南昌)与广东广州之间的距离变得不再遥远。广州港当时与洪州关系密切,洪州在赣江旁边,有水路通珠江,进而与广州相通。中唐以后,洪州成为介于江淮之间的一大都会,而广州是唐代对外贸易的中心。瓷器是当时最主要的出口商品,而广州的瓷器出口仰仗于洪州。

第二,宋元,景德镇窑的青白瓷成为外销瓷器中的两大主力品种。

宋元外销瓷器主要有景德镇窑系的青白瓷、龙泉窑系的青瓷以及建窑系的黑釉瓷,其中以景德镇窑系的青白瓷数量最大。由于景德镇窑生产的青白瓷供不应求,于是在景德镇青白瓷通往沿海港口的外销线路上,出现了许多单纯以外销为目的的仿烧民窑,导致在整个东南沿海地区形成庞大的青白瓷窑系,如福建的浦城、崇安、政和、光泽、建瓯、建宁、闽清、闽侯等县市都发现有仿烧景德镇青白瓷的窑址。

第三,明清,景德镇生产的青花瓷成为世界瓷器市场上最主要商品。

随着明代郑和七下西洋和欧洲人来华通商,景德镇生产的青花瓷走向了世界,成为世界瓷器市场的主流产品,从明万历开始,销往欧洲的瓷器差不多都是青花瓷。以景德镇为龙头的青花瓷窑系的形成,标志着明清时期的海上丝绸之路或者说是世界陶瓷之路也是以景德镇为龙头的。

综上所述,在长达千年的海上陶瓷之路上,只有景德镇的瓷器千年不衰,与海上

---

① 江建新:《景德镇是"海上丝绸之路"的重要起点之一》,《景德镇文化》(第4期),中国文史出版社2014年版。

② 肖发标:《景德镇是海上陶瓷之路的不变起点》,《景德镇文化研究》(第一辑),中国文史出版社2017年版。

陶瓷之路同命运。反观浙江、福建、广东等沿海地区的各个时代瓷窑，浙江龙泉窑可以说是延续时间最长的外销瓷窑，在宋元时期曾一度与景德镇窑并驾齐驱，但到明代中期也走到了历史的尽头，甚至没有存活到海上陶瓷之路的黄金时期。至于福建的德化窑与漳州窑以及广东的潮州窑等，烧造历史更短，而且其外销瓷产品大多是仿烧景德镇窑，只是对景德镇窑的补充，无法替代国外对景德镇瓷器的需求。

可以说，景德镇的瓷器不到港，外运的商船不起航。

江西省"吴头楚尾，粤户闽庭"的区位优势，以及江西的江河水道与长江、闽江、珠江都能便捷对接的有利交通条件，决定了景德镇是海上陶瓷之路的不变起点。从景德镇通往东南沿海各港口城市的出海商路是海上陶瓷之路不可或缺的一环。陶瓷产区景德镇与东南沿海海上陶瓷之路的起点港口城市的关系，犹如一种"前店后厂"的关系，它们是相辅相成、不可分割的。这种关系也就决定了景德镇是海上陶瓷之路的不变起点。

三、中国外销瓷中的景德镇瓷器

中国外销瓷是第一个扮演"世界商品"的商品。

中国外销瓷的市场范围，从东亚到东南亚，从南亚到西亚再到东非、北非，从南欧的亚平宁半岛到北欧、西欧，从墨西哥到美国，基本涵盖了全世界。中国外销瓷的数量无法估计，也没有统计，但是外国学者估算从明代末期到清代中期，由欧美公司组织运输和销售的中国瓷器，应有3亿件之多。这是"中国制造"最大宗的外销商品，是"中国制造"遗留在海外的最大财富。[①]

"中国外销瓷"也包含广义和狭义两种概念。

"中国外销瓷"的广义概念应指所有通过贸易方式和贸易渠道销往中国境外的中国生产的瓷器。从沉船考古与国外陶瓷考古的文物来看，唐代的越窑青瓷、邢窑白瓷、长沙窑釉下彩绘瓷已大量外销。宋代外销窑口更多，主力转移到江西和福建。广义的外销瓷的生产和贸易的历史，贯穿唐、宋、元、明、清五个朝代1000多年，从8世纪到18世纪。而"中国外销瓷"的狭义概念则是指明代嘉靖后至清代中期，由景德镇生产的专供欧洲和美洲市场的瓷器。它的生产和贸易的历史，从明代末期到清代中期，

---

① 王鲁湘：《瓷行天下：景德镇的外销瓷》，《景德镇文化研究》（第三辑），中国文史出版社2018年版。

大约 300 年。

在外销瓷上，大帆船是一个非常常见的图案，正是这些当时的大帆船开辟了从西方到东方，尤其是开辟了从欧洲绕过好望角到远东的环球航线，开始了海外的探险和贸易，开启了我们今天非常熟悉的叫作全球化的时代。

外销瓷中，有相当大比例的瓷器并没有到达它们的目的地。

一些瓷器离开了中国的此岸，但是没有到达欧洲的彼岸，而是沉没在了或者太平洋，或者印度洋，或者大西洋之中，成为留在海底的一笔巨大财富。一直有欧洲的一些打捞公司，包括中国也建立了自己的水下考古队，正在进行大量的海底沉船打捞，出水了大量从海底沉船中打捞出来的景德镇生产的青花瓷。

1602 年，荷兰东印度公司在马六甲海峡捕获一艘葡萄牙商船"克拉克号"，船上装有 10 万件万历时期的青花瓷器。这些青花瓷器都有放射状六开光或八开光的图案布局，每个开光之间都有竖栏隔开，开光之内都有或人物或花鸟的图画，盘子的为底都有一个中心图案。这种图案布局不见于中国国内瓷器，显然是景德镇瓷工专为欧洲市场设计生产的一种外销瓷。这船瓷器于 1604 年在阿姆斯特丹进行拍卖，轰动整个欧洲，开启了明清外销瓷的大时代。此后，中国瓷器在欧洲风行，人们把这种图案风格的中国外销青花瓷称为"克拉克瓷"。

明万历年间，日本的丰臣秀吉出兵朝鲜，归国时带回朝鲜陶瓷工匠。其中一位叫李参平的，在有田的泉山发现瓷石，于 1610—1620 年在今佐贺县有田町的天狗谷开窑，生产有田瓷器。由于有田瓷器多从伊万里港输出，因此在欧洲被称为伊万里瓷，利用清初海禁的几十年大量出口欧洲。

等到清康熙时期收复台湾，解除海禁，恢复海外贸易，景德镇窑发现欧洲已是伊万里瓷的天下，于是转而模仿伊万里瓷的风格，并最终重新夺回欧洲瓷器市场。这种各国瓷器风格之间的相互模仿和学习，以及在国际市场上的激烈竞争，促进了文化的交流和技术的进步。

在按指定要求烧制的器皿中，也有加上徽号的纹章瓷。

纹章是识别等级的一种制度，最初在欧洲战争中使用，在盔甲盖住战士脸部时作为辨认的手段。此后，装饰在盾甲和旗帜上的盾形纹章继续流行，超越了原先的意义，内容和用色都有一定的标准和规定，用在纺织品、碑石以及套装餐具等物品上，作为家族和组织的标记。最早的瓷器订单是葡萄牙王室在 15 世纪初于景德镇定制的有其徽号的青花瓷。后来，欧洲的王室、贵族、公司、城市，都在中国定制绘有其徽号和纹章的瓷器。

海外留存的中国明清外销瓷，数量最多的就是餐具。

随着16世纪，从中国进口的瓷器的数量越来越多，欧洲形成了全新的饮食方式，并于17世纪末达到顶峰，产生了所谓"饮食革命"。进入18世纪，欧洲上流社会的饮食成为一种社交活动，尤其是套装餐具的出现，使餐桌礼仪变得繁琐。有欧洲贵族为自己订制的瓷餐具，一套竟多达670多头。可以说，没有中国餐具瓷器，欧洲的餐桌会原始粗鄙得多，餐桌礼仪也无法如此讲究。

茶具和咖啡具，也是外销瓷中的主力。

茶叶与瓷器是中国古代三大外销商品中的两种，它们彼此又密不可分，许多瓷器就是茶具。饮茶方式的改变，催生出不同瓷茶具的创新，茶具成为瓷器中的一大门类。而且，中国的茶饮和茶瓷具塑造出英国社会下午茶的文化，也让茶叶和咖啡的普及成为可能，并最终将茶叶和咖啡打造成全球饮料。如果没有瓷器做成的茶具和咖啡具，茶和咖啡这两种热饮要想风靡世界是不可能的。

中国瓷器到达欧洲后，有一些被加上了各种装饰。大多数加工美化瓷器出现在17世纪末—18世纪中叶。这种在中国瓷器上镶嵌贵金属装饰的做法，是一种典型的"中为洋用"的文化态度。这种经过欧洲金匠打扮过的中国瓷器，组成了17—18世纪欧洲上流社会尤其是宫廷陈设中一道兼具东西方异彩的风景线。许多中国的瓷器被欧洲金匠"穿衣戴帽"，改变用途，变平凡为华贵。中国瓷器刺激了欧洲金匠的艺术灵感，产生许多中西结合的装饰艺术品。

有趣的是，欧洲王室的装饰风格和图案，通过订单瓷器影响到中国的审美，对所谓"乾隆风格"起了推波助澜的作用。而中国瓷器也对欧洲巴洛克艺术和装饰风格起了催化作用。这种中国瓷器加装铜金装饰的手法，就是一个典型，代表18世纪的美学趣味，由中国的瓷匠和欧洲的金匠遥隔万里而共同完成，是18世纪最时髦的国际品位。

中国外销瓷历经千年的辉煌历史，最终走到终结。

17世纪的欧洲全方位进口中国瓷器，久而久之，欧洲各国的银子大量消耗，各国开始恐慌。阻止中国瓷器的进口，降低欧洲人继续购买中国产品的欲望，建立自己的瓷器生产乃当务之急。于是，他们通过各种途径，收集中国瓷器生产的秘方，其中三个人"功劳"最大。

一个是前文已述的法国耶稣会传教士佩里·昂特雷科莱（殷弘绪），他在景德镇

"卧底"7年,获得制瓷的材料与工艺秘密;另一个是前文已述的萨克森的"强王"奥古斯都二世,狂热的中国瓷器藏家;还有一个是炼金术士伯特格尔,奥古斯都二世扣押了伯特格尔,强迫他在1709年破解了瓷器生产的秘密。

欧洲的瓷器生产迅速搭上工业化的快车,在科学技术和自由贸易的辅助下高速发展,把依然停留在手工业阶段的中国瓷器产业远远地甩到了后面,中国外销瓷也就结束了自己辉煌的历史。

1000多年间,瓷器始终居于东西方文化交流的核心。

可以肯定地说,世界上找不出其他哪样东西,能够像中国外销瓷一样,成为多民族、多宗教、多习俗、多文化共同参与创造的载体。1000多年间,瓷器始终居于东西方文化交流的核心,在欧亚大陆进行远距离的文化传播,而且深入所到之处当地原有的生活。

通过瓷器这一物质载体,不同国度的制作者、购买者和欣赏者的风俗信仰与文化心理等精神层面的东西,都化作具体的器形、图案和绘画,非常清晰地流露和表达在瓷器之上。从西方的角度来看,到东方寻求瓷器,则是促成全球化壮举的伟大开篇。

◎ 思考题

1. "薄如纸、明如镜、白如玉、声如磬"是哪种景德镇瓷器的特色?
2. 欧洲人曾认为中国人送给欧洲文艺复兴的礼物是指的什么瓷器?
3. 景德镇瓷业的"空白期"(又称"黑暗期")指的是哪个时期?
4. 为什么说,景德镇瓷器改变了世界生活方式?
5. 为什么说,景德镇是海上陶瓷之路的不变起点?

第六章

区域文化

本章节将分别就"景德镇市文化"所包含的乐平市、浮梁县、昌江区、珠山区等行政区域内的文化基因与脉络作个简要梳理和选介。

我们首先介绍各区域共有的书院文化。书院是唐宋至明清出现的一种独立的教育机构,是私人或官府所设的聚徒讲授、研究学问的场所。书院之设始于唐,兴于宋元,发展于明清。景德镇区域内自古以来人杰地灵,星驰俊彩,历代兴办书院之风颇盛。据考,景德镇区域最早出现的书院是浮梁县建于南宋初期的新田书院。丽阳镇建有东山书院。南宋庆元三年(1197年),创办了长芗书院。元代,浮梁县创办了双溪书院。乐平县创办了慈湖书院。清代,景德镇区域内的书院得到进一步发展。历史名人中,南宋的李椿年、杨简、彭大雅、江万里、刘辰翁,元代的马端临、欧阳玄、危素,明代的周起元、汤显祖,近代实业家康达等,都与书院有着密不可分的联系。

然后,我们依次选择性地介绍以"洪公气节、马氏文章"和古戏台营造技艺为重点的乐平文化,以"新平治陶、始于汉世"和"浮梁之茗,闻于天下"为标志的浮梁瓷茶文化,以彭汝砺、程节、程筠等饶州历史上显赫人物为重点的昌江文化。如前所述,因历史上珠山区几乎与景德镇重叠,所以这一章节对珠山区域文化从略。

有趣的是,虽然乐平市、浮梁县、昌江区、珠山区同属于景德镇市一个行政区划内,市县区之间可谓同山同水,但是仍然呈现出很大的文化差异性,包括文化认知、居民心态、风俗习惯、方言语系等方面非常明显。或许，这也为以单一手工制瓷业支撑千年历史的景德镇增添了许多斑斓的色彩。

第一节　景德镇区域历代书院

　　书院是有别于传统官学体系的教育形式，同时还是学术文化原创与传衍的基地。它起于唐，兴于宋，延续于元，全面普及于明清。著名的书院，往往既是学术派别的活动中心，又是地方文化教育的重地。"书院"之名最早见于唐玄宗时的丽正书院与集贤殿书院。创办于814年的江西桂岩书院，不仅是中国历史上最早的书院之一，也是唐代办学时间最长的书院。景德镇的书院中，以南宋绍兴年间鹅湖界田村李椿年创设的"新田书院"为最早，距今1100多年。景德镇书院文化与陶瓷文化结合最早的当为景仰书院。

一、珠山区境内的书院

　　珠山区是景德镇市的核心城区，涵盖了古代景德镇大部分区域。旧时的景德镇是浮梁县所辖的一个镇。珠山区境内的书院起步较晚，至清代，随着制瓷产业的发展，人口的繁盛，书院多达20余所，其中比较有名的有景仰书院、阊阳书院等。①

　　在清代以及民国时期，因为瓷业的兴盛，景德镇陆续建起了许多会馆，已知会馆24个，其中有书院名称的19个。例如，都昌会馆称古南书院，徽州会馆称新安书院，湖北会馆称湖北书院等。但这个时候的书院，大多有其名而无其实。民国时期不少会馆以会产办学校，多数仍然沿用书院名。

　　景仰书院。

　　据清道光时期的《浮梁县志》记载，景仰书院位于景德镇五图江家坞，原名净土庵。乾隆十年（1745年），知县李仙洲曾设义学于此。乾隆十二年（1747年）绅士程阆呈请改建书院，未遂。乾隆四十一年（1776年），饶州府驻景德镇同知兴圣纪建景仰书院，并作记。有讲堂、书斋等房21间。

---

① 洪东亮：《景德镇区域内的历代书院》，《景德镇文化研究》（第一辑），中国文史出版社2017年版。

清嘉庆二十一年（1816年），同知宁瑞、知县刘丙重修景仰书院，并增建讲堂，刘丙作记。道光四年（1824年），同知钮士元、知县乔桂重修，延请山长，招考生徒，发放膏火，由同知负责管理。清代龚鉽的《陶歌》中亦有记载："窑户陶成、陶庆二会创有书院，曰景仰书院。"书院除置有田产外，还有放贷取息和房租收入。因客籍人要回本籍入学（科举考试），所以景仰生员流动性较大。咸丰年间（1851—1861年），景仰书院房屋被烧毁。

光绪年间（1875—1908年），复建景仰书院于东门头（今胜利路，京剧团宿舍所在地），由客籍人组成专门机构管理。新建书院坐西朝东；前有庭院、照壁，正门外有长廊，共三进；中为讲堂，两旁为书房，对着东门头开庭院门。清末，书院停办后，景仰书院房屋一直由县、镇教育机关使用，其学产收入归于镇办教育专用。

阊阳书院。

阊阳书院位于珠山区彭家上弄16—32号老旧民居处。始建于清道光年间（1821年），烧毁于咸丰年间（1860年前后），重建于光绪十年（1884年），镶嵌在里弄南面墙上的碑文记载："新安祁南阊阳书院已墙已地，光绪拾年孟秋月重建。"

据考证，阊阳书院为祁门人创办，设在彭家弄上弄，聚居着窑户、红店、坯房、钱庄等，连接着珠山龙珠阁。阊阳书院长30米、宽18米，共计540多平方米。阊阳书院为三进、三大开间，分仪门照壁、花苑内假山、梧桐莲池，院落连接钟楼、讲堂、迴廊，有左右厢房、后楼屋、教谕堂、明伦堂、忠义孝悌祠等。

阊阳书院生员由祁门人与里弄内官员、商户、士子的学童为主，为民间办学与官办民助、个人出资、家族筹建，实行教学与研究相结合。书院既从事教学，又从事研究著述，祠内供孔子、朱子像，敬天地国亲师牌位。

光绪二十六年（1901年）"维新运动"中，光绪帝通令全国停办书院，一律改为中小学堂。阊阳书院也因此被窑户的建窑开厂所挤压，后由私塾撑持至新中国成立后被国家征收，遗址面积锐减。

阊阳书院始建、重建一直由祁门县在景德镇的商贾大户捐钱物支持，尤其得到了实业家康达的大力支持。光绪三十三年（1907年），内阁中书康达谪往景德镇监制御瓷，宣统元年（1909年）推任为浮梁景德镇商会总理、江西省瓷业公司总理，在鄱阳分厂开办了中国第一所陶业学堂，并在景德镇毕家上弄创办分校。期间，康达多次到阊阳书院讲学、授课，题有"福荫龙阁乾坤地，祖佑阊阳栋梁材"的阊阳书院大门楹联。

二、昌江区境内的书院

昌江区旧属饶州鄱阳县、浮梁县。境内书院始于宋代。早在北宋时期，进士史邈回乡在昌江西岸的官庄村授徒讲学，远近学者纷纷前来向他求学，称之为"东江夫子"。史邈的弟弟史逊也中了进士，但无意仕途，与兄长归里讲学，均以理学著称于时。省志、府志、县志均载其事。史邈筑室讲学虽无书院之名，实开一代学风。昌江区境内著名的书院有长芗书院、东山书院。

长芗书院。

志载，长芗书院是南宋庆元三年（1197年）由景德镇监镇李齐愈仿照白鹿书院制度创建的。明洪武初举朱伯高为山长、张京伯为直学。洪武四年（1371年），朱伯高受荐为府学教授，书院遂废。清道光版《浮梁县志》载："元元贞二年，山长凌子秀、朱继曾请于江东宣慰使嵇厚，以旧基新之。"《景德镇市地名志》亦载："长芗书院位于禅师庵。"

禅师庵位于昌江河东南的禅师山中。这里翠峰环峙，远离尘嚣，历来是读书讲学的好地方。禅师山在北宋时建有云林别墅，宋嘉祐四年（1059年），状元刘辉（初名几）随父寓居景德镇时，与程筠（程节之弟，宋嘉祐二年进士）曾经在此读书。

长芗书院自创建至废除，前后历经174年，"乡塾之髦士，皆得进而问业焉；邻州远道之学者，皆得聚而考道焉"，一度学者、生徒四方云集。尤其是在元代，由于方回、洪焱祖、吴迂、欧阳玄、吴莱、俞希鲁等一批硕儒的加盟和造访，其学术风气浓厚，因而在当时影响深远。元代著名文学家欧阳玄来此讲学，用"院在长芗业已专"之句盛赞长芗书院。明代戏剧家汤显祖也对其予以肯定。

长芗书院在当时还有一个重要的职责是刊刻儒学典籍（事见叶德辉《书林清话》）。据薛颖《元代江西书院刻书考论》记载，元至元三年（1332年）长芗书院与浮梁、鄱阳县学、乐平州学、德兴的初庵书院、余干的忠定书院、安仁的锡江书院等合刻《隋书》（（唐）魏徵著）八十五卷。该书现存于中国国家图书馆。

东山书院。

东山书院位于丽阳镇寺山脚下，始建于宋代，为丽阳进士彭汝执所建。南宋彭大雅曾为书院撰写《东山书院记》，并赋诗，有"化雨春潮归硕望，风流儒雅足名师"句。今丽阳寺山尚有遗址。宋代丽阳彭氏人才辈出，成为鄱阳望族。彭氏十分重视教育子孙,北宋有状元彭汝砺,南宋有彭大雅。其中,彭大雅功绩卓著,是南宋著名的抗蒙名将。他进士出身、知重庆府,曾经三次主持修筑重庆城,为蜀之根本。其随使出访蒙古,著有《黑鞑事略》,是研究古蒙古国的珍贵文献,著名学者王国维为该书鉴证,复旦大学教授许全胜作校注。

西河讲堂。

据清道光版《浮梁县志》记载,西河讲堂在镇市西河之上,今址及存废时间不详。明代正德三年(1508年),戊辰科进士光禄沈良所建。讲堂有"平畴百顷,峻壁千寻,长林幽涧映带四野",每年得谷物百石。万历年间,进士陈文衡曾讲学于此。明代嘉靖年间,浮梁举人吴宗吉作记,"构房庑数十间","延知名之士,待来学之人"。

仰高书屋。

仰高书屋位于鲇鱼山镇郭璞峰下。宋熙宁二年(1069年),徐氏始迁至此,建书屋教育族人。元代以诗人徐瑞为代表的徐氏人才辈出,多人载入县志文苑。1924年,仰高书屋同郭璞庵一起毁于匪劫。

三、浮梁县境内的书院

浮梁县有着1300多年的建县历史,历来文风鼎盛,重视教育。浮梁的书院建设一度"盛于他邑"。除在景德镇举办的如长芗书院、景仰书院等书院外,今属浮梁县境的历代书院,至今仍然有着十分重要的文化价值。

新田书院。

新田书院位于新田都(今鹅湖界田一带)。该书院是南宋税赋改革家李椿年于南宋绍兴年间(1147年)创办的。李椿年(1076—1164年),字仲永,浮梁界田村人,宋徽宗重和元年(1118年)进士,绍兴十七年(1147年)户部侍郎兼直学士,权吏、兵两部,封晋宁郡(今广西荣县)开国侯。

新田书院创建经费由李椿年集资,建有大成殿、讲堂、学堂、文昌阁、公局、书房等,由照壁、仪院门楼、三进三大开间组成。有堂庑斋舍连接天井、假山、莲池点缀其间,属典型的江南园林式书院建筑。书院置有良田数百亩,以田租当其经费。明嘉定年间(1208—1224年),李大有率乡人重修,书院规模进一步扩大,并延请李德俊为师。新田书院废止时间不详,其遗址名义学坞。

双溪书院。

双溪书院位于浮梁县北关莲荷塘,建于元代至元十七年(1280年)。双溪书院的地址是南宋时期本籍人赵源建的"进士庄",传至其孙赵镇远时,因科举未行,庄未有所归,请于按察副使奥屯希鲁,以庄置书院,建堂双溪,上额曰"双溪书院"。书院有礼殿、敬简堂12间,聘请宋末进士赵介如为山长。刘辰翁、赵介如均作记。赵介如是南宋丞相江万里的学生,官至饶州通判。至元二十七年(1290年)书院为寇所焚毁,第三年廉访使姚燉到浮梁县视察时命改创。赵镇远又割地资助,仍名"双溪书院",明初毁。明万历三十三年(1605年),知县周起元按志载图重建双溪书院。汤显祖作《浮梁新作讲堂赋》。

双溪书院占地约260亩。书院前面有范仲淹知饶州期间巡行浮梁县时倡议开挖的47亩莲荷塘,为浮梁"古八景之一"的"北沼荷香"。塘内广种白莲,建有"聚奎桥"。知名学者、理学家吴迁、胡云龙、黄龙光、杨维翰、王学古、黄士俊等都曾主讲双溪书院。明天启五年(1625年),魏忠贤迫害东林党,诏毁天下书院,双溪书院及浮梁其他书院皆毁。

两河书院。

两河书院位于浮梁城门都(兴田乡城门村)。明代万历四十五年(1617年),当地进士陈太绥和昆山教谕、处州太守吴敦本等倡办。巡按陈于廷曾给两河书院讲堂名"求斯",命阁名为"喟然"。浮梁县教谕、吉水人邹元标给书院作记,记中称"邑北乡界去治200余里,而风俗人文绰约有古风",书院之建"岁时集缙绅孝廉父老子弟讲说六谕外,参订学脉,维持风纪,歌咏盈野,洋洋盛矣"。该书院毁于明天启五年(1625年)。

昌江书院。

昌江书院位于县治东。旧为义学,久废。其始建时间不详。清代雍正年间,知县张景苍利用民舍延师讲学。乾隆元年(1736年),知县沈嘉徵于旧址带头捐献俸禄,建学舍三栋,额名"昌江书院",并作《昌江书院记》。沈嘉徵曾为书院作诗四首,其中"曾闻十室有忠信,敢道山城学者无""昌水阳山毓地灵,草茅千古有穷经"句,对浮梁重教好学的传统予以好评,并对后学提出"最是家修宜切处,士先品行后文章"的要求。乾隆五十六年(1791年),知县何浩以北关外建有绍文书院,遂改昌江书院为考棚(试院)。一年组织两次考试,浮梁县童生每次考试不下六七百人。

绍文书院。

绍文书院在双溪书院旧址。清代乾隆三十八年(1772年),知县黄泌倡建,屋三进,额名"绍文书院"并作记。乾隆五十六年(1791年),昌江书院及田产并入。嘉庆八年（1803年），郑凤仪作《绍文书院厅壁记》。绍文书院以田租供养。绍文书院于1913年改为浮梁县立绍文高等小学校。第一任校长朱光庭毕业于南京的两江师范学堂。1915年，浮梁县知事陈安报准将浮梁县公署迁移景德镇，绍文小学随迁至镇北莲花塘（现中共景德镇市委院内）。

南阳书院。

南阳书院位于浮梁县下长源都（今湘湖镇兰田村）羊须坞。清代道光元年（1821年），由当地绅士公共建。有头门、正厅、讲堂，共三进，斋舍三十余间，田产260亩。知县刘丙作记，谓"浮南萃山水之秀，人文蔚起"。刘丙时任浮梁知县七载，曾重修绍文、景仰两书院，对南阳书院之建，大加赞赏，希望南阳书院能列绍文、景仰之间，期待形成"乡无不教之地，地无不学之人"的良好学风，并勉励书院"慎其始必思其卒，广其教务遏其流"。

东山书院。

东山书院在浮梁县东乡（今浮梁县鹅湖镇一带）龙头山（一作龙塘山）。清代道光三年（1823年），当地人捐白银万两建成，有头门、讲堂、文昌阁，共三进，斋舍50间，学田600亩。知县乔桂作记，称其"人无异教，家无异学，道德一而风俗同。修之身而行无不宜，献之廷而用无不裕"。道光九年（1829年），知县沈棠作记称："浮梁书院之建盛于他邑。在城者曰绍文，在景德镇者曰景仰，在长源都者曰南阳。外此复有栖梧文会、锦江社学。以广袤百数十里之地，而建学如此其多，于以见邦人士，急公好义，养育人才意良厚也。"清末东山书院废止。民国初期，东山书院旧址改建为"东乡公立高级小学"。

西河书院。

西河书院位于浮梁县三龙乡。西河书院由当地人汪龙光于清光绪二十五年（1899年）创办，是浮梁县历史上最后建的一所书院。1914年，西河书院正式按照民国"高级小学"的学制办学，汪龙光的长子汪子铭任校长。汪子铭，1879年生，1906年公派日本留学，1911年任乐平县知事（县长），二年返乡。汪子铭正式改西河书院为"浮梁县西乡高等小学"，任校长二年，病故。

湘山精舍。

湘山精舍位于湘湖西北湘山。明嘉靖二十年（1541年），湘湖人冯廷威于其旧庄之右，建楼舍、鱼池，置经史卷帙，名"湘山精舍"，教授族人子侄。湘湖冯氏为浮梁望族，宋末冯光大曾任景德镇长芗书院山长。

此外，浮梁县还有北斗书院，建于浮梁县江村乡沽演村，清光绪五年（1879年）建，有学田600亩。1918年，改办育政小学，1922年又办昌北小学。1934年毁于战火。元升书院，清代光绪二十九年（1903年）建，存废情况不详。石岭山庄，元至顺年间江白度建，存废情况不详。瑞莲精舍，元延祐年间吴迁建，存废情况不详。格物堂，在浮梁桃墅，明代万历间当地人公建，汪自如于此讲学，存废情况不详。

四、乐平市境内的书院

乐平城东有翥山，城南临洎水，所以乐平别称翥山，又号洎水。乐平历来重教之风蔚然，书院之建鼎盛。

慈湖书院。

慈湖书院位于乐平县治长乐坊（今乐平市区的老城隍庙区小南门右侧观音阁）。宋杨简任乐平知县时，首倡士民兴修学舍，阐明心学，以崇教化。杨简（1141—1226年），字敬仲，号慈湖，浙江慈溪人，是著名教育家、思想家陆九渊心学的传承者。元至正十九年（1282年），知县翟衡谋于宋故丞相马廷鸾，在城东南隅一处潢丛之地，辟为书院新基，以祀杨简，朝廷赐额"慈湖书院"。至正二十九年（1292年），马端临任山长，前后达26年。元代中后期，程时登、王松坞、赵述翁等都是这一时期慈湖书院的学生。程时登，临港程家村人，元代理学大师，其时开门收徒，本县贤达多出其门，且著作颇丰。危素撰《乐平州慈湖书院赡学田记》，详述其事。元末，兵毁。

清康熙三十年（1683年）九月，知县朱衮见书院久废，重建书院并易名"凤游书院"，延师授徒，供奉宋代杨简、明代金忠士二人。洪炜作记。清雍正五年（1727年），凤游书院在重建中改为观音阁。1983年，乐平市博物馆在观音阁中收得"凤游书院"碑刻一块，现存该馆。

洎阳书院。

洎阳书院又名丽阳书院，位于县治左侧（今市政府大院东侧）。由乐平人王邦本（一说王邦平）捐资创建于明万历二十三年（1595年），请知县金忠士（号丽阳）题额"洎阳书院"，金自作记。书院置学田120余亩。后人为感金忠士的德政，改名为丽阳书院。明代有着"七饶师表"之誉的史桂芳（号惺堂，今昌江区古田村人）作《丽阳书院记》。

翥山书院。

翥山书院位于小北门内试院墙后（今为民机械厂厂址）。知县元克冲建于清乾隆二十九年（1764年），至光绪二十七年（1901年）废止，光绪三十二年（1906年）改为高等小学。

另外，乐平市还有墨庄书院，建于清咸丰年间，由后田石景芬开办；明阳书院，开办于清代；军山书院，开办于清代；万全书院，南宋瑞平年间方贵与建；竹洲精舍，南宋瑞平年间洪士龙建；碧梧精舍，南宋咸淳末马廷鸾建，马廷鸾著《碧梧玩芳集》二十四卷，后收入《四库全书》；披云堂，南宋咸淳末僧普绕建。

第二节 乐平区域文化

乐平一方面名宦名人辈出，以"一王二侯五宰相，两名状元威武将，三位榜眼和探花，二百六十进士郎"之势，形成"洪公气节、马氏文章"的文化品牌，涌现出南宋宰相洪适、南宋副宰相王刚中、南宋礼部侍郎洪芹、元代外交家齐大同、明代兵部尚书范鏓、清朝开国元勋范文程、清代榜眼汪守和等一大批乡贤良臣；另一方面，以412座古戏台为亮点的物质遗产文化，以赣剧之源"乐平腔"及乡人爱做戏、爱看戏为标志的戏曲民俗文化，以古戏台营造技艺为重点的非物质遗产文化，仍熠熠闪光，且发扬光大。

一、"洪公气节"之洪皓

洪皓（1088—1155年），字光弼，宋代饶州乐平县金山乡岩前村人，南宋初年爱国英雄。他出使金国被羁留15年，面对威胁利诱，坚贞不屈，死守大宋使节印符，历尽艰辛，终于全节而归，被宋高宗称誉为"忠贯日月，志不忘君，虽苏武不能过"。史称其"独处冷山，节侔苏武"，乐平历史上称之"洪公气节"。[①]

洪皓先祖原居婺源，其十世祖徙居岩前。洪家世代以农为主业，至其曾祖开始兼营商业，在饶州城（今鄱阳县）开有商行，经营粮食土产等，往来于乐平与鄱阳。洪皓幼年亦在家乡读书，"书无所不读，虽食不释卷"，曾与乐平籍石昉、夏康佐、李常等（后均中进士）同窗。

[①] 徐行溥：《南宋风节名臣洪皓出使金国始末》，《景德镇文化研究》（第二辑），中国文史出版社2018年版。

洪皓于北宋政和五年（1115年）中进士，开始涉足仕途。出仕后，无论在何处任职，他都力主抗金，反对议和。南宋建炎三年（1129年），洪皓知泗州（今江苏盱眙北）兼淮南、京东等路抚谕使，对付叛军李成。五月，宋高宗准备将都城由杭州迁往建康（今南京），以避金兵锋芒。洪皓不顾职位卑微，上书谏阻。他的意见虽未被采纳，却因此为高宗赏识。高宗特意召见他，擢升其为徽猷阁待制，假礼部尚书，任大金通问使，率队出使金国。八月，洪皓赴金国至太原，被金扣押，十二月被迁往云中（今山西大同）。

在云中，见到金国权臣完颜宗翰，完颜宗翰不许洪皓请归二帝之要求，逼迫他到金廷操纵的伪齐刘豫政权去当官。洪皓严词拒绝。南宋绍兴元年（1131年），洪皓被流放在距燕山3000里的苦寒不毛之地冷山（今黑龙江五常境内的大青顶子山），从云中至冷山走了60天。1139年，洪皓被陈王完颜希尹带到燕京（今北京）。金朝参政韩昉让洪皓任中京（今内蒙古宁城西大明城）副留守，洪皓坚决不允。金人又降其官为留司判官催促尽快起行，洪皓置之不理，誓死不就。金人见高官厚禄留不住洪皓，又令其"校云中进士试"，洪皓装病力辞。

直至绍兴十三年（1143年），绍兴和议后，洪皓回归南宋。洪皓前后在金国渡过了15年，虽然备尝艰苦，仍不屈服，被比作苏武。返朝后高宗和韦太后在后殿接见了他，并给予高度赞扬。

洪皓在金国15年，一方面进行有理、有利、有节的斗争，不为高官厚禄动心，并在自身处境非常艰危、生活十分艰苦的条件下，解救了众多被困金国的宋人；另一方面，坚持向女真族传播汉文化，向女真子弟教授《论语》《大学》《中庸》《孟子》等儒家经典。又将金国的自然地理、历史沿革、经济社会、风土人情、礼仪制度、政治制度用文字记下，南归后，写成《松漠纪闻》，使宋人加深对金国的了解。洪皓成为在汉金两族中构架文化桥梁的使者。

洪皓饱读经书直接影响了他的后代。洪皓的长子洪适记忆力很强，次子洪遵、三子洪迈，都很会读书，都有过目称诵的能力，都考中进士，皆以文学负盛名，有"鄱阳英气钟三秀"之称，并三洪同朝为台辅，世所罕见。

二、"马氏文章"之马廷鸾和马端临

马廷鸾（1222—1289年），宋末乐平众埠楼前村人。马廷鸾幼时家境贫寒，苦读成才，25 岁获得功名（会试第一、殿试第四），步入仕途；45 岁，官至参知政事兼同知枢密院事，进右丞相兼枢密使；50 岁时，面对濒临灭亡又无力挽回的国势，愤然辞去宰相职务；晚年回故乡隐居，拒与元朝合作。①

少年马廷鸾：甘贫力学，不坠青云壮志。马廷鸾晚年回忆说："绍定之元，先人即世，兄才九岁，弟甫四岁，我生七年，亦未毁齿，母抱群雏，家徒四壁，画荻而教，采梠而食。"为了生计，他们只得"带经而锄、饭牛而诵"，即半耕半读，"简编之乐，弦诵之声，或鸡三号，或夜参半，忘食已晡，燃薪欲旦"，最终成就了功名与前程。六年寒暑苦读，他县考成绩斐然；三年之后中了州学秀才；20 岁时以文才扬名于饶徽二州，聘为童子师并执教万全书院；24 岁于乡试中举；25 岁春闱会试一举夺冠列贡士第一，旋于殿试列进士第四。

士大夫马廷鸾：敢斗奸佞，不惧权贵淫威。进入仕途的马廷鸾，初仕池州儒学教授，为池州的教育奉献 6 年之久。后进京供职 20 余年，历仕户部架阁、太学录、校书郎、秘书省正字、秘书少监、起居舍人兼太子右庶子、国史院编修官、实录院检讨官、礼部侍郎等，后任端明殿大学士、参知政事兼同知枢密院事，进右丞相兼枢密使，成为南宋朝廷的一名高官。

马廷鸾是具有刚毅正直品格的中国士大夫阶层代表人物，对专权媚上的外戚内侍集团无所畏惧，对朋奸误国的丁大全集团上疏弹劾，对独揽朝政的奸相贾似道坚持斗争。但是，由于南宋国势已衰，国君软弱无能，奸佞窃持大权，马廷鸾也无力回天，只好辞职回乐平隐居。从 1272 年马廷鸾辞去相位，到 1279 年南宋亡，只不过隔了 7 年。

学者马廷鸾：通研经典，不懈治学著述。马廷鸾通研书经，一本《六经集传》专著演绎了他的学术思想，体现了他的学术素养。他读《论语》《孟子》，写下专著《语孟会编》。他对诸子百家的其他典籍如《庄子》读了 32 年，写下专著《读庄笔记》。于文学方面，他不仅写下《楚辞补记》之类的学术著作，且进行了大量的创作实践，一部《碧梧玩芳集》收集许多佳作，其中仅诗词就有 183 首。马廷鸾推崇用比较法来治学论史的方法论也直接影响着其子马端临，马端临撰写《文献通考》的总体指导思想就是其父"宇宙之为天下裂，岂一朝一夕之故"的历史观，马廷鸾的史才、史识、史德多为马端临所继承。

―――――――――

① 方克华：《宋末右丞相马廷鸾的生平功业》，《景德镇文化研究》（第一辑），中国文史出版社 2017 年版。

马端临（1254—1340年），字贵舆、号竹洲，马廷鸾之子，中国宋元时著名史学家。马端临作为那个时代的读书人，在宋朝灭亡之际，恪守气节，拒不事元，而归隐家乡，专心执教，潜心治史。尤其为谋求治国安民之术，探讨会通因仍之道，以杜佑《通典》为蓝本，积数十年孜孜矻矻之功，写下一部明备精审之史学巨著《文献通考》，并著有《大学集注》《多识录》等多部著作。①

《文献通考》是中国古代典章制度方面的集大成之作，体例别致，史料丰富，内容充实，评论精辟。《四库提要》评价说："门类即多，卷繁帙重……虽稍逊《通典》之简严，而祥赡实为过之，非郑樵《通志》所及也。"《文献通考》以其内容最丰、时限最长、考证最精，被历代史学家推崇为《三通》之首，曾得到元代英宗、清代乾隆等帝王的高度评价，为后世资政理治提供历史镜鉴，留下一笔宝贵的文化遗产和精神财富。

《文献通考》作为史学煌煌巨著的成书，耗费了马端临的毕生精力。马端临从宋咸淳九年（1273年）开始准备，元至元二十七年（1290年）开始纂写，直到元英宗至治二年（1322年），历经30余年的努力才告竣，同年刊行于世。算上准备时间，前后历时50年。《文献通考》348卷，记述上起三代、下终南宋宁宗嘉定五年（1212年）的典章制度，是从上古到宋宁宗时的典章制度通史，简称《通考》。

《文献通考》取材极为广泛。除了各朝正史、历代会要、《资治通鉴》等史书外，还采用了私家著述的史书、传记等有关典章制度的记载。此外，在叙事中还引用了很多当时臣僚的奏疏和学士名流的议论。该书尤其是对宋代典章制度的记述特别详细，可以订正和补充《宋史》诸志的地方甚多，对历代制度的演变及其兴废沿革和利弊得失，提出颇多独到的见解。

《文献通考》作为一部记叙中国历代典章制度的专著，与司马光的《资治通鉴》起到相辅相成的作用，堪称交相辉映的史学双璧。人们说，读《资治通鉴》而不读《文献通考》，就好比读"纪、传"而不读"志、表"，只知一代的人物事迹，而不知一代的典章制度。相反，只读《文献通考》而不读《资治通鉴》，犹如知"志、表"而不知"纪、传"。所以，只有两部书结合起来读，才会对我国上下几千年的历史有个较全面的认识。《文献通考》在中国浩繁的史籍中有很重要的地位。

---

① 徐行溥：《〈文献通考〉传后世"马氏文章"照今人——乐平籍史学大家马端临述》，《景德镇文化》（第5期），江西高校出版社2015年版。

三、古戏台及其营造技艺

在乐平古戏台的背后，深藏着一个极为丰满的精神世界。

戏曲，作为中华民族特有的艺术形式，曾经在众多的艺术门类中独领风骚数百年。然而，世间万物，盛极必衰，戏曲也几近明日黄花。但随着戏曲光芒的黯淡，戏曲的伴生物"古戏台"的迷人风采却日渐凸显出来，引起世人的惊叹：世上竟有如此美轮美奂的建筑艺术精品。

通常意义上，戏台，顾名思义是供演戏用的。但世上许多属于人们精神创造范畴的事物，都不可能是单一意义上的存在。人们在创造的过程中，不仅出于美的考虑，还会融入自己的信念、信仰和理想，使之变得丰富、厚重、多姿多彩。因此，祖先在给后人留下完美的同时，也留下了一块块充实而又未知的空白。人们的这种赞叹更多地属于乐平。因为这里号称"中国古戏台博物馆"。[①]

浩瀚的鄱阳湖，汇集的不仅是一片汪洋，更是满湖醉人的地域风情。鄱阳湖的东岸，广袤的平原被一条大河分成了两半，这便是孕育了赣剧主要流派——饶河戏的饶河。沿饶河逆水而行至姚公渡，饶河一分为二，右面的那条是乐安河，沿乐安河上溯三百里，便是有着"中国古戏台博物馆"之称的乐平。

当得起"博物馆"之称，最起码得具备以下三个条件：数量众多，风采各异，工艺精湛。据乐平文化部门2002年统计资料显示：全市有古戏台412座，占江西全省古戏台总数的五分之一以上。这些戏台星罗棋布于全市各乡村，建筑年代自宋代至今，跨越600多年的时间，其数量的庞大及随时代发展的清晰脉络，实属世所罕见。

从属性上看，乐平古戏台大致分为宅院台、庙宇台、会馆台、祠堂台和万年台五种。其中最多见的是祠堂台和万年台，而最能体现乐平古戏台登峰造极的建筑艺术的也是这两种戏台。走遍乐平的每一个乡村，找不到完全相同的两座戏台。正如赣剧艺术有众多的声腔流派一样，乐平古戏台既有着统一的地域色彩，又显示出不同的个性风格。

在装饰上，这400多座古戏台更是如群芳争妍，各领风骚。但总体上仍有大致的统一风格。台面均为牌楼式，三五重不等，台脊形式多为歇山顶或硬山顶，台面飞金

[①] 蒋良善、华丽亚：《解读乐平古戏台》，《景德镇文化》（第1期），中国文史出版社2014年版。

上漆，金碧辉煌，屋脊中央均插有方天画戟，屋脊的两端翘起的是线条优美的鳌鱼，隆起的层层屋脊向外延伸部分，都是极挺拔的飞檐翘角，檐下一般都悬挂风铃铁马。几乎所有的屋脊上都栖有祥禽瑞兽。戏台天棚中央，则大多使用了当时绝对禁止使用的皇家建筑装饰——藻井。台上的木构件上大部分都被巧妙地雕刻成精美的浮雕：或吊钵，或花篮，或琼草瑶花，或狮虎龙凤，更多的是各种戏文。这些雕刻造型之优美，工艺之精湛，堪称木头上的刺绣。

乐平古戏台作为一种精致的建筑艺术品，完整地体现了中国艺术所贯穿的舞蹈精神，给人的感觉是沉稳中蕴藏着飘逸，雄浑中律动着轻灵，粗犷中夹杂着细腻，祥瑞中隐含着肃杀。凡是亲眼见识过的人，无一不为那超凡绝俗的艺术想象力和出神入化的艺术创造力所深深折服。用《诗经·斯干》中的"如跂斯翼，如矢斯棘，如鸟斯革，如翚斯飞"来形容，一点也不过分。同而不一，繁而不杂，这就是乐平古戏台的艺术魅力之所在。

乐平地处赣东北腹地，交通便捷，物产丰富，虽难避天灾，却少有战祸，自给自足的小农经济在相当长的历史时段内都较为发达。统观乐平任何一座古戏台的繁复和豪华程度，无论它修建在哪个年代，没有雄厚的经济实力是不敢问津的。但这仍然只是个外因。

中国的农村，几千年来始终保持着氏族宗法的血缘传统，聚族而居，同姓一村。在乐平，三五百户的大村庄随处可见，有的甚至有更多户。这种社会形态通过宗谱和祠堂不断得到强调和加固，"客亲三代，家亲万代"至今仍是至理名言。这种聚居方式使得广大农村长期处于一种封闭、落后的状态，非战争和其他万不得以的原因，人们谁也不肯迈出村子半步。但它也显示出一定的优势：巨大的凝聚力。古戏台的出现便是这种凝聚力的最好明证。

乐平古戏台呈现着独特的营建技艺文化。

在乐平一直流传着一句民谣："饶地多徽商，徽地多饶匠。"饶地乐平人通常在十三四岁时，父母都要劝其学一门手艺，男孩子大多学的是木工、泥水匠，女孩子一般是学缝纫。在饶徽建筑行业中，乐平帮是一支比较突出的先驱者。乐平帮在历史上活跃了四五百年，留下了许多古戏台传世精品。[①]

乐平帮在建筑业中的工种一般是木匠（含大木、小木、锯、雕、桶、车等工匠）、

---

① 余庆民：《乐平古戏台的营建技艺文化》，《景德镇文化研究》（第一辑），中国文史出版社2017年版。

水泥（瓦）匠、石匠、铁匠、砖匠、竹篾匠、炭匠、灰匠（烧石灰）、油漆匠、画匠等。在实际营建中，主要是木匠与泥水匠，其次是石匠、竹篾匠、油漆匠和画匠，其他工匠并不直接参与。

旧时，乐平建筑行业有本地帮和乐平帮区分。本地帮指的是以农耕为主兼作建筑工匠的本乡本土农民，农忙时务田，农闲时做工。他们一般不轻易离乡离土、游走外地，通常在十里八乡上门做工，一日三餐由东家管，早出晚归。乐平帮指的是长年从事建筑业的工匠行帮者，是乐平工匠的代称。古时官府的建筑营造通常由匠役制中的世袭匠户担任，遇有大型工程或特殊项目，采取的是征召方式，募集民间有专长者参加施工，竣工后各自回家。

乐平古戏台既不同官式做法，也不同于北方三晋大地，甚至与流行江浙地区的"营造法原"做法也有差异。乐平帮受自身文化熏陶甚大，历来主张开放包容，兼收并蓄，"融百家之长为我所用"，在长期的乐平传统民居与戏台建筑营建中形成了自己的独特风格。

中国乡土祠堂与戏台在一个村落中是最重要的建筑。在乐平，乡民们建造戏台比建造祠堂更舍得投入资金。今日之乐平，仍然乐此不疲。乐平人很看重门面，向来有"千金门楼，百两屋"之说。因此，乐平古戏台基本采用中国古典牌楼的造型。从现存400多座传统戏台中可以得出，有六种结构类型：三间四柱硬山式、三间四柱一楼式、三间四柱三楼式、三间四柱三楼两硬山式、五间四柱五楼式、五间楼四柱五楼两硬山式。其中以第四种的"三间四柱三楼两硬山式"留存最多，占比近三分之一。

乐平古戏台还呈现着乐平帮工匠良好的工匠精神。一是乐平帮工匠有着乐平人吃苦耐劳、做事较真、为人诚信、自强不息的"学手艺、立家业"的创业精神。二是乐平帮善于运用"科学与艺术在建筑上应是统一"的理念，体现了科学理性精神。三是乐平帮富有超凡的想象情趣。乐平工匠在小木作制作上总能出新出巧，如在戏台翼角下檐转角斗拱上，设构出状如一朵"倒菊花形"的"蜘蛛拱"与"象鼻昂"，其寓意为"喜从天降""万象更新"。四是乐平帮有着一股进取创新、勇攀高峰的精神。乐平古戏台在正立面造型上有一点十分独特之处，即在斗拱上的二重或三重飞檐翘角上，将其角度与长度既平衡又夸张到无以复加的地步，这种对险、奇、美的追求在中国古建筑中极为罕见。五是乐平帮信奉"技艺为本"的工匠精神。他们深知"树名气三十年难得，败门风一日之事"。

正是秉承这种一丝不苟的工匠精神，才使得一座座百年古戏台仍旧屹立在乐平大地上，并成为一方独特风景。2015年4月，"乐平传统戏台营造技艺"成功入选中国非物质文化遗产代表性项目名录。

第三节 浮梁区域文化

白居易"商人重利轻别离，前月浮梁买茶去"，颜真卿"素瓷传静夜，芳气满闲轩"，汤显祖"今夫浮梁之茗，闻于天下；浮梁之瓷，莹于冰玉"的咏叹，让浮梁的瓷茶文化源远流长。而柳宗元、王安石、苏轼、黄庭坚、范仲淹、杨万里等文人墨客亦为浮梁的山水与文化增色添彩。浮梁还有江南第一五品县衙的浮梁古县衙、被称为"国际陶瓷文化圣地"的高岭古矿遗址，以及因装运高岭土繁忙而成的东埠古街等。当然，还不能忘记，在绵连千年的浮梁历史文化蕴育下，众多浮梁子弟跻身官宦名士之列的文化气象。

一、浮梁瓷茶文化

浮梁的自然条件非常符合茶叶生长，也具备瓷业生产的有利条件。

浮梁县以中低山和丘陵为主，气候属于亚热带季风气候，雨量充足，热量丰富，无霜期长，森林覆盖率超过80%，盛产松柴和槎柴。以昌江为中心，包括南河、西河、东河、小北河等超过百余条的次干道和沟渠，为瓷业和茶叶生产、运输提供了便利。

自古以来，茶业和瓷业就是浮梁县域经济发展的支柱产业。

"（浮梁）山甚稠、田甚狭，以故食多不足，士与工商皆出四方以就利……其货之大者摘叶为茗，伐楮为纸，坯土为器，行于中外，资国家利其余，纺布帛负贩往来盖其小者耳"。在千余年发展历史中，依靠得天独厚的自然优势和历史机遇，浮梁地区的茶业和瓷业能够不断化解危机，保证持续繁荣，且二者能够在相互融合中共同发展，实现资源、技术和制度、文化品牌的良性互动。①

以手工生产为中心的产业发展模式的特色——边缘的经济发展特色。

中心是指浮梁地区的瓷器和茶叶等产品是社会消费的核心产品，受到社会各界的

---

① 李松杰：《多元互动视角下的浮梁瓷茶文化》，《景德镇文化研究》（第二辑），中国文史出版社2018年版。

欢迎和认可；而边缘则指产品出品地的浮梁无法成为吸引官员和社会名流的核心区域，这就使得浮梁地区形成了相对宽松的社会管理模式。传统意义上的"读书为高""做官至上"的理念与技艺和销售人才在浮梁地区和谐共处，形成了进退自如的社会发展理念。

以浮梁县域为范围，形成了以景德镇为核心的瓷业制造区域，以桃墅、江村为核心的茶叶生产区域。二者相互独立而又相互影响，构成了浮梁"瓷、茶文化贸易圈"。这一圈层的核心区域是指瓷、茶生产制造区域的景德镇、桃墅、瑶里等；次区域为周边祁门和婺源、九江、都昌、南昌、余干等地，为瓷、茶生产贸易提供人力、原料和燃料等；外层区域是指各地商帮，将瓷器和茶叶运输到世界各地，构建浮梁瓷、茶的商品贸易和文化传播体系。

细加探析，两个文化圈的区别在于，以景德镇为核心的瓷文化圈，从生产到贸易形成了"模板化"的生产体系，不同于传统意义上人口单一稳定的江南镇市，景德镇移民特色非常明显。而一直以来，由于浮梁东北部、西部等地方茶叶生产并没有实现大规模生产体系，只有在茶叶采摘时才会有余干、徽州等地民众到此进行短时期的劳作，移民并不像景德镇那样对区域文化产生深刻的影响。

就社会文化生态而言，景德镇一直游离于浮梁主流文化生态外围。由此而形成了景德镇自身小型的社会文化生态，且这种以重视手工业技术为特色的文化生态并不被浮梁主流文化接受。

作为土著人，在浮梁瓷茶行业的地位由于移民的涌入和力量壮大而失去垄断地位。但从长时段去透视浮梁社会生态，仍然可以认定，这一区域是以经济主导的手工业生产模式。人地互动的过程中，可以很明显地看出土客互动的印记。

史料关于浮梁县建制的记载最早是在唐武德四年（621年）置新平县，但不久即废县。开元四年（716年）复置，更县名为新昌，天宝元年（742年）改名浮梁，至今已1300余年历史。唐代时期专门设立浮梁县，与浮梁周边区域茶业生产和贸易有密切关系。成书于唐宪宗元和八年（813年）的《元和郡县图志》说浮梁县"每岁出茶七百万驮，税十五万贯"。而根据《新唐书》记载，贞元八年（792年）全国茶税收入为四十万贯。虽然从时段来看，二者相差数十年，无法证明浮梁茶税是否超过唐朝茶税的三分之一，但至少证明唐中期，浮梁已经是著名的茶区和茶业贸易集散地。

官方一直重视浮梁茶业贸易的地位。

自唐至宋，官方力量促使浮梁茶业进一步发展还体现在茶叶质量的提升，浮梁茶作为贡茶向朝廷进贡，进一步提升了浮梁茶业的地位和影响力。在中国文化和经济中，地方特色产品能受到皇帝重视被作为贡品，这既是官员的政绩，也是区域民众荣耀的资本。

元代，浮梁茶仍然作为贡茶，在饶州经济发展中极具影响力。17世纪以后，随着中西直接贸易的开展，欧洲社会消费红茶数量惊人，虽然无法计算浮梁出口茶叶的数量，但作为中国著名的茶叶产区，浮梁茶业因此再次走向辉煌是毋庸置疑的事实。民国时期，政府设立皖赣红茶销售委员会，通过官方努力，继续推动浮梁茶业的发展和辉煌。

促使浮梁地区走向辉煌的还有景德镇瓷器生产。

同茶叶相比，景德镇瓷器更是由于官方力量的推动才走向世界。浮梁地区的瓷器生产出名时间与茶叶大致吻合，关于浮梁地区瓷器的较早记述是南朝陈至德年间。到了唐代，新平瓷器进一步受到重视，著名的制瓷者有陶玉和霍仲初。

结合前述唐武德四年开始设置新平县的说法，虽然无法直接证明唐代时期浮梁设县与进献瓷器有关，但民间瓷器生产的兴盛引起官方重视，应该是浮梁县设立的重要推动因素。到了宋代，景德镇由于瓷器迅速发展而闻名于世，其名声甚至盖过属地浮梁县。

元代，由于海外贸易兴盛，政府在景德镇设立浮梁瓷局，专门掌管瓷器烧造和征税。明清两代，皇帝对景德镇瓷器的青睐和重视，更是将景德镇推向了历史的巅峰。

在浮梁瓷茶业发展和推广中，文人起到了非常重要的作用。

最早歌颂浮梁地区瓷器和茶叶的是颜真卿等写的《五言月夜啜茶联句》，其中"素瓷传静夜，芳气满闲轩"，称赞了瓷器的清洁和茶叶的醇香。而最引人关注的是在唐元和十一年（816年），著名诗人白居易的《琵琶行》中的名句"商人重利轻别离，前月浮梁买茶去"。柳宗元写就代饶州刺史元崔进贡瓷器的《代人进瓷器状》，将景德镇瓷器描述为"艺精埏埴，制合规模。禀至德之陶蒸，自无苦窳；合太和以融结，克保坚贞。且无瓦釜之鸣，是称土铏之德。器惭胡琏，贡异砮丹，既尚质而为先，亦当无而有用"。

宋元时期，由于景德镇瓷器已经具备的影响力，更成为精英文化追捧对象。明清时期，由于文人和鉴赏家推动，青花瓷取代单色釉瓷器成为社会市场的主流，一直影响至今。

二、佛印与苏轼的友谊

佛印是一位具有很高成就的出家僧人。

佛印，浮梁县浯溪都明堂山人，生于北宋仁宗明道元年（1032年），逝于哲宗元符元年（1098年）。佛印自幼天资颖悟，3岁就能背诵诸家诗赋，史料上说他"幼习儒书，通古今之蕴；旁通二氏，负博洽之声"。①

从志书记载中可以看出，佛印具有高僧所具备的智慧与修养。《饶州府志》记载"了元，佛印禅师，字觉老，浮梁林氏子……幼出家宝积寺，礼沙门日用为师，试法受具。游庐山，谒开先暹禅师，暹称赞之。再谒圆通讷禅师，礼继书记，驻江州承天，为开光之嗣。又游淮之斗方，庐山之归宗，润州之金山、焦山，袁州之大仰，住云居四十年。神宗赐高句丽磨衲金钵，以旌师德"。

《浮梁县志》记载"了元，字觉老，号佛印，邑之林氏子。因读释氏书有悟，遂剃发师宝积寺。会游京师，奉诏入内讲经，称旨，神宗赐号佛印，亲赐紫袈裟、高句丽磨衲金钵，以旌其德。与苏轼最善，并交秦观、黄庭坚"。

北宋大文学家苏轼与佛印是挚友。

大约在元丰三年（1080年）六七月间，苏轼与佛印就开始交往。《与佛印十二首（之一）》记载："归宗化主来，辱书，方欲裁谢，栖贤迁师处又领手教，眷与益勤，感怍无量。数日大热，缅想山间方适清和，法体安稳。云居事迹已领，冠世绝境，大士所庐，已难下笔，而龙居笔势，已自超然，老拙何以加之。幸稍宽假，使得款典抒思也。昔人一涉世事，便为山灵勒回俗驾，今仆蒙犯尘垢，垂三十年，困而后知返，岂敢便点浼名山！而山中高人皆未相识，而迎计之，何以得此，岂非宿缘也哉。向热，顺时自爱。"这是目前可考苏轼与佛印最早的交往记录。

元丰四年（1081年），他们保持着密切的通信联系。元丰五年（1082年）正月，苏轼与佛印曾经相见，"梦想高风，忽复披奉，欣慰可知。但累日烦扰为愧耳。重承人船相送，益用感怍。别来法体何如？后会不远，万万保练"。元丰五年五月，"轼以怪石供了元，作《怪石供》。时了元居庐山归宗，了元旋主润州金山"，"收得美石数百枚，戏作《怪石供》一篇，以发一笑。开却此例，山中斋粥今后何忧，想复大笑

---

① 吴逢辰：《佛印禅师与东坡居士交谊考》，《景德镇文化研究》（第二辑），中国文史出版社2018年版。

也。更有野人于墓中得铜盆一枚，买得以盛怪石，并送上结缘也"。苏轼有《怪石供》《后怪石供》等文留世。

元丰七年（1084年）四月，苏轼离开黄州，"在庐山，了元来简约同游，轼答简约自筠州还日同游。时了元自润州金山来"。《与佛印十二首（之三）》记载："见约游山，固所愿也。方迫往筠州，未即走见。还日如约，匆匆布谢。"元丰七年五月，"轼与了元游庐山，识其徒自顺，并为题品"。

元丰七八年间，苏轼离黄州赴汝州期间曾多次往返于润州。先是在元丰七年（1084年）八月至十月间，苏轼"自便"到常州、宜兴，路过润州（镇江），后赴汝州又途经润州；元丰八年（1085年）五月到八月间，苏轼回常州、宜兴，路过润州，后赴登州又路过润州。佛印作为金山寺的主持，在此期间与苏轼过从甚密。

关于苏轼赠玉带与佛印，已成为一时轶事，有许多文字记述。

宋哲宗元祐四年（1089年），东坡出知杭州时，路过润州金山，留停数日。一天，恰遇佛印挂牌与弟子入室，苏轼穿便服到禅房见他。佛印说："内翰何来？此间无坐榻。"苏轼笑笑戏说："那就暂借你和尚'四大'作禅床。"并作《戏答佛印偈》曰："百千灯作一灯光，尽是恒沙妙法王。是故东坡不敢借，借君四大作禅床。"佛印说道："山僧有转语，内翰言下即答，当从所请，如稍涉拟议，则所系玉带，愿留以镇山门。"苏轼欣然答应，将玉带解下，放在几上，请佛印出题。佛印说："山僧四大本空，五蕴非有，内翰欲于何处坐？"

这里说的"四大""五蕴"，都是佛门语。所谓"四大"，佛教指的是地、水、火、风，认为此四者广大，能产生出一切事物和道。人身亦是由此"四大"而成，故以"四大"作为人身的代称。"五蕴"又称"五阴""五众"，就是形相、情欲、意念、行为、心灵，大意为色、受、想、识、行"五蕴"，其中识是认识的主观要素，色、受、想、行是认识的客观要素。从狭义上说是现实人的代称，广义上说指物质世界和精神世界的总和。

苏轼虽然也精通佛理，但一下却答不出来。正在沉思，佛印便笑对侍者说，将玉带收起来永镇山门。苏轼见如此，也就慨然同意。佛印见苏轼果然认真起来，就将一领云衲衣回赠苏轼，并写诗二首以志（诗逸失）。为此，苏轼也写下了《以玉带施元长老，元以衲裙相报次韵二首》。诗云："病骨难堪玉带围，钝根仍落剑锋机。欲教乞食歌姬院，故与云山旧衲衣。""此带阅人如传舍，流传到我亦悠哉。锦袍错落差（犹）相称，乞与佯狂老万回。"

现在镇江金山寺珍藏的玉带由 20 块不同的白玉组成，有长方形、圆形、心形。玉带径长约 2 尺，宽约 2 寸。其中有 4 块在清代被火焚毁，据说是乾隆皇帝游金山寺时，给补上了 4 块，上面刻有乾隆题诗。这 4 块玉与其他玉块颜色不同，一望可辨。金山寺以前曾特地建过一座留玉堂，堂中供奉苏轼与佛印的铜像。苏轼像旁有一小童捧着玉带，佛印像旁有一小沙弥手挟衲裙。这座留玉堂后被一场大火烧毁，铜像也成了铜块。由此可见，前人对佛印与苏轼的景仰以及他们二人之间的友谊。

佛印修行到元符元年（1098 年）正月初四，从容同僧众话别，一笑而逝，终年 67 岁。根据他的遗愿安葬到家乡浮梁福港浯溪口陪伴母亲。佛印圆寂后，苏轼曾在其子苏迈的陪同下，租船到浯溪口哭祭吊唁。如今，浯溪口村前昌江河中一块石壁上的碑刻记录着苏轼专程到浯溪口吊唁老朋友时所留下的"三世佛"的泣文，它是苏轼与佛印深情厚谊的实物见证。

三、创行经界法之李椿年

李椿年，字仲永，江西饶州府浮梁县丰田都（今鹅湖界田村）人。

李椿年从小聪敏好学，善于思考问题，对事物的观察有新见地。北宋徽宗政和八年即重和元年（1118 年）中进士。南宋高宗绍兴二年（1132 年），出任宣州宁国县令，后迁宁国军节度推官。当时有个权监察御史刘大中奉命宣渝江南东西路，见李椿年对民事、稽考税额都能处理得井井有条，而荐他为度支郎中，时间在绍兴四年（1134 年）。不久，李椿年又放任洪州通判，后升任浙东提举，专管赋税事宜。因为他已积有丰富的赋税工作经验，又被召入朝中，任左司员外郎、右司郎中。绍兴十二年（1142 年），李椿年奉命到武昌检察军情，回朝上疏陈列要整顿经界的理由，引起了宋高宗和朝中大臣的重视，从而成为李椿年推行经界法转折性的一年。①

李椿年的奏疏说了些什么，为何会引起朝廷的重视呢？

主要是因为李椿年看准了当时国库空虚、民心不满的形势，针对存在的严重问题，提出可行的办法。他说："豪民猾吏，因缘为奸；机巧多端，情伪万状。以有为无，以强吞弱。有田者未必有田。富者日以兼并，贫者日以困弱，皆由经界之不正耳。""常产夺于兼并，版籍废于因循，求法之良，莫如正经界。"李椿年因此指出"经界不正"

---

① 林景梧：《瓷都史话》，百花洲文艺出版社 2004 年版。

的十大害处。

这"十害"的大意是：一是侵耕失税。就是大户侵耕冒佃，不纳租税，而官府却立赏告好，造成很大骚抗。二是卖产之家，户去税存，推割不得，终身贫困。三是衙门和坊场户，虚供抵挡，小欠官钱，就拘收在官，结果还是有名无实。四是乡司走弄二税，纳税人姓名及所纳数目登录在税籍的，"翻覆皆由其手"。五是诡名挟佃。逃亡死绝，官司催科，责办于户长，户长破家竭户却无法偿还，有力量的人家举户产以隐寄，无力量者只好带妻子逃亡。六是兵火后，税籍不清，争讼日起。农闲时因税而争讼的，一个小县每日都有千数，追求骚扰，无有穷尽。七是"州县倚阁二税"，官吏即以逃户财产变卖，"或以市恩，或以入己，欺罔上下"。八是州县隐赋既多，用度不足，就额外追求，造成公私俱困。九是豪猾自陈，诡籍不实。各州州县兵火之后的户籍，是令各户自报财产多少而定的，狡猾豪强的人，故意隐瞒，以多报少，不均的弊病，无法说清楚。十是田税偏重，无人肯买。由于田少税多，种田所得不够纳税，因此无人肯耕，也无人敢买，以致土地荒芜。

李椿年列举"经界不正"的"十害"之后，提出必须实行经界法（清丈土地），核实每户的土地数目，重造税籍，这是清除"十害"的根本办法。接着他指出"经界既然正"的十大好处即"十利"：一是不待根据陈告而公私分；二是不待推割而税随产去；三是多寡有无不得而欺；四是民有定税，户有定税，税有定籍，虽欲走弄不可得；五是据产催税，无陪填之患而乐为之役；六是据田纳税，而无所争；七是州县无所用其奸，则常赋得；八是正额自足，而公私无费；九是经界既正，则均无贫；十是有所归而人皆愿耕而争买。

李椿年请求将吴江已实行"正经界"的经验先在一郡内施行，再在一路实行，然后在全国施行，以逐渐推进。李椿年的奏疏，利害交代清楚，切中时弊，引起了南宋皇帝的重视，因而次日即有"尚书左司员外郎李椿年进显谟阁，为两浙路转运副使之命"，并把推行经界法的权力交给了李椿年。

李椿年接受任务后，先从平江（今苏州）诸县试行，并设专门办理经界事务的机关"两浙转运措置经界所"于平江。这个地方原来每年要缴纳赋税70万斛，当时按籍为39万斛，由于地方官僚豪绅漏税情况相当严重，实际税入只有20万斛。李椿年等针对弊端，另作图籍凡24条。如令各县以都为单位，各官户、农户依式书写户主姓名，田地的面积、四至、土色、丘陵及来源，并附上土地的地形图，叫作"砧基簿"。然后由都耆邻保召集田主、佃客，逐丘计算亩角（一亩为四角），进行签字画押。保正长在图的四至上押字，上报经界所，再由经界所差官吏按图勘验，大量核实，不实者给予重处。

经界法的施行，取得了不同效果。凡是执行坚决的，效果也就非常明显。可是经界法的施行，触及了官僚地主的私利。李椿年执行经界法又雷厉风行，严格督促，因而遭到一些官僚地主的妒恨和反对。一些言官也附和反对者的腔调，对李椿年一再进行攻击。宋高宗为了平息官僚们的愤怒，以求息事宁人，便以"寝失本意"的罪名，于绍兴十九年（1149年）冬，下诏免去李椿年户部侍郎职务。绍兴二十年（1150年）初，又将李椿年外放地方，先后在江州、宣州、婺州任知州。同年，经界法结束。到绍兴二十六年（1156年）正月，宋高宗又下令将"左中大夫知婺州"李椿年免职退休。

李椿年退休回乡之后，在新田都（今界田一带）倡建新田书院，著有《易说》和《仲永文集》，并被封为普宁郡开国侯。但由于长期以来士大夫的正统舆论反对经济和赋役制度的改革，嫉恨所谓"害利"之臣，导致元代编撰的《宋史》没有李椿年的传，只在《宋会要辑稿》中关于"经界"条中有记述李椿年的片段。尽管如此，李椿年创行经界法的史实却无法泯灭，他推行经界法的功绩无法抹杀。

第四节　昌江区域文化

作为古饶州府和浮梁县曾经的地域，昌江区拥有许多历史文化名人。北宋状元彭汝砺，宝文阁待制程节，"政声直入明光宫"的程筠；南宋抗蒙名将彭大雅；明代江西诗派代表人物刘炳，理学家余祜、史桂芳，廉吏刘莘、陈文衡等显赫一时的人物都从这里走出。郭璞、颜真卿、范仲淹、苏轼、岳飞、欧阳玄、宋濂、唐英等历史文化名人在此留下遗韵。丽阳古镇、三闾庙明清古街、古刹旸府寺、长芗书院、郭璞峰摩崖石刻等见证了昌江的沧桑历史。

一、丽阳古镇与古瓷窑

民间曾有"先有丽阳镇、后有景德镇"之说。

丽阳古称利阳，位于昌江区西南部，历史上一直为饶州鄱阳县所辖，1983年划入昌江区管辖，1987年3月建立丽阳乡。丽阳古时建有城镇，丽阳古城位于今丽阳乡丽阳村，相传秦汉时期番君吴芮的女婿英布在此建有土城，后毁于战火。另据丽阳《黎氏宗谱》记载：西汉文帝时，黎氏先祖景熙公驻守英布城。可见丽阳在景德镇周边地区算是开埠比较早的地区。[①]

宋元之际，丽阳逐渐形成繁华集镇，宋代丽阳镇设置"监镇"职守。丽阳《彭氏宗谱》载，丽阳历史名人彭大雅的侄子彭义孙"为丽阳镇监镇往川省，至恩州遇李全作乱，起兵伐之"。元末，丽阳镇曾为陈友谅部据守。明初，大将于光夺取丽阳镇，在此驻扎军队，并筑城"周五里许"。

丽阳因市成镇，源于其突出的地理位置。宋元以来，丽阳人在昌江西岸建窑烧造瓷器后，人口逐渐稠密，加上水上交通便利，各业相继兴起，商贾云集，形成繁荣的集镇。丽阳以彭氏、黎氏、史氏为主的宗族兴旺一时，涌现北宋状元彭汝砺、重庆知府彭大雅，明代两浙盐运使史桂芳等历史名人。当地宋代诗人黎廷瑞说："宋三百年，鄱郡方千里，而王侯之风独见于吾乡。"

彭氏在丽阳居住历史悠久。查考丽阳《彭氏宗谱》可知，彭氏先祖以袭封彭城而得"彭"姓。丽阳彭氏七世祖欲公，生于成帝乙巳年（前16年），官金紫光禄大夫，始自婺源御林桥迁丽阳承庆坊，至今有近两千年的历史。宋代丽阳彭氏名人辈出，"士望冠于饶郡"。

南宋时期的彭大雅是一位值得后人铭记的历史人物。彭大雅，字子文，南宋理宗嘉定十年（1217年）进士，官朝靖郎，任四川制置使兼管剑门关事官。绍定五年（1232年），蒙古遣使来议夹攻金朝事，南宋遣使报谢，为书状官随行。将亲身见闻写成《黑鞑事略》，叙述了蒙古立国、地理、物产、语言、风俗、赋敛、贾贩、官制、法令、骑射等事，详备简要，是研究蒙古开创历史的珍贵资料。

彭大雅任四川安抚制置副使兼重庆知府时，曾主持三筑重庆城，其城廓、城陴建设在抗蒙战争中遏制了蒙军的灭宋进程。彭大雅去世后，朝廷念其功高赐庙于蜀，封忠烈英卫侯，又封其父为灵祐侯。重庆人为怀念这位功绩卓著的重庆知府，将其列为重庆历史文化名人，并为其建庙塑像。

黎姓是丽阳的大姓。咸丰甲寅年邦彦撰丽阳《黎氏宗谱序》记载："我唐宦柏高公自湖广而参政江西，因乱而迁鄱之丽阳镇，为我迁鄱始祖，其后自鄱而历唐宋元，

[①] 洪东亮：《古镇丽阳的那些文化逸事》，《景德镇文化》（第1期），中国文史出版社2014年版。

生于斯殁于斯,而登雁塔鳌头者十数人。"黎氏历史上亦是人才辈出。黎安朝,嘉定十三年(1220年)进士,淳祐中为大理少卿,一生突出的贡献就是主持重刊并"修补"了堪称中国古代"目录学"的鸿篇巨著《郡斋读书志》。

黎廷瑞(1250—1308年),字祥仲,号芳洲,南宋度宗咸淳七年(1271年)进士及第,受官迪功郎。授肇庆府司法参军。宋亡,幽居山中10年,与吴存、徐瑞等同游。元世祖至元二十三年(1286年),摄本郡教事,凡5年。有《芳洲集》三卷,收入清史简编《鄱阳五家集》。

丽阳古代的名门望族中,史氏不可不说。史桂芳(1518—1598年),字景实,号惺堂。曾任歙县令、南京刑部郎中、延平知府、汝宁知府、两浙运使。早年在白鹿洞书院求学,是明晚期较有影响的学者、诗人、古文家。同罗汝芳、耿定向等人一起讲学,影响深远。后人赋诗称赞他:"碣石风霜历几春,遗文千载见精神。芝山蠡水今犹昔,三百年来无此人。"

丽阳古镇在很长一段时间不为世人所熟悉,直到丽阳古瓷窑的发掘,才逐渐撩开神秘的面纱。丽阳古窑遗址位于景德镇西南约21公里的丽阳乡彭家村和丽阳村的瓷器山和碓白山上,东距丽阳乡政府驻地黄牛山约3公里,昌江河自东向西从窑址南面不远流过,注入鄱阳湖。

2005年7—10月,由故宫博物院、江西省文物考古研究所和景德镇陶瓷考古研究所联合组成的考古队对丽阳古窑进行考古,发掘出一座元代龙窑窑炉和一座明代早期的葫芦形窑炉,出土了一批青花瓷器、仿龙泉釉瓷器、仿哥窑瓷器和紫金釉瓷器,器型有碗、盘、高足杯、罐、执壶、炉和盏等。发掘表明,这里一处范围较大,生产时间从元代到明代,是景德镇城区外一处相对集中的瓷器生产地。此处明代窑炉的发现填补了在景德镇御窑遗址发现的明初葫芦形窑和湖窑址发现的明代中期葫芦窑之间的空白,完善了葫芦形窑炉的演变序列,印证了《天工开物》对葫芦形制的记载。2006年3月,其被评为"2005年中国考古十大新发现"。

二、北宋状元彭汝砺

彭汝砺(1041—1095年),北宋英宗治平二年(1065年)乙巳科状元。彭汝砺中状元后,被王安石举荐为国子直讲,改大理寺丞,擢太子中允。不久,神宗以汝砺为监察御史。彭汝砺首陈十事，言他人不敢言。①

彭汝砺后加集贤殿修撰，入权兵、刑两部侍郎，徙礼部，拜吏部侍郎，迄权吏部尚书。哲宗元祐八年（1093年），彭汝砺再一次被诬告与反对王安石变法的刘挚有牵连，被贬以宝文阁直学士知成都府。未及上任，又降为待制，知江州，到任仅数月，即病逝，享年54岁。

彭汝砺著有《易义》《诗义》《鄱阳集》，《宋史》中有他的传记。彭汝砺以敢言著称，朝野叹服："今不患无将顺之臣，患无谏诤之臣；不患无敢为之臣，患无敢言之臣。"彭汝砺临终遗表言："土地已有余，愿抚以仁；财用非不饶，愿节以礼。佞人初若可悦，而其患在后；忠言初若可恶，而其利甚溥。"

彭汝砺54岁去世后，翌年葬浮梁屏山，9年后的徽宗崇宁元年（1102年）奉敕葬湖北兴国，后俗称彭尚书墓。明代于鄱阳县东江药炉山仙坛观重建彭汝砺墓，进士刘莘（今昌江区鲇鱼山镇义城村人）撰墓志铭。从刘莘所撰墓志"彭维巨姓，侨寓昌江"和"初居浮梁，游学郡庠"的内容分析，彭汝砺与"昌江""浮梁"关系十分密切。今存彭汝砺《鄱阳集》1130余首诗歌中有大量诗篇涉及浮梁、昌江人文风物。②

生长在昌江之滨、两度在江西为官的彭汝砺，与昌江之滨浮梁县衙多位县令的交往密切，如许屯田、郭知章、程德林、王太博、张景修等多有诗文往来。彭汝砺有一首诗《送许屯田》，诗中"浮梁巧制瓷，颜色比琼玖"在景德镇常常被提及，这首诗后被洪迈收入《容斋随笔》，后广为流传。据乾隆版《浮梁县志》载，许屯田名彭年，浮梁县令，是有名的廉吏。《送许屯田》是一首送别诗，当作于元丰初彭汝砺出为江南西路转运判官时。从诗中可以看出，彭汝砺十分赞赏许屯田在浮梁的政绩，对其才识及为人亦颇为敬重。

郭知章政绩卓著，累官刑部尚书、开封知府、翰林学士、显谟阁直学士。熙宁初，郭知章任浮梁县令。《送郭知章宰浮梁》二首诗就是郭知章上任之初，彭汝砺为其写的赠别诗，对郭赴浮梁给予厚望。其一曰："万室喁喁望已深，临流不敢重分襟。闾阎早觉春风到，岩谷遥思画日临。制御古非无至策，爱调人自有良心。笑言已得公才敏，侧耳风前听好音。"

---

① 洪东亮：《古镇丽阳的那些文化逸事》，《景德镇文化》（第1期），中国文史出版社2014年版。

② 洪东亮：《北宋状元彭汝砺与景德镇》，《景德镇文化研究》（第二辑），中国文史出版社2018年版。

昌江之滨，景德镇的瓷器闻名天下。昌江两岸的自然风光也十分秀丽。这于无数次往来昌江之上的彭汝砺来说，自然少不了对昌江风物的吟咏。对景德镇瓷器的吟咏，除"浮梁巧制瓷，颜色比琼玖"的诗句外，《答赵温甫，见谢茶瓯韵》一诗则更加细致地对当时浮梁景德镇的制瓷技艺及瓷器受时人的追捧进行了描述："我昔曾涉昌江滨，故人指我观陶钧。庞眉老匠矜捷手，为我百转雕与轮。镌刊刻画走风雨，须臾万态增鲜新。盘龙飞凤满日月，细花密叶生瑶珉。轻浮儿女爱奇崛，舟浮辇运倾金银。"

而对昌江风景，彭汝砺亦是不惜笔墨。他在多首诗歌中咏及诸仙洞、东流、景德镇五龙庵等地风光。对诸仙洞风光的描述，其另作《雪后会仙洞》一首："座见会仙石，迳观群玉峰。寒声无近水，幽径旋移松。晚日烟霞杂，归云粉黛重。天寒宜饮酒，衰疾每相容。"

彭汝砺的另外两个弟弟彭汝霖、彭汝芳亦非比寻常。彭汝霖是宋神宗熙宁年间进士，以敢谏著称。彭汝芳在北宋末期抗御方腊的战斗中，独守孤城，骂贼而死，宋徽宗为之褒叹不已。

三、非物质文化遗产

昌江区区域内留有许多珍贵的文化遗产。

其中以"荷塘乡竹编手工技艺"为代表的非物质文化遗产依然具有较强的生命力。荷塘竹编、糖画、根雕、叫花子灯、薄胎瓷、浮雕等非物质文化遗产，历史悠久，传承有序，技艺成熟。①

省级非物质文化遗产——荷塘竹编手工技艺。

荷塘乡地处昌江区南部山区，全乡面积63.03平方公里，是景德镇市重点林区之一，历来为竹制品加工生产基地，竹编这一古老的民间艺术在荷塘乡有着悠久的历史。早在明清时期，人们就利用当地丰富的毛竹资源，开始对毛竹加工利用。他们用竹子编成竹篓，供应景德镇瓷厂装瓷器，编竹架存放瓷胚，编篮子洗菜，编斗笠避雨，编鱼篓、虾篓捉鱼捉虾等。特别是当地人用于读书赶考的考篮，做工精细，样式考究，显示竹编技艺已经达到了较高的水准。

旧时，人们将会竹编手艺的人称为篾匠师傅。谁家要做个篮子、箩筐，打条凉席，

---

① 洪东亮：《昌江区非物质文化遗产走笔》，《景德镇文化》（第2期），中国文史出版社2014年版。

就把篾匠师傅请回家。除了好酒好饭招待，待篾匠师傅从竹园砍来竹子，加工好东家需要的生活、生产用品，篾匠师傅可获得按天计酬的工钱。

据不完全统计，民国初期荷塘及其周边仍有竹编手艺人 40 余名；新中国成立后，竹编艺人人数有所增加，但都分散在农户家，忙时以农为主，闲时上户做工，所做竹编，以实用竹器具为主。

20 世纪 70 年代，荷塘垦殖场成立竹制品加工厂，组织零散的篾匠集中生产，产品除农用箩筐、家用竹篮等器具外，主要为景德镇的大小瓷厂供应装瓷器用的瓷篮、瓷篓，用独轮手推车运往景德镇的瓷厂。

近几十年来，随着社会经济的发展，塑料制品大量进入生产生活，曾经很吃香的篾匠师傅同箍桶匠、雕匠、木匠等手工业者逐渐被市场淘汰，部分传统技艺濒临失传。为保护这些濒临失传的传统手工艺，2009 年，荷塘"手工艺竹编"被列入省级非物质文化遗产名录。

西郊糖画技艺。

糖画，顾名思义，就是用糖做成的画，是一门颇具观赏性的美食艺术。据称，糖画这一民间技艺距今已有 500 年的历史。它起源于明代的"糖丞相"，据有关资料记载，明代旧俗每年祀神，用糖铸成各种动物和人物作为祭品，所铸人物"袍笏轩昂"，俨然文臣武将，故有"糖丞相"之称。后来民间艺人将这一造型手法，逐渐演变为今天的糖画技艺。他们用小圆勺舀起糖液，在光洁的大理石板上，或提，或顿，或放，或收，一气呵成，或飞禽走兽，或花鸟虫鱼，无不栩栩如生。

西郊街道的涂氏家族糖画手艺已传到第八代，已列入市级非物质文化遗产传承人。据其记忆和《涂氏族谱》记载，涂家糖画技艺以湖北黄梅县一位叫黄木根的师傅那里传承而来，已经有 250 多年的历史。

丽阳叫花子灯。

叫花子灯是一种流传在丽阳古镇大坂上村的民间舞蹈，已被列入非物质文化遗产。所谓"叫花子灯"，是古代饥民为讨饭对施主进行的一种表演，由明代沿袭下来。后人每逢元宵节用稻草扎成龙灯，穿上叫化子服、头戴讨饭勺（葫芦做），进行自娱自乐。其表演内容、形式有打花鼓、打链将推车、绣荷包等内容。人物角色有五男一女，舞蹈风格独特，配以说唱舞蹈，日久天长逐渐演变成一种表演艺术。这种艺术后濒临失传，经文化专家进行抢救性保护，基本恢复了叫花子灯的唱腔和舞蹈，叫花子灯成为当地群众喜闻乐见的一种文化活动形式。

◎ 思考题

1. 景德镇书院中最早的距今1100多年，是谁创设的哪个书院？
2. 试列举乐平"洪公气节""马氏文章"的代表人物。
3. 为什么乐平号称"中国古戏台博物馆"？
4. 以"素瓷传静夜，芳气满闲轩"称赞浮梁瓷茶的是哪位名人？
5. 民间为什么会有"先有丽阳镇、后有景德镇"之说？

第七章

手工复兴

在陶瓷文化的传承创新中,景德镇瓷业的生产模式非常重要,我们由此不仅可以回望古代的景德镇,还可以展望景德镇的未来发展。景德镇瓷业的生产模式是农业文明时期最高效、最完善的手工业生产模式,是景德镇人贡献给世界的一大非物质文化遗产与古代智慧。正因为它是手工业时期最先进的生产方式,所以当今天景德镇的制瓷手工艺再次复兴时,它又开始凸显了旺盛的生命力。景德镇这座著名的瓷都,又开始充满朝气,再次受到全世界的瞩目。

在国家推进文化大繁荣、大发展的背景下,景德镇应做好瓷业遗存的保护与利用,以及借助手工艺复兴的良机,用文化引领未来的发展策略。在历史上,景德镇为世界文化、政治、经济、科技等方面的发展作出了重要的贡献。而在今天,当我们再次出发,踏上丝绸之路中我们祖先走过的山山水水,我们带给世界的会是什么样的新的物质和新的思想,这是值得我们思考的。

在新的生态文明中,那些古老的农业文明中积累的智慧还会给予我们新的启示。世界不同地区的文明就是如此循环反复地进行着新的再生产,今天是中国的发明,明天被中国以外的文明所用,在后天可能又返回其所在地生长出新的文化。就像当年世界风靡中国瓷器的时候,全世界的人们真正崇拜的并不是中国瓷器,而是中国的文化政治和礼仪风尚。当这些东西得不到尊重时,中国的瓷器就开始"破碎"。今天,我们在重拾这曾经"破碎"的瓷器,顺着历史脉络往前看的时候，我们应该有些什么样的新思考？

这是本章要探讨的问题。我们将从通过"文化"重构文化，传统手工技艺的现代化实践，陶瓷历史文化资源产业化，陶瓷历史文化是景德镇传家宝，打造"景德镇御窑"文化体系，陶瓷工业遗存留住城市记忆，打造陶瓷文化的软实力，让陶瓷文化融入中国名片，把陶瓷文化汇入"世界语言"等几个方面展开描述。

第一节　手工艺复兴的曙光

人类社会正在发生转型，许多传统文化不仅不再是社会发展的束缚与绊脚石，而且还成为了新的文化发展的基础与资源。站在这样的角度，我们就会看到，积累了一千多年的景德镇陶瓷文化已经成为祖先们留给景德镇的一笔丰厚财富，这是可以转化成文化建设和经济建设的资源。它不仅塑造了景德镇的文化形象，还为景德镇的文化产业的发展提供了强大的支持力量。

一、通过"文化"重构文化

手工技艺是农业文明时期的最重要的动力模式及生产方式。

围绕手工艺而产生的文化运行机制，都是地方性和乡土性的，是传统文化最核心的内容之一。研究它在现代化中的再生及与现代社会的互动模式，可以帮助我们理解什么是本土性的现代化，而且我们应该如何实践本土性的现代化。①

早期的人类学家普遍认为，在外来的更先进文化的冲击下，新的文化取代旧的文化是一种必然的规律。泰勒在其 1870 年所写的《原始文化》一书中表明，欣赏文化差异性的方法，在于建构文化的进化阶段性。也就是说，他认为人类的文化都是朝着一个既定的目标前进，原始人的生活就是人类生活的过去，而欧洲人则代表着人类整体文化所发展的方向。马克思也同样假定"工业高度发达的国家，为工业较不发达国家，展示了他们的未来形象"。

沃特·罗斯托在其《经济增长的阶段》一书中，列举出了一个从"传统社会"到

---

① 方李莉：《本土性的现代化如何实践——景德镇传统陶瓷手工技艺传承研究为例（上）》，《景德镇文化》（第 1 期），中国文史出版社 2014 年版。

"高度大众消费的时代"的五个发展阶段的单线序列。在罗斯托的图示中,"传统社会"的解体是"经济起飞"的前提条件。而外来支配也有必要,因为它能够实现这种有益的解体,否则传统生产的习俗关系会阻碍经济增长。在早期人类学家的眼里,只有传统的地方文化彻底解体,才会得到经济的发展,从而赶上发达地区的前进步伐。在他们的眼里,传统与变迁是对立的,习俗与理性也是对立的。

但社会的文化背景发生了变化,人类学家的看法也发生了变化。

例如,人类学家萨林斯在书中写道:"非西方民族为了创造自己的现代性文化而展开的斗争,摧毁了在西方人当中业已被广泛接受的传统与变迁的对立、习俗与理性对立的观念,尤其明显的是,摧毁了20世纪著名的传统与发展的对立观念。"萨林斯的观点似乎给了我们的希望,那就是本土性现代化的发展。在这样的发展过程中,传统与现代未必会对立,保护与发展也可以达到一致。也就是说我们不需要摧毁我们的传统文化,以换取现代化的实现,相反,传统可能会转化成一种构成新的文化或新的经济的资源。

而这种转换的背景就在于,在全球一体化的今天,整个人类社会的政治结构、经济结构和文化结构都在发生巨大的变化。如今在世界范围内的许多地方,民族的文化传统与文化遗产,正成为一种人文资源,被用来建构和产生在全球一体化语境中的民族政治和民族文化的主体意识,同时被活用成当地的文化和经济的新的建构方式,不仅重新模塑了当地文化,也成为了当地新的经济增长点。

在这样的背景中,传统文化开始被人们认识。

包括传统的手工艺生产手段,它们虽然不能取代机器的生产地位,但也不再是落后的象征。且不说国家正在将其作为一种珍贵的非物质文化遗产而加以保护,而其独特的工艺价值也正在成为一种地方文化的象征被人关注,甚至成为一种艺术品,还带来了经济价值,成为当地重要的文化产业。这是一种文化的转型,也是一种后工业文明的特征。

弗雷德·詹明信认为"后工业化社会"的根本标志就是"自然"已一去不复返地消失,整个世界已不同以往,成为一个完全人文化了的世界,"文化"成了实实在在的"第二自然"。一切都被纳入了人的视野、人的认识,换句话说,就是这个世界整个地被知识化、话语化了。以往人们是通过自然来创造文化,而在这个人文化了的世界里,人们每天要面对的、较量的不再是自然,而是文化。

现在的人们正通过"文化"来重构文化。

在这样的过程中,本土性的传统文化不再是与当今与无关的遗留物,而是一种再造当今文化的资源。这就是为什么在现今的文化背景中传统与现代不再对立，本土性的现代化也正在成为一种趋势。无疑，千百年凝聚而成的景德镇传统陶瓷文化可作为其中的经典案例。

二、传统手工技艺的回归与复兴

景德镇传统陶瓷文化是以手工技艺为基本特征的。

在20世纪90年代，随着中国市场经济的深入发展，景德镇的国有瓷厂纷纷解体，景德镇的制瓷业大多恢复了私营化。但是这些私营化的制瓷生产方式，并没有发展出像知识分子们所希望的——在工业化基础上规模性的大型陶瓷企业，而是恢复了手工制作的作坊式生产方式。这样一来，景德镇城区和郊区新兴了数千家小手工业作坊。①

那些从各级陶瓷研究所及各瓷厂美术研究所出来的陶瓷艺术研究者，形成了文人陶瓷艺术家的群体，在不断的创新中，取得了和当代其他一些艺术家的同等地位，而且也的确有这样的市场来让他们的事业得到发展。国家颁发给他们崇高的荣誉，他们被评为国家级大师、省级大师、高级工艺美术师、工艺美术师等。

民间也在形成自己的团体，还有一部分富起来的中国人也在开始收藏艺术品。景德镇的陶瓷在历史上就有人收藏，不仅有国外的藏家，还有众多国内的藏家。在计划经济时期，没有国内的藏家，所以只能出口到国外市场。如今国内市场的恢复，使景德镇的艺术陶瓷获得了新的生机。

而这些新的陶瓷艺术家，他们更加国际化了，其艺术不仅是受同时期的绘画艺术的影响，也受到同时期国外现代陶瓷艺术的影响。而且许多人不再是传统的陶瓷艺人，他们受过系统的高等教育，有的本身就是高校的教师。

于是，传统与现代、本土化与国际化相互交融到了一起。

对于整个景德镇的人文景观与文化发展来说，更是有了一个新的转折：以前被认为是古老落后的窑房、坯房得到了保护，一些古老的街道也在恢复；还有被认为是阻碍了景德镇陶瓷业走向现代化的一些行业文化、民间习俗开始被作为非物质文化遗产，受到政府和学者的关注。

---

① 方李莉：《本土性的现代化如何实践——景德镇传统陶瓷手工技艺传承研究为例（下）》，《景德镇文化》（第2期），中国文史出版社2014年版。

一方面传统在恢复，另一方面景德镇比以往任何时期都具有国际气息。

在原宇宙瓷厂的陶溪川、原雕塑瓷厂的乐天陶社、三宝的陶艺村中，我们常常可以看到不同国家的陶艺家在那里建工作室、做陶艺。在大学校园中，我们经常能看到各种国际陶艺活动和展览会的召开，许多学生和老师都能熟练地用英语与外国陶艺家交谈，景德镇成为了一个现代的国际化的都市。这是一种什么样的现象？是本土性的现代化在景德镇这座古老城市中的实践吗？

这是一个值得探讨的问题。

虽然在这里出现了许多恢复传统的现象，但它们之间的最大区别是：在过去传统与现代是对立的，本土性与国际性是对立的，手工技艺与机器生产是对立的。当时人们的看法是，要想让景德镇制瓷业走向机械化，要想让景德镇制瓷业加入到国际的现代化体系，就必须让传统的文化和传统的手工艺体系完全解体，如果做不到这一点，宁肯放弃景德镇到其他地方去发展新的陶瓷业。

而当今，人类社会正在发生转型。

在这新的转型中，许多传统的文化不仅不再是社会发展的束缚与绊脚石，而且还成为了新的文化发展的基础与资源。也就是说，当今的文化是在原有文化上的重构与再生产。只有在这样的文化背景中，只有在传统不再被否认的情况下，本土性的现代化才有被实践、被发展的可能性，才有可能是全球一体化与文化多样性发展的并存。站在这样的角度，我们就会看到，积累了一千多年的景德镇陶瓷文化已经成为祖先们留给景德镇的一笔丰厚财富，是可以转化成文化建设和经济建设的资源。它不仅塑造了景德镇的文化形象，还为景德镇文化产业的发展提供了强大的力量。

于是，景德镇不仅是一座历史之城，也是一座现代之城。

今天的景德镇，吸引着世界多地、不同肤色的人们"漂"到这里。3万多名"景漂"常年聚集于此，相当于景德镇主城区常住人口的5%，其中"洋景漂"5000多名。另外还有2万多名"景归"。古代的景德镇"工匠来八方，器成天下走"。如今，这一景德镇的文化现象正以全新的方式再现。

景德镇，这座保持了最完备手工制瓷技艺体系、以一个产业支撑千年的城市，被赋予了时代的崭新活力，发出穿越历史的吸引力。放眼全国乃至全球，很少有像景德镇这样的城市拥有如此多的世界各地人才，为投身陶瓷行业汇集在一起。这也折射出中国陶瓷文化的强大吸引力，让景德镇瓷器再次成为多元文化交流、交融的载体。

三、陶瓷历史文化资源产业化

景德镇的陶瓷历史文化资源是极为丰厚的，如果我们逐渐将这些文化资源转化为产品并以此形成一个成系统、成规模的文化产业业态，无疑对景德镇开发文化产品、拓展文化市场、发展文化产业、形成新的市场亮点和新的经济增长点，都将产生十分积极重大的意义。[①]

景德镇陶瓷历史文化资源实现产业化具有独特的优势及有利条件。

景德镇有着两千多年的制瓷历史。在唐代，景德镇的瓷器就被誉为"假玉器"纳贡于朝廷；宋代，景德镇瓷器跃居六大瓷系之首，以帝王年号得镇名，一举确立瓷国翘楚的地位；而自元代开始，朝廷在景德镇设立"浮梁瓷局"，景德镇成为皇家御用瓷的生产基地；明代，更由朝廷投资在景德镇建立专门制作朝廷御用瓷的御器厂；清代，朝廷又进一步加大投入扩建明御器厂，改称御窑厂。这些都是举世无双、无以伦比而又丰厚深沉、博大浩瀚的陶瓷文化资源。

景德镇悠久的历史孕育了灿烂文化，也培育了一代代制瓷技艺人员。

千百年来，景德镇这块热土上制瓷技艺人才辈出，他们用自己的勤劳和智慧不断创造新的历史辉煌。时至今日，可以说，景德镇在制瓷工艺技术和工艺美术方面，是人才济济，层出不穷。他们不仅是景德镇陶瓷历史文化的传承者，同时也可以是景德镇陶瓷历史文化产业化的践行者。

尤其是在20世纪90年代初，景德镇国有陶瓷企业全面改制转型后，一大批陶瓷产业工人面临再就业和自己创业的挑战。经过20多年的艰苦磨练和打拼，他们的探索创造创新能力得到了极大的释放和发挥，他们的技艺技术也得到了极大的提升，已经成为景德镇陶瓷历史文化产业化进程中一支重要的技术力量。

文化的重要属性是地域特色。

在中国，有着深厚文化历史底蕴的城市很多，但是严格来看，在千百年历史长河中，能够将本地历史文化一以贯之、薪火相传的城市非常少。景德镇则是少有的能够将自身独特的陶瓷文化在历史中代代相传的城市。从历史到现在，景德镇的陶瓷文化一直在持续发展，常变常新，在每一个阶段都呈现出独特的特色。这种文化的持续性，

---

① 肖振松：《景德镇文化产业化与产业文化化辨析——以御窑为核心的制瓷工艺技术是景德镇的宝贵资源》，《景德镇文化》（第3期），中国文史出版社2014年版。

是独一无二的。

当今，文化产业迎来了一个喜临甘霖的春天，文化产业遇上了前所未有的大好发展机遇，景德镇的陶瓷文化产业无疑得到国家政府层面政策上的极大推力。如果景德镇能够积极做好陶瓷历史文化资源的整合，确立陶瓷文化产业战略性发展规划，对陶瓷文化企业加大政策扶持，引导企业创立培育品牌，那么可以肯定，景德镇陶瓷文化产业将跃上一个新的台阶、开创一个新的局面。

要实现景德镇陶瓷产业文化化，打造具有鲜明景德镇地域特色的文化产业，景德镇陶瓷历史文化，尤其是无可比拟的自元代开始历明清两代600多年的景德镇御窑历史文化，是源源不断、难以取尽的文化宝库。景德镇陶瓷产业文化化，就是要研究如何把陶瓷产品的开发与景德镇的历史文化结合在一起，在传统的基础上创新，开发设计既有历史文化渊源和文化特色，又有现代审美意识和创意理念的陶瓷产品，并引领人们从比较纯粹的物质追求走向生活精神追求。最终，打造具有文化创意的陶瓷品牌，实现日常实用瓷器在满足人们日常生活需要的同时，也极大地满足人们生活艺术化的需求。

从发展的眼光看，景德镇不再像历史上一样，以手工业陶瓷生产来支撑一个产业。随着多种高科技与陶瓷产业的融合，景德镇的陶瓷产业必然要向规模化、机械化的现代企业方向发展。当今以日用瓷为主的陶瓷企业在景德镇形成的一个新兴陶瓷产业群就证明了这一点，他们已经跳出了传统的劳动力密集型的藩篱，大踏步迈向科技密集型的道路。在科学技术迅猛发展的今天，这是一个历史的必然。而在人们追求生活艺术化的今天，生活日用瓷生产企业产品艺术化也是一个历史的必然。事实上，许多的陶瓷企业已经在实践着这种生活日用瓷艺术化的转型，而且市场前景非常乐观。

第二节　保护老窑址、老工厂、老街区

在如今的景德镇，一个热词成为官方和民间的时尚用语："三老"——老窑址、老工厂、老街区。一个"老"字，本应让人感到沉闷、陈旧、迟暮、落伍。然而，恰恰是这个"老"字，联接着景德镇的前世今生和未来，展示着景德镇的历史脉络、生命信息、文化符号和发展前景。景德镇以陶瓷文化为核心，兼有茶、建筑、宗教和语言文化等丰富内容，承前启后，延绵千年，历久弥新。

一、陶瓷历史文化是景德镇的传家宝

当今的人们对文化的价值与意义有了全新的认识,"让收藏在禁宫里的文物、陈列在广阔大地上的遗产、书写在古籍里的文字都活起来"已成共识。文化遗产不再是远离百姓、没有生命的化石,而是直接关系民生幸福指数的文化大餐。景德镇以自己得天独厚的文化实力与魅力完整地诠释着这一崭新的文化理念。①

在现代化的进程中,老城区如何保护与发展?

这是中国城市的建设者和管理者都在努力破解的一道命题。城市中的老城区及其历史建筑是不可再生、不可复制的文化记忆,它贯穿于整个历史发展的进程。留住那些残存的历史印迹,就是留住一个城市的记忆,留住一个城市的灵魂。保护老城区、传承城市文脉已经成为共识。

然而,经历了千百年的风雨侵蚀,景德镇老城区居住功能和观赏性正在逐渐退化。如何在满足人们居住需要和保护老城区里弄、古遗址和古建筑之间找到一条新路?答案是:我们应坚定地保护利用老城区,保护历史文脉,改善群众生活,发展文化旅游,完善城市功能。

呵护好一颗陶瓷皇冠上的明珠。

即以御窑厂为核心的大遗址保护区。在延续上千年的陶瓷制瓷历史中,景德镇留下了52处151个著名窑址,代表了从唐朝至民国的陶瓷文脉。151个窑址串成一顶美丽无比的皇冠,而御窑厂则是皇冠上最为耀眼的明珠。

景德镇以御窑厂为核心的众多陶瓷遗迹属于没有同构型的世界精品级文化资源。国家文化部专门出台支持景德镇市文化改革发展的8项举措,从国家层面有力支持景德镇的大遗址保护。景德镇御窑遗址被列入《国家"十二五"时期大遗址保护规划》,国家以中央财政为主导的经费保障机制,把景德镇培育为国家大遗址保护区。这是一件关乎景德镇兴衰的大事,是这座城市千载难逢的机遇,耽误和浪费这个机遇,既对不起先辈,也无颜以对子孙后代。

保护好一条现代陶瓷工业的文脉。

即以朝阳路至珠山路为轴线的"一轴四片六厂"陶瓷工业遗存保护区。景德镇资

---

① 吴巨龙、魏望来、陈少林:《塑古镇之形、兴产业之实、铸文化之魂——景德镇老城区保护与发展实录》,《景德镇文化》(第3期),中国文史出版社2014年版。

源独特,是近现代陶瓷工业遗存与传统手工制瓷并存的魅力城市,是一座活的陶瓷博物馆。景德镇陶瓷工业遗产相当丰富,其中最有代表意义的是久负盛名的十大瓷厂。这些企业在漫长的发展过程中,形成了深烙时代特色的近现代工业物质文化遗产和非物质文化遗产。

企业虽然不再,但留下大量现代工业遗存。保护现代工业遗存,就是留住城市的历史。应保存包豪斯风格老厂房、各类型的窑炉、各国各时代陶瓷生产设备、展示和体验陶瓷的生产过程;通过现代媒介恢复历史的记忆,展示人文历史;透过老厂区实体,展示和传承传统生产工艺、技术档案和实物;建设陶溪川文化创意示范园区、红店粉彩工场、明清窑作群等。

维护好一片具有历史记忆的老城。

即北起瓷都大桥、南至昌江大桥、昌江东岸的大片老街区。前面我们说到,景德镇人依江而居、逐水而生,老街区就在碧水涟漪的昌江之畔,江水倚岸而过,南河环绕于东南,西河贯穿于西岸,形成了三水环城之势。"陶舍重重倚岸开,舟帆日日蔽江来";"坯房挑得白釉去,匣厂装将黄土来"。老街区宛如一只有力的手掌延伸出强劲的瓷业生机:元代浮梁瓷局、明代御器厂、清代御窑厂,官窑是它的掌心;古街区、古码头、老弄堂、老窑址、窑砖房,民窑是它的五指合力。保护好老街区,就是保护和恢复千年古镇。

千百年来从未中断的制瓷历史,为景德镇这片土地留下了弥足珍贵的瓷业遗迹、技艺和习俗。把凝结着先辈们的心血、蕴含着城市发展生机的文化遗产保护好,把文化记忆延续下去是当代景德镇人的责任担当。推进陶瓷文化创意资源深度开发,建设传承传统陶瓷文化和发展文化创意产业的聚集地,是新的时代赋予当代景德镇人的观念创新和理念升华。

行走在景德镇的老城区,犹如置身于陶瓷文化的点点乡愁中:点状分布的古窑业遗址俯抱大地;线状分布的现代陶瓷工业遗存依然耸立;片状分布的街巷里弄曲径通幽。我们仿佛穿越了时空的隧道,与古人对语,向历史喊话。文脉依序传承,文化自然对接,文明延绵扩展。还有比这更美的乡愁吗?

陶瓷文化是景德镇城市灵魂的结晶。

景德镇历史文化内涵灿烂而丰富,老窑址、老工厂、老街区曾在这里孕育、发展、繁荣、兴盛,呈现出中华传统文化的主流风姿,始终影响、领航着陶瓷文化的基本走向。走近景德镇,丰富的历史遗存,会让我们感悟"圣城"的魅力,会让我们透视到东方文明的传统与发展。

城市的灵魂是文化，文化是千姿百态的精神花朵。

景德镇能在世界陶瓷史上留下印记，能对人类有所贡献，归根到底是它的文化特色和文化成就。它以陶瓷文化为核心，兼有茶、建筑、宗教和语言文化等丰富内容，承前启后，延绵千年，历久弥新。而当下，景德镇更需要繁荣文化，赋予千年古镇新的灵魂。

二、打造"景德镇御窑"文化体系

在景德镇源远流长的陶瓷历史中，景德镇御窑厂居于核心地位。

在全力构建以陶瓷文化创意为核心，旅游业、会展业、特色演艺业、传媒业等多业并举的现代文化产业体系中，应在传承中保护，加强非物质文化遗产的发掘抢救，加快特色文博体系建设；在创新中开发，发展新型文化业态，提升文化核心竞争力，借助国家推进文化大发展、大繁荣的强劲东风，依托文化文物独有的优势，打造"景德镇御窑"文化体系。[①]

"景德镇御窑"是景德镇最具核心价值的陶瓷品牌。正是通过无数稀世珍宝级的元明清官窑陶瓷贡品的"龙脉"华彩，才最终造就了景德镇千年瓷都的金字招牌，其价值已无需赘言。

"景德镇御窑"是景德镇最具有影响力的文化品牌。国家级御窑遗址公园是世界上所有最有价值的官窑瓷器正宗原生地，居于"陶瓷圣地"首位。世界上独一处的文化现象，犹如一条金线，通过提炼挖掘，即可联接起景德镇文化的传统与现实、传承与发展、事业与产业等串串珠环。

"景德镇御窑"也是景德镇最富有魅力的旅游品牌。置身价值连城的官窑器原产地中，走在元明清历史的沉积物上，聆听远古的沉吟，体会皇家的尊荣，如此的官窑旅游怎能不令人向往。

文化体系的建设和拓展必须附着深刻的文化内涵，并借助人无我有的独特文化资源，进行准确的文化定位，特别是进行深度文化创意，以充分挖掘和形成自有的核心影响力和竞争力，从而在文化事业发展和文化市场博弈中赢得有利地位。

[①] 魏望来：《构建"景德镇御窑文化体系"的思考》，《景德镇文化》（第1期），中国文史出版社2014年版。

打造"景德镇御窑"文化体系应树立大遗址、大文化、大旅游的理念，进行多重资源和多元文化的整合，推进文物与文化结合、事业与产业并行、保护与开发兼顾、陶瓷与旅游共进、集中与分散统筹，实现由文物考古层面向文化实务层面递进，由学术研究层面向文化创意产业层面递进，由文化事业层面向文化产业层面递进，最终完成整个体系的架构，实现公众文化效益与文化市场效益的双赢。

景德镇是地下文物极丰富、文化连续性极强的古城。特别是完整地在地下保存着大量官窑遗存，以及相应的大量古窑址、古街巷、古店铺、古衙门、古民居、古作坊、古庙宇，其格局震撼人心，在全世界都是独一无二的，是珍贵的世界文化遗产，并有可能迅速消失，应该抢救性保护。

打造"景德镇御窑"文化体系的首要任务就是传承祖辈遗产，延续陶瓷文脉，保护利用以御窑遗址为龙头的点状分布的52处151个古窑业遗址，包括御窑遗址公园、湖田窑遗址公园、落马桥窑业遗址、唐代南窑遗址、兰田窑和丽阳古窑遗址。

应当依托御窑遗址的独有历史地位和陶瓷考古研究所多年积淀的权威优势，大量开展海内外官窑考古学术研究及成果发布、手工技艺展示及传统陶瓷传承、"景德镇御窑"文化体系论证等活动，使景德镇成为名副其实的官窑考古学术认证和传统陶瓷技艺传承的高地。

打造"景德镇御窑"文化体系可以预见实现的具体目标包括：通过运行官窑考古学术研究及发布中心、手工技艺展示及传统陶瓷传承中心、官窑器复制及手工陶瓷奢侈品创意研发基地、官窑品鉴精品旅游景区、影视拍摄制作基地等实际举措，使"景德镇御窑"文化体系物化为精品创意之地、极品旅游之地、贡品陶瓷之地。

三、陶瓷工业遗存留住城市记忆

景德镇是一个蔓生的城市。

有一个词叫作规划，规划的反义词是蔓生、蔓草生长。景德镇作为一个城市至少有700多年的历史，这个城市是一个蔓生的城市。我们要认识这个城市应该从这个城市形成的形态、理论来看。[①]

大约700年前开始，从南河流域一直到昌江流域，景德镇因为陶瓷聚集了很多手

---

① 刘子力：《传统的传承——景德镇老窑址、老厂区与老街区的保护》，《景德镇文化》（第4期），中国文史出版社2014年版。

艺人，在昌江南岸聚居起来，沿河制窑，沿窑设作，依作设居，有了居住就有了市集，就有了人类的文明，这个城市就像蔓草一样慢慢生长起来。景德镇和全世界所有城市都不同，因为它是按照一个产业的自然规律自由生长的。景德镇的老城现在还是700多年前的样子，这是全世界绝无仅有的。

景德镇的城市沿着昌江东岸有非常多的密集地垂直于这条河的里弄，宽大约2米，南北走向叫街，东西走向叫弄，就形成了城市中像蛛网一样的架构，人们把这一块叫作老街区，也就是景德镇的老城。街区3平方公里，聚集了十几万人，甚至更多。

城市里形成街道的核心东西是窑炉。在手艺人中，窑是饭碗，是精神的象征，是产业的精神堡垒。很多年后，蛛网状的城市进入工业化时代，形成了新的生产组织模式，人们称为厂。作为工厂前身的作坊有700多年的历史，作为厂区至今有六七十年的历史，景德镇这个城市又有了新的组织形式，叫作老厂区。

景德镇这个有着700多年历史的老城形成了以老窑址为核心、以老厂区为一大片、以老街区为整个城市状态的全世界独一无二的城市形成的逻辑，这是值得各界研究的。景德镇是一个"村中城"，是一个蔓生的状态。过去没有把这个城市打理好，所以现在我们要拂去灰尘，让它焕发青春。

我们再来说这个城市的文化价值。

有学者说景德镇最具文化价值的就是作坊群、窑炉，景德镇这座城市不是因为漂亮的民居、县衙、皇宫、长城而存在，而是因为有手工业者的生产空间。最好的作坊就是三间大瓦房，最好的作坊也会漏雨，但是它的文化价值很大，它传承了几百至上千年，形成了最科学的人体工程学，最后演绎成了最适合手工业者生产、生活、交流的空间。

"瓷"元素弥漫在景德镇的空气中，这座城市越来越体现出多元的气息。

如今走进景德镇，贯穿全境的昌江两岸山水秀丽；一批湿地公园、休闲公园别具韵味；151个老窑址、108条老街区等文化遗存遍布全城；不同风格的陶瓷文化园供游人体验休闲……窑址多、弄巷多、坯房多、会馆多、传奇多、故事多的城市个性凸显。

因"瓷"而生的景德镇，如今因"瓷"而变。景德镇正在打造跨界混合业态。信息化的发展，新材料、新工艺的突破，给陶瓷创意创新提供了无限的空间和舞台。景德镇不断加强基础研究、完善公共服务平台、优化创意创新环境，积极推动陶瓷艺术的融合创新，形成了以陶瓷为核心的跨界混合业态。

2017年，景德镇陶瓷产业产值达372亿元，艺术陈设瓷、高技术陶瓷占陶瓷总产值的近一半。从传统制瓷到现代文旅,从创意空间到工业服务平台,景德镇正不断拓展"瓷"的外延。2017年,景德镇服务业增加值占GDP的比重超过40%,旅游总收入增长47.2%。

第三节　推进陶瓷文化创新发展

一座城市有了文化,才有灵魂,才有生命力和创造力。景德镇就是这样的一座城市,千年不熄的窑火炼就灿烂的陶瓷文明,延续厚重的历史文脉,让她变得风姿绰约,与众不同。一座城市有了文化自信和文化认同,才会有蓬勃发展的底气和定力,市民才会有强烈的归属感、自豪感和使命感。文化,正在成为景德镇"复兴千年古镇、重塑世界瓷都、保护生态家园、建设旅游名城,打造一座与世界对话的城市"的重要载体和窗口。

一、建好景德镇国家陶瓷文化传承创新试验区

建设景德镇国家陶瓷文化传承创新试验区,是习近平总书记亲自关怀推动,党中央和国务院赋予江西和景德镇的一项重大任务。2019年5月,习近平总书记再次亲临江西视察指导时,强调要建好景德镇国家陶瓷文化传承创新试验区,打造对外文化交流新平台。

前面我们多次说到,瓷器是中国人民的伟大发明,景德镇瓷器是中国瓷器的杰出代表。千百年来,景德镇瓷器沿着古老的陆上丝绸之路和海上丝绸之路"行于九域,施及外洋",以世界语言传播中华文化、讲述中国故事,成为中外经贸合作和文化交流的重要媒介。

在中国进入"两个一百年"奋斗目标的历史交汇期并日益走近世界舞台中央的今天,通过建设景德镇陶瓷文化传承创新试验区,以瓷器这一联系东西方文明的重要载体,向世界展示中国人民在长期奋斗中培育、继承、发展起来的伟大民族精神,对促进中外经贸合作和文化交流、助力"一带一路"建设、推动构建人类命运共同体,具有特殊优势和重要意义。

有利于传承弘扬中华优秀传统文化,增强文化自信。

中国陶瓷作为中华民族智慧的结晶,讲求形神兼备,强调知、情、意、行相统一,

蕴含着中华民族最基本的文化基因。景德镇瓷器技艺集天下名窑之大成、汇各地良工之精华，在土作、水洗、火烧的精雕细琢和凤凰涅槃中，体现了水的灵动、土的敦厚、火的刚烈，不仅融入了器以载道、道法自然的哲学思想，而且形成了锲而不舍、精益求精、追求极致的工匠精神，创造性地实现了"器"与"艺"的完美结合。通过建设景德镇国家陶瓷文化传承创新试验区，推进中国陶瓷文化的创造性转化和创新性发展，是坚守中华文化立场、展现中华审美风范、增添中华精神力量的必然要求。

有利于弘扬丝路精神和对接"一带一路"建设，促进文化交流。

"瓷器"（china）在英文中首字母大写就是"中国"（China）。瓷器同中国一样，既是古老的，也是日新月异的；既是独特的，也是与世界相通的。中国陶瓷文化，既是中国人民的伟大创造，也是在同世界各种文明交流互鉴中不断进步的。

景德镇是历史上海上丝绸之路的主要起点和重要货源地。景德镇瓷器作为"中国制造"参与经济全球化的"世界商品"，跨越时空、超越国界，对"一带一路"沿线国家人民的生活方式、价值取向和审美情趣产生了积极影响，成为中国走向世界、世界认识中国的重要文化符号，成为弘扬丝路精神的重要载体。

通过建设景德镇国家陶瓷文化传承创新试验区，使景德镇成为对外展示中国文化的名片、讲述中国故事的平台、传递中国声音的窗口，不仅有助于践行"一带一路"倡议、推动沿线国家民心相通，而且有助于以对外展示"陶瓷中的中国"为切入口，让世界更多了解"发展中的中国""开放中的中国""为人类文明作贡献的中国"。

有利于探索传统文化产业转型升级路径。

景德镇素有创新的基因。在 2000 多年治陶史，特别是 1000 多年官窑史和 600 多年御窑史上，景德镇瓷器不断推陈出新，引领着中国陶瓷创新发展。以景德镇瓷器为代表的中国传统陶瓷文化产业，是古代中国人民伟大创造精神的生动体现。随着时代的发展，中国传统陶瓷文化产业也亟待按照高质量发展要求，通过思想理念、体制机制和陶瓷技术的全方位创新，加快实现由小做大、由大变强的历史性飞跃。

通过建设景德镇国家陶瓷文化传承创新试验区，开展文化产业体制机制和政策体系创新试点，不仅有助于推动景德镇传统陶瓷文化产业转型升级，而且有助于按照"种苗圃而不是做盆景"的要求，为全国传统文化产业改造振兴提供更多可复制、可推广的成功经验。

有利于顺应人民对美好生活的向往。

新时代，人们对物质和精神文化生活有了更高要求。瓷器既是人们生活中的实用品,又是人们精神生活的艺术品,凝结着先辈们的智慧和荣耀,寄托着人们的情感和追求。传承创新陶瓷文化既有机遇又有挑战,更是我们的使命和担当。建设景德镇国家陶瓷文化传承创新试验区,全面践行以人民为中心的发展思想,不仅有助于数十万制瓷从业人员和数万"景漂"创新创业,展示才华、圆梦出彩;更加有助于落实共享发展理念,深化供给侧结构性改革,更好顺应新时代大众化、个性化、定制化消费升级的需求,更好满足人民群众对美好生活的新期待。这是落实习近平总书记关于"有梦想,有机会,有奋斗,一切美好的东西都能够创造出来"的庄严承诺的重要举措。

2018年4月,景德镇市向国务院上报《关于创建景德镇国家陶瓷文化传承创新试验区的请示》,同年9月,这一请示获批准通过。① 试验区的实施范围为景德镇市全域,包括乐平市、浮梁县、昌江区和珠山区,面积5256平方公里,主要包括陶瓷历史文化保护区、陶瓷产业创新发展区、陶瓷文化创意创新区、陶瓷文化旅游示范区四大功能区。通过试验区的建设,景德镇将打造"两地一中心",即国家陶瓷文化保护传承创新基地、世界著名陶瓷文化旅游目的地、国际陶瓷文化交流合作交易中心。

建设景德镇国家陶瓷文化传承创新试验区,对于保护好、传承好、利用好景德镇陶瓷文化,充分发挥文化对产业转型升级的积极作用,加快推进景德镇高质量跨越式发展,具有重大而深远的意义,是千年瓷都千载难逢的机遇。

江西省委对千年瓷都景德镇寄予厚望:要切实提高试验区建设的政治站位,千方百计推进试验区建设,努力创造文化产业转型升级的新经验、打造文化强省建设的新名片,让千年瓷都在新时代焕发更加璀璨夺目的光彩。②

要牢牢把握试验区建设的目标定位。瞄准世界水平,以国家级试验区的眼界和水准,高起点规划、高标准建设、高效率推进,充分彰显景德镇陶瓷这个千年文化品牌的魅力,努力把试验区打造成为区域发展的新引擎。

要着力抓好试验区建设的重点任务。坚持以传承弘扬陶瓷文化为核心、以改革创新为动力、以重大项目为抓手,切实把保护传承陶瓷文化遗产作为首要任务,把创新发展陶瓷文化产业作为关键引领,把大力发展陶瓷文化旅游作为重要载体,把推进陶瓷文化合作交流作为重要渠道,不断推动试验区建设迈出新步伐。

---

① 邱西颖:《唱好传承与创新"大戏"——看景德镇如何打造国家陶瓷文化传承创新试验区》,江西日报,2019年6月19日。

② 刘奇:《牢记习近平总书记的殷殷嘱托,加快建设景德镇国家陶瓷文化传承创新试验区》,江西日报,2019年7月4日。

要努力提升试验区建设管理水平。坚持精心规划、精致建设、精细管理、精美呈现，做到建管并重，创新制度机制，强化人才支撑，努力把景德镇打造成为处处是景的美丽大花园。

二、打造陶瓷文化软实力

景德镇是一个有历史、有文化、有故事的地方。

景德镇在谋划发展上，应坚持"三个搞清楚"。一是要搞清楚"景德镇的景德镇"。景德镇是千年古镇，好山、好水、好文化，厚重的陶瓷历史文化、丰富的陶瓷文化遗存，是这个城市的宝贵财富、最大资源。二是要搞清楚"中国的景德镇"。景德镇是首批国家历史文化名城。英文"China"大写即中国，小写就是瓷器。陶瓷是中国走向世界、世界认识中国的文化符号，具有独特的历史价值、文化价值、品牌价值。三是要搞清楚"世界的景德镇"。景德镇是世界瓷都，是"世界上最早的工业化城市"，是丝绸之路的重要起点和货源地之一。景德镇的事情做好了，就能够与世界对话，成为展示中国文化的重要名片、讲述中国故事的重要平台、传播中国声音的重要窗口。[①]

千年不熄的窑火，孕育了景德镇璀璨的陶瓷文化。

景德镇有风华绝代的陶瓷文化，卓尔不凡的制瓷技艺，活色生香的窑砖里弄，留存了许多宝贵的历史文化遗产。景德镇人耳熟能详的彭家弄、刘家弄、龙船弄、龙缸弄、太平巷、斗富弄、麻石弄等里弄，记载着千年陶瓷生产方式发展的鲜明历史印记，形成了独特的窑砖里弄文化。青砖绿苔诉说着岁月悠悠，古窑古瓷彰显着千年璀璨。坐落在珠山脚下的御窑厂遗址的前身是元、明、清三代有600多年专门烧造宫廷用瓷的皇家瓷厂，是我国、乃至世界烧造时间最长、规模最大、工艺最为精湛的官办瓷厂。位于历史文化街区的"三红一光"（红旗、红星、红光、光明）以及人民、建国与东市区的雕塑、景陶、宇宙、为民等中华人民共和国成立后组建的"十大瓷厂"，共同书写了新中国景德镇"红色官窑"发展的辉煌。景德镇这片沃土，还蕴育着浮梁茶文化、乐平古戏台文化等丰富的文化形态。

[①] 钟志生：《在中共景德镇市第十一届委员会第四次全体会议的讲话》，景德镇日报，2018年1月5日。

景德镇是一座有作为、可作为、要作为的城市。

在当前文化繁荣、推陈出新的时代，文化既是对外竞争发展的软实力，又是转型升级的内动力。为此，景德镇市提出了"三个注重"：注重文化保护、注重文化利用、注重文化交流。①

一是以申报世界文化遗产为龙头，重点建设保护御窑厂国家遗址公园。

御窑是景德镇的一宝。景德德修订了《御窑厂遗址保护规划》，扩大了文化遗产保护范围，推进御窑厂遗址博物馆建设，积极申报世界文化遗产，打造具有世界影响力的"景德镇御窑厂国家考古遗址公园"和国家AAAAA景区，使之成为景德镇独具特色的文化"金字招牌"，打造世界陶瓷文化"零公里"。遗址遗迹原生态保护，突出御窑厂遗址为核心的老城整体风貌保护，原汁原味地保护老城的风貌风格、文化肌理，充分展现千年古镇的魅力，延续老城的历史足迹、山水格局、人文脉络，使老城始终是"活着的历史"。

景德镇文化遗产保护，也经历了一个从他觉到自觉、从被动到主动的过程。1982年，景德镇被国务院批准为首批历史文化名城，同年湖田古瓷窑址被国务院列为第二批全国重点文物保护单位，都不具有主动意识。而进入新世纪，政府的主动和自觉，成效则立竿见影。②

2001年，高岭古矿遗址被列为国家级重点文物保护单位，2005年被列为国家首批"国家矿山公园"，2006年被公布为第六批古遗址类全国重点文物保护单位。2013年，丽阳遗址被国务院核定为第七批全国重点文物保护单位。2013年，南窑窑址被评为全国十大考古新发现。

最有说服力的还是御窑厂遗址的保护。2002年，景德镇市政府从御窑厂遗址迁出，并将原政府办公大楼拆除，拉开了御窑厂遗址发掘、保护工程的序幕。2002—2004年，经国家文物局批准，由北京大学考古文博学院、江西省文物考古所、景德镇陶瓷考古研究所三家联合对珠山北麓遗址考古发掘，该项成果被评为"2003年度全国十大考古新发现"。2004年，景德镇市政府邀请北京大学考古文博学院专家编制《景德镇明清御窑厂遗址保护规划》。2008年，国家文物局下达《关于御窑厂遗址保护规划的批复》，同意《景德镇御窑厂遗址保护规划》。

---

① 钟志生：《用好金字招牌 树立"陶瓷+"理念》，新华网，2016年3月11日。
② 张德山、王伯建：《二十一世纪，景德镇人的文化自觉》，《景德镇文化》（第5期），江西美术出版社2015年版。

2010年，市政府申请御窑厂国家考古遗址公园项目，入选首批国家考古遗址公园立项名单。2011年，景德镇被列入国家积极培育的大遗址保护片区范畴，进行御窑厂国家考古遗址公园建设。2014年6月"中国文化遗产日"景德镇主会场，景德镇御窑厂国家考古遗址公园建成开放。一路走来，体现的正是政府的文化自觉和对文化事业的执着。

二要修复好历史文化街区。

保护好"陶阳十三里"的元明清瓷业生产地上、地下遗存遗址，延续近现代陶瓷工业生产文明，实施好陶溪川、"三红一光"等项目，大力发展文化创意产业，建设一批文化产业园区、特色文化街区、文化示范基地，加强文物保护和考古工作，加强"原真性、原生态、原文化"研究，使保护内容有根有据。树立"陶瓷+"的理念，使陶瓷文化与互联网、工业4.0深度融合。支持"景漂"发展创业，把景德镇打造成企业的乐土、艺术的天堂和文化的高地。

新中国成立后，景德镇建立的14个国有陶瓷厂，到20世纪80年代陆续走下坡路。在2000年前后的数次改制之后，景德镇的陶瓷业实际上在增长。2004年之后，景德镇在昌江以西相继设立陶瓷工业园和高新技术开发区，陶瓷产值恢复了快速增长，而东市区的陶瓷产业也相继向河西转移。老的厂子关掉之后，工厂给社会或者城市提供的服务设施也随之消失，城市出现了黑洞。①

由此，一个城市的产业复兴实际上就与城市的复兴密切地联系了起来。景德镇通过利用老的陶瓷厂复兴，希望能带动整个城市的复兴。陶溪川陶瓷文化创业产业复合型项目，就是以原宇宙瓷厂为核心启动区，以陶瓷工业遗存保护利用为基础，融产业发展升级与新型城镇化发展为一体，以文化创意产业和旅游发展为主业态，通过整合陶瓷老厂区资源，导入现代服务业经营理念，打造"陶瓷+"全业态、全产业链，融"食、宿、行、游、购、娱"于一体的城市文化创意街区。

老厂区的改造与复兴使原宇宙瓷厂变成了一个年轻、开放的国际社区，带动了景德镇整个创意文化产业的发展。这里，成了市民游憩、纳凉的好处所，环境的改善为老百姓提供了高质量的休闲场所。

建国瓷厂明清窑作群，以徐家窑为核心，已经修复完成了可容300多担坯的蛋形柴窑，建筑面积达8000多平方米，6座明清遗存坯房与徐家窑形成一个完整的古代窑

---

① 张杰：《景德镇瓷业遗产的保护与城市复兴》，《景德镇文化研究》（第二辑），中国文史出版社2018年版。

作体系，闪耀着千年瓷都的光芒，每天来此参观的中外游客络绎不绝。

三是保护修复好老城区。

景德镇这一千年古镇，历尽沧桑，世事变迁，是一部独具魅力的陶瓷历史文化教科书。敬畏老城、爱护老城、保护老城，是当代景德镇人的神圣使命。老城保护，就是留住城市记忆、延续历史文脉，就是景德镇走向世界的通行证，就是景德镇通往未来的压舱石。应坚持修旧如旧、建新创新，老厂区、老里弄、老窑址，呈现传统文化的内涵和活力，充分彰显历史文化名城的价值，不但能擦亮"历史文化名片"，还能搞活旅游产业。

彭家弄、方家弄、斗富弄、龙缸弄……一条条老里弄依然回荡着千年古城的绝响。"陶阳十三里"及御窑厂周边，许多窑砖里弄得到保护性修复，随着4800多户原住居民的迁出，这些承载着景德镇历史文化和美好记忆的街区，将被打造成AAAAA级的"陶阳里"旅游街区，使中外游客在幽幽曲巷中感受到景德镇陶瓷历史文化的千古绝响，触摸到真实、坦诚的历史印记。

景德镇市的核心不是市，而是镇，是有景德镇品牌，有瓷茶概念，有文化符号，有历史沉淀的唯一且特色的镇。唯一才是特色。①

三、促进陶瓷文化汇入"世界语言"

在景德镇，有一个独特的"景漂"文化现象。

3万多名来自全国、全球各地的艺术工作者汇集于此，如痴如醉地研究陶瓷文化，其中不乏知名的古陶瓷专家、英国皇家艺术学院的教授、哈佛大学物理学博士。"工匠来八方，器成天下走"，融汇贯通是景德镇陶瓷光耀千古的灵魂。放眼全国乃至全球，鲜有像景德镇这样的城市能有如此多的世界顶级人才为投身同一个行业而汇集在一起。3万"景漂"背后的虹吸思维更折射出中国文化强大的吸引力。②

"洋景漂"带来多元文化碰撞融合。

美国历史学家罗伯特·芬雷认为，第一次全球化来自16世纪的景德镇青花瓷。

---

① 彭中天：《我对景德、景德镇、景德镇市和景德古镇的解读》，经济日报-中国经济网，2018年2月5日。

② 刘健、陈建华、吴锺昊、朱昊晨：《从景德镇新思维看文化自信》，《瞭望》，2018年第4期。

"China"与"china"这一众所周知的称谓重叠，昭示着西方世界长期通过"景瓷"这一内敛而高贵的器物来感受中国人文历史。"景瓷"代表一种手工业文明，也深刻地影响了西方的生活方式，甚至取代木制、锡制、陶制等餐具，引发了一场"饮食革命"。如今"洋景漂"让景德镇瓷器再次成为多元文化碰撞融合的载体。他们在借助景德镇传统手工艺把艺术构想变成现实的同时，也帮助景德镇的工匠、陶艺家打开视野，收获全新的创作理念。

对于"文化走出去"，景德镇有着特别深刻的感情。

景德镇这座城市延续千年窑火铸就的陶瓷文化，一直都是中华文化走出去的独特名片。这里出产的精美瓷器就像一条重要纽带，连接起中国与世界的文化、经贸和政治交流，成为了中国走向世界、世界认识中国的一扇窗口。也正是由于这一原因，时至今日，世界对中国的陶瓷文化依然拥有着天然的认同感和亲近感。

陶瓷是中国文化、世界语言，景德镇占有特殊地位。

作为举世闻名的世界瓷都，在中国陶瓷文化的传承与创新之路上，景德镇用最深沉的自觉守望了两千多年。"千年窑火、万里瓷路"，"工匠来八方、器成天下走"。瓷器不仅是丝绸之路上最重要的商品，第一次全球化时代最昂贵的"中国制造"，更是外国人眼中的中国文化。

景德镇陶瓷在传播中华优秀传统文化，推动中国价值、中国智慧、中国精神的国际传播上具有重要的地位。进入新时代，景德镇进一步坚定文化自信，强化开放思维，融入"一带一路"战略，让历久弥新的陶瓷文化以新姿态讲好中国故事，与世界对话。

景德镇需要更大的胸怀接纳人才，开启新时代"工匠来八方"的局面。

目前景德镇的陶瓷文化已经初步形成了磁场效应，或者说虹吸效应的文化新现象。陶溪川、三宝瓷谷、御窑景巷、名坊园等一批集文化产业、文化创意、陶瓷旅游为一体的文旅综合体成为景德镇的新地标。景德镇形成的"景漂""景归"城市文化新群体，每年有3万多外来艺术家和陶瓷人才汇聚瓷都，其中包括5000多名海外人士。他们用切身体验来感知中华优秀传统文化，成为传播中国文化的重要力量。

作为"世界手工艺与民间艺术之都"，景德镇还加入了联合国全球创意城市网络联盟，与国外众多陶瓷文化和陶瓷产业城市建立了友好关系，并积极推动陶瓷文化活动纳入国家大型展览和重大活动的内容，每年都组织不少不同层级的国内外陶瓷文化交流活动，汇聚起振兴中国陶瓷文化的更多力量。

中华陶瓷文化曾是引领世界的强势语言，曾拥有强大的文化话语权。

有学者提出，应实施陶瓷文化传播工程，在孔子学院中开设陶瓷文化特色课程，以陶瓷为媒介，传播中国传统文化，讲好陶瓷文化故事，增强世界各国对中国文化的认同。陶瓷文化是国粹，是国学的重要组成部分。与中国书法、汉字、中国画一样，都是中国传统文化的典型代表和中国传统文化辉煌成就的重要标识。①

新时代下以互动性、多元化、个性化为特点的新媒体的普遍应用，现代人自我意识的觉醒及思想和心绪的碎片化，使得文化传播往往以碎片化的方式展现，这种碎片化往往使得中国传统文化在社会中的地位被淡化和弱化。因此需要我们找准中华陶瓷文化定位、充实中华陶瓷文化内容、丰富中华陶瓷传播媒介、营造良好的中华陶瓷文化传播环境。

中华陶瓷文化具有自身独特风格、气魄、神韵的话语体系，通过陶瓷文化传播可以将历史与现在、中国与世界联系在一起，推进"人类命运共同体"的社会基础和民众基础。实施陶瓷文化传播工程就是要引导优秀传统文化回归当代人民的日常生活，满足人民群众对美好生活的新期待。在世界处于挑战层出不穷、风险日益增多的新时代，这也是以中国的话语提出的中国方案之一，以回应"世界怎么了，我们怎么办"之问。

有人就有故事。10万陶瓷产业工人、3万海内外"景漂"和越来越多的"景归"，这座城市值得期待。历史给了景德镇底气，时代给了景德镇机遇，人才给了景德镇无限可能。历史的细节之处，文化自觉意识一点一点在苏醒。这些都在撞击，同时正酝酿一种可能，即在当今国内城市的发展大同小异的情况下，景德镇是否能展现一道崭新的属于自己的风景？景德镇能否给世界说好中国故事？②

四、推动陶瓷文化产业转型升级

借助"一带一路"战略，中国陶瓷将会获得巨大的推进，迎来新的发展。

"一带一路"是经济合作、贸易畅通之路，也是文化交流、民心互通之路，它为中国陶瓷打开了新的筑梦空间。陶瓷走出去，不仅是推动我国对外贸易和文化产业发展的重要力量，更是传播中国文化的重要途径，也将会为世界陶瓷产业和陶瓷艺术注

---

① 宁钢：《传播中华陶瓷文化也是一种文化自信》，中国教育品牌网，2018年3月8日。
② 胡平：《瓷上中国——China 与两个 china》，二十一世纪出版社集团 2017 年版。

入新的活力。①

景德镇应大力推动陶瓷文化产业转型升级。

一是依靠出口驱动陶瓷产业发展。景德镇陶瓷产品要以出口为主,自主消费为辅,积极拓展海外市场,扩大出口规模。支持陶瓷企业加强自身的技术研发,加大技术研发的投入力度,依靠自有技术形成核心竞争力,实现陶瓷产业升级。

二是发挥龙头企业带动效应。重点培育和扶植拥有绝对优势的大型龙头陶瓷企业上市发展,鼓励和扶植龙头企业加快新技术、新工艺和新设备的引进,在增强企业核心竞争力的前提下发展自主品牌。

三是推动陶瓷产业集群发展。积极推进陶瓷园区和陶瓷产业基地发展,引导陶瓷产业专业化分工,加强日用瓷、工艺瓷、电子陶瓷等产业链相关企业的专业化分工与协作,推进原料制备、泥、釉、模产业标准化生产和精细化分工的实施步伐,继续完善产业链,发挥产业集群效应。

四是实施名牌战略和市场多元化战略。景德镇瓷器要做大做强,必须根据自身的文化特色,设计出新颖独特的陶瓷产品,推出具有中国风格的陶瓷产品,并且要调整营销策略,激活陶瓷文化创意产业的发展。应坚持发展陶瓷文化创意产业,提升陶瓷文化创新发展,使企业生产的产品以及个人创作的艺术陶瓷实现品牌化和产业化发展,走向国际化的创新之路。②

应对景德镇陶瓷品牌进行维护和升级,制定行业技术标准、行业产品质量标准、区域品牌的使用规则、品牌维护费用分摊机制、产地商标的营销机制等。实施市场多元化战略,加大对产品包装的研究,推广条形码的使用,使工艺、日用陶瓷进入国内外超级市场。

景德镇应加强人文交流和平台建设。

一是应加强同丝绸之路经济带和海上丝绸之路沿线国家及欧盟、非盟、美国、俄罗斯等主要消费国和陶瓷业国际组织的交流合作,搭建景德镇陶瓷对外交流的平台。通过在"一带一路"沿线国家举办形式多样的展销会、博览会、研讨会、文化节,组织赴重点国家地区开展交流推销活动,进一步扩大景德镇优势产品出口,做大与沿线国家的贸易总量。

---

① 王敏:《"一带一路"倡议背景下,"china"如何重振辉煌》,文明瓷都,2017年7月12日。
② 宁钢:《艺术瓷的品牌化——中国陶瓷艺术的创新之路》,《景德镇文化》(第3期),中国文史出版社2014年版。

二是拓宽陶瓷产业外向型发展的渠道。一方面加强对海外商业资源的搜集，尤其是"一带一路"沿线国家的信息，了解著名产瓷城市的陶瓷特点和人们的传统喜好，加强企业走出去的针对性和实效性。另一方面，加强陶瓷企业与专业研究机构的深度融合，积极组织生产型外贸企业外出考察学习，参加"一带一路"沿线国家举办的世界性华商大会、论坛、会展等，对接好"一带一路"沿线国家的法律系统、工会组织、文化传统、经济环境等方面情况。

三是大力推进陶瓷文化交流合作。一方面将景德镇打造成世界陶瓷文化旅游目的地城市，走以文化为主题的陶瓷经济发展的文化复兴之路。另一方面，鼓励陶瓷文化创意企业提高跨国经营管理能力，支持更多有实力的企业从事文化贸易，引导企业到中亚、西亚、南亚、东欧等发展中国家拓展陶瓷文化创意产品贸易空间，推动双边和多边国际文化贸易发展，进一步拓展国际营销网络，推动陶瓷文化创意企业"走出去"，促进产业链、供应链、价值链的深度融合。

景德镇应实施"互联网+"陶瓷产业基础提升。

一是大力推进电子商务发展。应广开国际合作渠道，打造具有影响力的电子商务平台，通过无形的网络联结有形的商品货物，将传统的陶瓷文化艺术产品与互联网科技、金融资本有机结合，将虚拟的价值链变成现实的价值链。

二是大力推进物流体系建设。应积极争取建设区域性保税物流体系和物流园区，形成较为完善的物流产业发展支撑体系，加强对龙头物流企业的引进，创新运营模式，提升物流服务质量，加快物流业与国际市场的接轨。

三是大力促进人才素质的提高。应打造有国际化视野的陶瓷企业家队伍，加强对企业家和企业高管的培训，大力促进陶瓷文化创意产业的发展，通过多形式、多内容的更接近生产和市场的培训，提升一线技工技能。

◎ 思考题

1. 景德镇国家陶瓷文化传承创新试验区将打造哪几个基地和中心？
2. 为什么说景德镇陶瓷文化成为文化建设和经济建设的宝贵资源？
3. 陶溪川是以哪个老瓷厂为核心区建设的文化创意街区？
4. 为什么说"景漂"是景德镇一个独特的文化现象？
5. 以哪个窑址为核心，景德镇留下了52处151个著名窑址？

参 考 文 献

魏望来. 景德镇文化研究（第一、第二、第三辑）[M]. 北京：中国文史出版社，2017、2018.

艾春龙，魏望来. 景德镇文化（第1、2、3、4期）[M]. 北京：中国文史出版社，2014.

艾春龙，魏望来. 景德镇文化（第5期）[M]. 南昌：江西美术出版社，2015.

艾春龙，魏望来. 景德镇老城旧事[M]. 珠海：广东人民出版社，2019.

魏望来，韩晓光. 唐英咏景德镇诗歌注析[M]. 南昌：江西高校出版社，2018.

周銮书. 景德镇史话[M]. 南昌：江西人民出版社，2004.

林景梧. 瓷都史话[M]. 南昌：百花洲出版社，2004.

景德镇市政协文史和学习委员会. 景德镇文史资料（合订本）》（1~14辑）[M]. 南昌：江西高校出版社，2018.

罗学正. 陶林撷翠[M]. 台北：台湾五行图书出版有限公司，2004.

方李莉. 飘逝的古镇——瓷都旧事[M]. 北京：群言出版社，2001.

周荣林. 景德镇陶瓷习俗[M]. 南昌：江西高校出版社，2004.

石奎济，石玮. 景德镇陶瓷词典[M]. 南昌：江西人民出版社，

2014.

钟健华，陈雨前．景德镇陶瓷史（1~5卷）[M]．南昌：江西人民出版社，2018.

陈雨前，郑乃章，李兴华．景德镇陶瓷文化概论[M]．南昌：江西高校出版社，2004.

张岱年，方克立．中国文化概论[M]．北京：北京师范大学出版社，2004.

李建中．中国文化概论[M]．武汉：武汉大学出版社，2017.

沈建华，方志平，汪红亮．江西文化概论[M]．北京：中央广播电视大学出版社，2011.

爱德华·泰勒．原始文化：神话、哲学、宗教、语言、艺术和习俗发展之研究[M]．连树声，译．桂林：广西师范大学出版社，2005.

罗伯特·芬雷（Robert Finlay）．青花瓷的故事：中国瓷的时代[M]郑明萱，译．海口：海南出版社，2015.

杜赫德．郑德弟，朱静，译．耶稣会士中国书稿简集——中国回忆录[M]．郑德弟，朱静，译．郑州：大象出版社，2001.

齐亚乌丁·萨达尔．文化研究[M]．苏静静，译．北京：当代中国出版社，2014.

轻工业部陶瓷工业科学研究所．中国的瓷器[M]．北京：中国轻工业出版社，1983.

景德镇市志编纂委员会．景德镇市志略[M]．上海：汉语大词典出版社，1989.

景德镇市地方志编纂委员会．中国瓷都——景德镇市瓷业志（市志2卷）[M]．北京：方志出版社，2004.

《中国国家人文地理》编委会．景德镇[M]．北京：中国地图出版社，2016.

吴仁敬，辛安潮．中国陶瓷史[M]．长沙：湖南大学出版社，2014.

景德镇市人民政府．景德镇陶瓷全集（1-4卷）[M]．北京：中国新闻出版社，2000.

阎崇年．御窑千年[M]．北京：生活·读书·新知三联书店，2017.

郑鹏．景德镇老城叙事[M]．南昌：江西美术出版社，2015.

姚亚平．景德镇，一个值得说给世界听的故事——对怎样讲好中国故事的思考[N]．中国文化报，2014-10-15.

方李莉．景德镇文化历史的特质及当代价值[C]//"景德镇文化遗产保护暨御窑厂遗址申遗"学术研讨会论文集．遗产与保护研究，2017（S）.

魏望来. 寻觅景德镇的陶瓷基因 [J]. 地图, 2016 (3): 54, 61.

刘健, 陈建华, 吴锺昊, 等. 从景德镇新思维看文化自信 [J]. 瞭望, 2018 (4): 34.

胡平. 瓷上中国——China 与 china [M]. 南昌: 二十一世纪出版集团, 2017.

郑云云. 千年窑火 [M]. 南昌: 江西人民出版社, 2007.

王鲁湘. 天下之器 [M]. 南昌: 江西美术出版社, 2017.

龚鉽. 景德镇陶歌 [M]. 青岛: 中国海洋大学出版社, 2014.

胡景平, 韩晓光. 诗画陶阳——景德镇地域风情诗歌选 [M]. 南昌: 江西美术出版社, 2018.